rowohlts monographien
begründet von Kurt Kusenberg
herausgegeben
von Wolfgang Müller

Julius Caesar

mit Selbstzeugnissen
und Bilddokumenten
dargestellt von
Hans Oppermann

Rowohlt

Dieser Band wurde eigens für «rowohlts monographien» geschrieben
Den Anhang besorgte der Autor
Herausgeber: Kurt Kusenberg · Redaktion: Beate Möhring
Umschlaggestaltung: Werner Rebhuhn
Vorderseite: Marmorbüste. Mitte des 1. Jh. n. Chr. Rom, Vatikan
(Archiv für Kunst und Geschichte, Berlin)
Rückseite: Prätorianer. Frühe Kaiserzeit (Rowohlt Archiv)

Veröffentlicht im Rowohlt Taschenbuch Verlag GmbH,
Reinbek bei Hamburg, Januar 1968
Copyright © 1968 by Rowohlt Taschenbuch Verlag GmbH,
Reinbek bei Hamburg
Alle Rechte an dieser Ausgabe vorbehalten
Gesetzt aus der Linotype-Aldus-Buchschrift
und der Palatino (D. Stempel AG)
Gesamtherstellung Clausen & Bosse, Leck
Printed in Germany
1290-ISBN 3 499 50135 x

15. Auflage. 67.–69. Tausend September 1994

Inhalt

Kindheit 7
Die Umwelt 11
Aufstieg 18
Konsulat 44
Gallien 50
Die innenpolitische Entwicklung 91
Der Bürgerkrieg 98
Caesar 132
Das Ende 148

Anmerkungen 161
Zeittafel 164
Zeugnisse 166
Bibliographie 173
Namenregister 183
Über den Autor 186
Quellennachweis der Abbildungen 186

Gaius Julius Caesar. Porträtbüste. Ehem. Berlin, Nationalmuseum

KINDHEIT

In der Subura, einem nicht gerade vornehmen, dichtbevölkerten Stadtteil Roms, westlich des Forums, etwa in der Gegend der heutigen Via Cavour, stand das Haus, in dem am 13. Juli 100 v. Chr. Gaius Julius Caesar geboren wurde. Seine Familie, die Sippe der Julier, gehörte zu den patrizischen Familien, den alten Adelsgeschlechtern, und zwar zu den vornehmsten. Führte sie doch ihren Stammbaum zurück auf Iulus, den Sohn des Aeneas, der der Sage nach dem Brand seiner Heimat Troja bei der Zerstörung durch Griechen entkommen war. Auf Götterbefehl war er in langen Irrfahrten nach Italien gekommen, hatte die Götter der alten Troja in die neue Heimat verpflanzt, und seine Nachkommen hatten Rom gegründet. Aeneas aber galt als Sohn der Göttin, die die Griechen Aphrodite, die Römer Venus nannten. Auf diesen hohen Ursprung führte Caesar sein Geschlecht zurück; er ließ deshalb mehrfach das Bild der Venus auf seine Münzen setzen, trug auf seinem Siegelring eine Venus in Waffen, erbaute auf seinem Forum einen Tempel der Stammutter Venus (V. Genetrix) und rühmte sich in öffentlicher Rede dieser Herkunft.

Wann sich aus der julischen Sippe der Zweig entwickelt hat, der zum Sippennamen den Beinamen Caesar fügte, steht nicht fest. Auch die Bedeutung dieses Namens ist umstritten. «Die besten Gelehrten und Kenner nehmen an, der erste Träger habe diesen Namen erhalten, weil er in der Schlacht einen Elefanten getötet hatte, der in der Sprache der Karthager Caesar hieß», sagt ein römischer Autor der Kaiserzeit.[1]* Diese Auffassung vertrat auch Caesar selbst und setzte daher einen Elefanten mit der Unterschrift *CAESAR* auf Münzen, die er prägte. Diese Tötung eines Elefanten muß sich zur Zeit des Ersten Punischen Krieges um 250 v. Chr. abgespielt haben.

So alt und vornehm die Julier waren: die Iulii Caesares haben vor Caesar in der römischen Politik keine große Rolle gespielt, und ihre Stellung entsprach zu der Zeit von Caesars Geburt nicht der vornehmen Herkunft. Keiner der direkten Vorfahren Caesars hatte es in den letzten eineinhalb Jahrhunderten zum höchsten Amt in Rom, zum Konsulat, gebracht. Deshalb hat die Familie mehrmals versucht, durch Heirat die Verbindung zu einflußreichen Familien zu knüpfen, auch zu nichtpatrizischen. Das war in Rom der übliche Weg, die Stellung einer Familie zu heben. Caesars Großvater heiratete eine Marcia aus dem Geschlecht der Marcier, das den Beinamen Rex (König) führte, und dessen Tochter Julia wurde mit Gaius Marius (156–86 v. Chr.) vermählt, dem Sieger über die gefürchteten Germanenstämme der Kimbern und Teutonen, als solcher einer der ersten Männer Roms, aber nicht von ebenbürtiger Herkunft. Durch diese Heirat trat die

---

* Die hochgestellten Ziffern verweisen auf die Anmerkungen S. 161 f.

Elefant auf einer Münze Caesars

Kopf der Venus. Münze

Rückseite: Flucht des Aeneas aus Troja

Familie in enge Verbindung zu den führenden Kreisen der Volkspartei. Auch Caesars Mutter Aurelia stammte aus einer angesehenen, alten, politisch einflußreichen Familie. Sie hat auf die Erziehung des Sohnes den stärksten Einfluß gehabt. Daß Caesar den besten Unterricht genoß, ist ebenso gewiß wie seine Begabung. Etwa vom 10. Lebensjahr an war sein Lehrer Marcus Antonius Gnipho, der als hervorragender Kenner der griechischen und römischen Literatur galt. Denn die Kenntnis beider Sprachen und Literaturen war damals für einen gebildeten Römer unerläßlich. So lernte Caesar lesen und schreiben, und zwar an Hand der alten lateinischen «Odyssee»-Übersetzung des Livius Andronicus und des Homer selbst. Er erwarb sich eine gepflegte Sprache, eignete

Gaius Marius. Marmorbüste. Rom, Vatikan

sich die Grundlagen der Redekunst an, die für den Politiker so wichtig war, und ebenso die der Dichtkunst, die er auch später noch geübt hat. Regelmäßig besuchte er das Forum, hörte die großen Redner jener Zeit und wohnte den Debatten und Entscheidungen der Rechtsgelehrten bei, um in die wichtige Materie des Rechts einzudringen. Zu Hause aber schauten in das Lernen und Spielen des Knaben die Bilder der Vorfahren und verstorbenen Verwandten herab, die in kleinen Holzschreinen an den Seitenwänden im Atrium, dem Hauptraum des Hauses, hingen. Die Jahre der Kindheit fanden ihren Abschluß mit der Verleihung der Männertoga, des Kleides der Erwachsenen, die den Übergang vom Kind zum Mann bezeichnete. In feierlicher Handlung, die der Vater leitet, legt der Jüngling die Bulla, die goldene Kapsel mit einem Amulett, das seine Jugend vor Dämonen und bösem Zauber schützte, auf dem Altar der Hausgötter nieder, legt das purpurgesäumte Kleid des Kindes, die toga praetexta, ab und empfängt aus der Hand des Vaters die schlichte weiße Toga des erwachsenen Mannes, die toga virilis. In festlichem Zug geleiten Eltern, Verwandte und Freunde den jungen Mann zum Forum. Dort erfolgt die Eintragung in die Bürgerliste. Viele Gleichaltrige füllen das Forum, denn die Zeremonie findet an einem bestimmten Tag, einem Festtag des Weingottes Bacchus, statt. Dann steigt man zum Kapitol hinauf, um am Altar der Göttin «Jugend» (Iuventas) zu danken, und nach der Heimkehr beschließt ein Festessen die Feier.

Tempel der Fortuna Virilis, Rom
(einziger unzerstörter Tempel in Rom aus Caesars Zeit)

Caesar erhielt die toga virilis am 15. März 84 v. Chr. Sein Vater vollzog noch die Verleihung, aber ehe der Sohn das 16. Lebensjahr vollendete, starb er morgens beim Ankleiden eines plötzlichen Todes. Er war in der üblichen Ämterlaufbahn bis zum zweithöchsten Amt, der Prätur, aufgestiegen. Da der junge Römer, auch nachdem er die toga virilis angelegt hatte, unter der patria potestas, der absoluten Hausgewalt des Familienvaters, blieb, bedeutete der Tod des Vaters für Caesar völlige Unabhängigkeit. Zugleich wuchs noch die Bedeutung, die die Mutter für ihn hatte.

DIE UMWELT

Die römische Welt, in die Caesar hineingeboren wurde, war das sogenannte Zeitalter der römischen Revolution. Man rechnet es vom Auftreten des Tiberius Gracchus 133 v. Chr. bis zur Schlacht von Actium 31 v. Chr. In diesem Jahrhundert vollzog sich unter schweren inneren Kämpfen der Übergang von der alten römischen Republik zur Monarchie; Caesar hatte an dieser Entwicklung größten Anteil, er tat den entscheidenden Schritt zur neuen Staatsform und hätte von seinem Zeitalter sagen können, was der Dichter seinen Ahnen Aeneas sagen läßt: «et quorum pars magna fui»[2] (wovon ich einen erheblichen Teil selbst ausmachte).

Die politische Führung in Rom lag seit dem Ende der Königsherrschaft bei den großen Familien, zunächst bei dem Blutadel der Patrizier. Allmählich erkämpften sich die Plebejer, die freien Bauern, die privatrechtlich den Patriziern seit langem gleichstanden, politisch aber minderberechtigt waren, auch auf diesem Gebiet die Gleichberechtigung. So bildete sich aus den führenden patrizischen und plebejischen Familien der neue Amtsadel der Nobilität. Er stellte die jährlich wechselnden, kollegial nebeneinander stehenden Beamten der Republik, die Magistrate, an der Spitze die beiden Konsuln. Rom war eine aristokratisch geführte Demokratie. Nach Ableistung der Amtszeit saßen die Magistrate im Senat. Dieser bildete so eine Versammlung politisch erfahrener und bewährter Männer, die den Konsuln und den anderen Beamten beratend zur Seite standen. Je mehr aber der Raum, den Rom beherrschte, wuchs, um so größer wurde die Bedeutung des Senats, aus dem sich auch die Verwalter der auswärtigen Provinzen rekrutierten. Da der Senat aus den ehemaligen Beamten bestand, die ihrerseits wieder dem geschlossenen Kreise der Nobilität entstammten, stellte er ein Sammelbecken ererbter, durch Erziehung und eigene Erfahrung vermehrter politischer Kenntnis und Weisheit dar. Jahrhundertelang hielt er die Führung des Staates fest in der Hand. Das Gewicht seiner Meinung, seine auctoritas, war so groß, daß die Beamten sich seinem Rat nicht entziehen konnten und daß seine Beschlüsse Gesetzen gleichkamen.

Die führende Stellung der Nobilität beruhte zum großen Teil auf einem Gefolgschaftswesen, der Klientel. Der wirtschaftlich Schwächere begab sich als Klient in den Schutz eines Patronus. Der gehörte einer der führenden Familien an. Er leistete dem Klienten Beistand und vertrat seine Interessen. Zum Dank schlossen sich die Klienten bei Wahlen und Abstimmungen dem Patronus an und mehrten sein Ansehen, indem sie dem Treueverhältnis öffentlich Ausdruck gaben. Die morgendliche Aufwartung im Hause des Patronus und das Gefolge beim Auftreten in der Öffentlichkeit waren die häufigsten sichtbaren Erscheinungsformen der Klientel. Auf dieser Struktur des po-

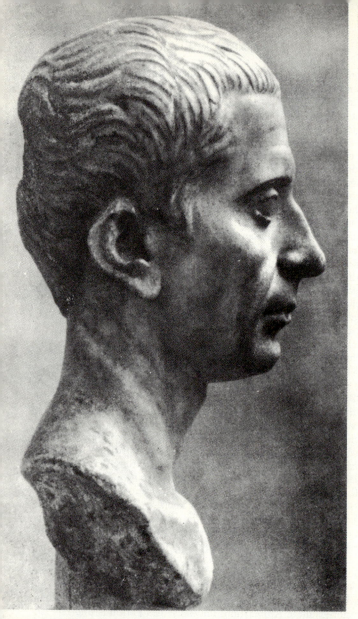

Caesar in jungen Jahren (sog. Caesar Luxburg). Slg. Bührle, Zürich

litisch-gesellschaftlichen Lebens beruhte die unbestrittene Stellung der führenden Familien. Die eigentlichen politischen Kämpfe spielten sich zwischen ihnen ab, sie schlossen untereinander politische Bündnisse gern durch Heiraten. Die Geschlossenheit der Nobilität war so groß, daß nur selten ein homo novus, ein «Neuer Mann», das heißt ein Außenseiter, dessen Vorfahren keine höheren Ämter bekleidet hatten, eindringen und bis zum Konsulat aufsteigen konnte. Auch die Außenseiter entstammten stets der Aristokratie italischer Landstädte. Diese Stellung der Nobilität erklärt auch, daß fast alle Führer der Volkspartei (Popularen), die gegen die Alleinherrschaft der senatorischen Familien opponierte, selbst dem Kreis der führenden Familien entstammten genau wie ihre Gegner, die Führer der aristokratischen Partei (Optimaten). Als Parallele bietet sich die Rolle an, die Vertreter der herrschenden Familien bei der Entstehung der Arbeiterbewegung in England gespielt haben.

Unter Führung des Senats hatte Rom zunächst die Apenninenhalbinsel geeinigt. Nur sie, ohne die Poebene, galt im Altertum als Italien. Dieses Italien hatte dann unter Roms Führung die ungeheure Belastungsprobe der drei punischen Kriege bestanden, den Kampf auf Tod und Leben gegen Karthago, der bis an den Rand der Katastrophe führte. Das Ergebnis war, daß der Kampf um die Vorherrschaft im westlichen Mittelmeerbecken, um die nicht nur Römer und Griechen, sondern auch die aus Asien stammenden Etrusker und Karthager gerungen hatten, zugunsten Roms und Europas entschieden wurde. Am Ende dieser Kämpfe unterstanden folgende Länder als Provinzen der römischen Herrschaft: Sizilien, Sardinien und Korsika, Africa (etwa das heutige Tunis), die Poebene, von Kelten bewohnt (daher das diesseitige Gallien [Gallia Cisalpina] geheißen), der größte Teil Spaniens und das südliche Gallien, das die Landbrücke dorthin bildete (etwa die heutige Provence und Languedoc [Provincia Narbonensis]). Etwa seit 200 v. Chr. greift Rom zunächst zögernd nach Osten in die Welt der Nachfolgestaaten Alexanders des Großen. Bis zur Zeit Caesars werden im östlichen Mittelmeerbecken dem römischen Reich einverleibt: Mazedonien und Griechenland mit der Ostküste der Adria und der Nordküste des Ägäischen Meeres, dessen Inseln und Kreta, außerdem Asia, das heißt der westliche Teil von Kleinasien. Auch in dieser Hälfte des Mittelmeers hat Rom unbestritten die Führung.

So führte die außenpolitische Entwicklung Rom von der Stellung einer latinischen Landstadt über die der Hauptstadt Italiens zu der der führenden Macht der damaligen Kulturwelt. Das konnte nicht ohne Wirkungen im Innern bleiben. Die langen, schweren Kriege beanspruchten die Kräfte ganz Italiens nicht nur unmittelbar durch die zum Teil erheblichen Verluste. Der dauernde Heeresdienst entfremdete auch die Überlebenden dem bäuerlichen Leben und dem

Boden, den sie ererbt hatten. Zugleich strömte aus den neueroberten und erschlossenen Gebieten billiges Getreide nach Italien und stellte die Rentabilität der italischen Bauernwirtschaft in Frage. An ihre Stelle trat eine nach kapitalistischen Grundsätzen orientierte Latifundienwirtschaft. Große Güter betrieben mit der billigen Arbeitskraft von Sklaven Viehzucht und den Anbau von Wein und Öl, die eine höhere Rendite abwarfen als das Getreide. Die besitzlos gewordenen Bauern strömten in die Hauptstadt und bildeten dort ein großstädtisches Proletariat. Es wuchs ständig an und war weitgehend von öffentlicher Fürsorge oder privaten Spenden abhängig. Für geschickte Politiker boten die Stimmen dieser städtischen Massen ein wichtiges Mittel zur Durchführung ihrer Pläne. Sie wurden außer durch die Spenden durch öffentliche Schauspiele gewonnen, die immer aufwendiger wurden: Brot und Spiele (panem et circenses) war ihr

Das Römische Reich um 60 v. Chr.

Wunsch. Im Jahre 62 v. Chr. erhielten 320 000 Personen die Getreideration für einen Monat für weniger als den halben Marktpreis, und im Jahre 58 v. Chr. verteilte ein ehrgeiziger Tribun so viel Getreide gratis an das Volk, daß mehr als die Hälfte der Einnahmen aus den reichen Provinzen des Ostens verbraucht wurden.

Zugleich ergab sich aus Roms Vordringen im östlichen Mittelmeer eine nähere Bekanntschaft mit der griechisch-hellenistischen Welt und ihrer reifen und verfeinerten Zivilisation. Ungeheuere Reichtümer strömten als Beute, als Abgaben und durch den Handel nach Rom, griechische Gesandte, Kaufleute, Geiseln und Sklaven brachten Kultur und Bildung ihrer Heimat mit. Die Wirkung war verschieden. Bei den geistig höchststehenden, edelsten Angehörigen der römischen Gesellschaft erfolgte eine aktive Aneignung der griechischen Kultur, ein echtes Streben nach Bildung, das aus sich die Idee der Humanität gebar. Andere griffen nur nach den Äußerlichkeiten der griechischen Zivilisation, nach ihrem Luxus, ihren Genüssen: eine Nacht amüsant hinbringen hieß daher sie «durchgriechen» (pergraecari). Wieder andere sahen nur die Lockerung und Zerstörung der alten römischen Ordnung und Zucht, erkannten aber nicht die Notwendigkeit, neue, der Lage entsprechende Ordnungen an ihre Stelle zu setzen. Die Mehrzahl der Nobilität sah nur den Reichtum, der jetzt nach Rom strömte und dem römischen Nationallaster, der Habsucht, neue Nahrung gab. Parvenuhaft sonnten sie sich in dem neugewonnenen Reichtum und betrachteten die Untertanen in den Provinzen nur als Gegenstand der Ausbeutung.

So geriet das Leben Roms wirtschaftlich, sozial und kulturell in Gärung. Die ererbten politischen Formen reichten nicht mehr aus, um diesen Gärungsprozeß einzudämmen, und wurden brüchig. Geschaffen für die Verwaltung einer Gemeinde, bewährt in der Führung und Verteidigung des geeinten Italien, versagten sie gegenüber der Aufgabe, das Weltreich zu verwalten. An die Spitze der Provinzen trat jeweils ein ehemaliger Jahresbeamter (Prokonsul, Proprätor), der eine unbeschränkte Gewalt ausübte und das Amt meistens als Gelegenheit zu schrankenloser Bereicherung betrachtete. Die Steuern wurden auf dem Wege der Steuerpacht erhoben: die Einnahmen aus einer Provinz wurden an den Meistbietenden verpachtet. Oft war das eine Gesellschaft, da einer allein nicht über das nötige Kapital verfügte. Die Steuerpächter aber holten die Pachtsumme mit möglichst hohem Gewinn wieder aus der Provinz heraus. Dabei verfügten sie über einen großen Apparat von Untergebenen, großenteils Sklaven, die unter Anwendung aller Druckmittel ein Höchstmaß von Steuern erpreßten. Steuersatz war dabei der Zehnte. Wie verhaßt diese Beauftragten der Steuerpächter waren, zeigt besonders deutlich das Neue Testament. Die so verachteten «Zöllner» sind nichts anderes als solche Beauftragten. Dieses große Geschäft lag in der Hauptsache in den Händen der sogenannten Ritter, des zweiten Standes in Rom nach den Senatoren. Wie diese das immobile, so repräsentierten die Ritter das mobile Kapital.

Auch die Magistrate, vor allem die Konsuln, waren den neuen Aufgaben nicht gewachsen. Die nur einjährige Amtsdauer verhinderte in ausgedehnteren Krisenzeiten und bei Aufgaben, die langfristige Planung verlangten, sowohl im Innern wie nach außen eine kontinuierliche Politik. Neue Formen politischer Führung waren erforderlich.

Um die Lösung dieser sozialen, wirtschaftlichen, kulturellen und politischen Aufgaben ringt das Jahrhundert der römischen Revolution. Dabei stehen zwei Parteien einander gegenüber, die Popularen und die Optimaten. Die Volkspartei will, gestützt auf die Menge der besitzlosen Bürger, der bisherigen Vorherrschaft der Nobilität ein Ende bereiten und sucht nach neuen politischen Formen. Sie schreckt dabei nicht vor dem Wege revolutionärer Gewalttat zurück. Die Optimaten dagegen möchten die überkommenen Formen politischen Lebens und die Herrschaft der Nobilität erhalten.

Die römische Revolution begann mit den beiden Brüdern Gracchus. Sie wollten durch Ansiedlung von Neubauern das soziale Elend des besitzlosen Proletariats in der Hauptstadt lindern. Dazu verwendeten sie den ager publicus, das dem Staat gehörige, im Kriege gewonnene Land. Es war bisher Besitz von Großgrundbesitzern aus dem Kreise der Nobilität. Die Überführung in Siedlungsland bedeutete, daß diese das Staatsland räumen mußten. Sie war nur gegen den äußersten Widerstand der Senatspartei durchzusetzen und führte zu Unruhen. Seit dieser Zeit gehören Ackergesetze zur Bauernansiedlung zum festen Bestand der popularen Politik. Über diese sozialen Maßnahmen hinaus versuchte der jüngere der beiden Brüder, Gaius

Gracchus, dem politischen Leben in Rom neue Formen zu geben. Als Volkstribun, gestützt auf die Masse der stimmberechtigten Bürger, wollte er als Beauftragter des souveränen Volkes die Geschicke Roms und des Imperiums leiten. Das gelang nur kurze Zeit. Die Herrschaft über das Forum und seine Abstimmungen hing von der Beliebtheit des Volksführers und dem Vertrauen ab, das er fand. Dagegen ließen sich aber leicht demagogische Mittel einsetzen. Die Popularität als Grundlage der Herrschaft über den Staat erwies sich bei Gaius Gracchus als zu schmal. Sein Versuch endete mit dem Tod im Straßenkampf, und die Herrschaft der Nobilität war wiederhergestellt.

Aber deren Unfähigkeit zeigte sich besonders deutlich bald darauf im Jugurthinischen Krieg (112–105 v. Chr.). Ein verhältnismäßig unbedeutender Kolonialkrieg offenbarte die Korruption der herrschenden Klasse und die Unfähigkeit des herrschenden Systems, mit politischen und militärischen Aufgaben fertig zu werden, wie das Imperium sie stellte. Gleich danach stellte das Vordringen der Germanen, der Kimbern und Teutonen, gegen das Reich eine weitere schwere Aufgabe. Die Gefahr wurde von Gaius Marius gebannt, einem homo novus, der bis zum Konsulat aufgestiegen war und der neue Führer der Popularen wurde. Jahre hintereinander wurde er zum Konsul gewählt, weil ein Amtsjahr nicht ausreichte. Seine wichtigste Maßnahme war die Heeresreform, die die Grundlage für die Zukunft legte. An Stelle des Bürgeraufgebotes trat ein langdienendes, gut ausgebildetes Berufsheer. Die Soldaten kamen hauptsächlich aus den besitzlosen Kreisen der Bürgerschaft. Der Übergang zum Berufsheer hatte zur Folge, daß die Bindung des Soldaten an den Feldherrn das Übergewicht über die Verpflichtung dem Staat und seinen ständig wechselnden Magistraten gegenüber gewann. Dem langdienenden Berufsheer entsprach eine längere Dauer des Kommandos. Bei Marius war sie durch die wiederholte Wahl zum Konsul erreicht; bald aber fand man zu diesem Zweck die Form des außerordentlichen Kommandos, des imperium proconsulare. Für die Lösung einer bestimmten Aufgabe wurde dem kommandierenden General die außerordentliche Amtsgewalt eines Prokonsuls verliehen. Das war die neue rechtliche Form einer Macht, die für die politische Entwicklung entscheidend wurde.

Mithridates VI. Eupator, König von Pontus (121–63 v. Chr.)

AUFSTIEG

Das war die Welt, die der junge Caesar vorfand, als er die Knabentoga ablegte und in den Kreis der Erwachsenen eintrat. Das waren die Möglichkeiten, die sich einem jungen Mann aus gutem Hause boten. Unabhängigkeit und Freiheit von den Vorschriften der Erzieher waren ihm willkommen und wuchsen noch, als der Vater starb. Er konnte lesen und schreiben, was er wollte – man hört nicht nur von Tragödienversuchen, sondern auch von gewagten Versen.[3] Er verschloß sich nicht den Reizen und Möglichkeiten, die das Leben in Rom dem Sproß einer vornehmen Familie bot. Er galt als weich. Er verabscheute Zwang. Den Gürtel der Toga fest anzuziehen, machte ihm Unbehagen. Wenn es auch unmännlich schien – er trug ihn locker und ließ die Schöße der Toga frei wallen. Ein zarter weißer Teint, schmale, schlanke Glieder mochten den Eindruck der Verweichlichung unterstützen. Aber er ging stolz aufgerichtet, und sein Körper war elastisch und sportgestählt. Seine Leistungen im Reiten, Fechten, Schwimmen – sein Können auf diesem Gebiet rettete ihm später einmal das Leben – setzen eine lange Übung voraus, die bis in die Jugend zurückreicht. Seine Gesundheit war gut, Energie sprach aus den lebhaften schwarzen Augen. Auf das Äußere legte er zeitlebens Wert. Die sorgfältige Kleidung grenzte ans Stutzerhafte. Er ließ sich nicht nur rasieren und frisieren, er ließ auch alle Haare am Körper entfernen. In späteren Jahren machte ihm die Glatze Kummer. Er verdeckte sie, indem er die Haare sorgfältig nach vorn bürstete, und freute sich besonders, als ein Senatsbeschluß ihm erlaubte, ständig den Lorbeerkranz zu tragen.

In diesen Jahren gab es wichtige Veränderungen in der inneren und äußeren Politik Roms. In ihren Hoffnungen auf Gleichstellung mit den römischen Bürgern immer wieder enttäuscht, hatten die Bundesgenossen, die Bewohner der Apenninenhalbinsel, zu den Waffen gegriffen und so schließlich die Gleichstellung errungen: alle Gemeinden südlich des Po erhielten das römische Bürgerrecht. Aber die politischen Formen Roms blieben die einer Stadtgemeinde. Die Schwierigkeit, alle Bürger zu Versammlungen, Wahlen, Abstimmungen in Rom auf dem Forum zusammenzuziehen, war nur noch größer geworden, und zugleich nahm die Bedeutung des einzelnen Politikers, das Gewicht seiner Persönlichkeit, zu.

Gleichzeitig erhoben sich im Osten neue außenpolitische Gefahren. In Pontus, an der südlichen Küste des Schwarzen Meers, hatte sich der König Mithridates ein starkes Reich geschaffen, in dem er in der Art eines orientalischen Sultans gebot. Als er sich gegen Rom wandte, fiel ihm ganz Kleinasien zu. In einer Art sizilianischer Vesper wurden die Römer und Italiker, die dort lebten, umgebracht. Hier rächte sich der Haß, den die rücksichtslose Ausbeutung der Provinzen geweckt hatte. Aber nicht nur Kleinasien, auch ein großer Teil von Griechenland schloß sich an Mithridates an, und dieselben Griechen, deren Vorfahren einst von Griechenland und Europa die Gefahr einer drohenden Unterwerfung durch die Perser abgewehrt hatten, fochten jetzt an der Seite der Orientalen unter einem Fürsten, der sich auf die persische Vergangenheit berief.

Das alles verlangte von Rom ein energisches Eingreifen. Aber die inneren Zwistigkeiten, der Bundesgenossenkrieg und die Auseinandersetzungen zwischen den Parteien standen dem im Wege und ermöglichten im Anfang dem König große Erfolge. 88 v. Chr. war Publius Cornelius Sulla Konsul und erhielt das Kommando gegen Mithridates. Dagegen versuchte die Volkspartei, dieses Kommando dem Marius zu übertragen. Sulla antwortete mit Gewalt, führte sein Heer gegen Rom und stellte die Herrschaft des Senats wieder her. Als trotzdem einer der popularen Führer, Lucius Cornelius Cinna (gest. 84), für 87 v. Chr. zum Konsul gewählt wurde, entzog sich Sulla weiterem Bürgerkrieg und führte sein Heer gegen Mithridates. In Rom bemächtigten sich Marius und Cinna der Herrschaft, die nun

Sulla. Venedig, Museo Archeologico

bis zu Sullas Rückkehr aus dem Orient im Jahre 82 in den Händen der Popularen blieb. Unter der Nobilität richteten sie ein furchtbares Blutbad an.

Damals starb Caesars Vater (84 v. Chr.). Von den Machthabern, zu denen des Marius Gattin Julia die Verbindung herstellte, wurde Caesar für das Amt des Flamen Dialis, des Priesters des obersten Gottes Jupiter, ausersehen. In derselben Zeit löste er eine bestehende Verlobung mit Cossutia, die einer Ritterfamilie angehörte, und vermählte sich mit Cinnas Tochter Cornelia. Gewiß sprachen politische Gründe für diese Heirat. Die Verbindung seiner Familie mit den Führern der Popularen wurde verstärkt, und wahrscheinlich betätigte sich Julia, die Gattin des Marius, als Ehestifterin. Aber die Heirat war zugleich eine Liebesheirat. Caesar war seiner Gattin aufrichtig zugetan, und die Tochter Julia, die 83 v. Chr. geboren wurde, stand ihm zeit seines Lebens besonders nahe. Zum erstenmal in Caesars Leben zeigt sich hier die Übereinstimmung von persönlichem Empfinden und politischem Wollen, die für Caesar charakteristisch ist.

Caesar hat immer an der Popularpartei festgehalten, im Gegensatz zu dem häufigen politischen Stellungswechsel, den viele Zeitgenossen praktizierten. Aber er tat es nicht – wie Cato – als Doktrinär, sondern weil er wußte, was es für einen Politiker bedeutet, das Vertrauen der vielen zu gewinnen; stets hat er jedoch die Beweglichkeit seines Handelns bewahrt. Damals dauerte die Herrschaft dieser Partei nicht mehr lange. Nachdem Sulla Mithridates besiegt und in die ursprünglichen Grenzen seines Reiches zurückverwiesen hatte, kehrte er an der Spitze seines siegreichen Heeres nach Italien zurück, eroberte im Herbst 82 v. Chr. Rom und nahm an seinen Gegnern furchtbar Rache. Durch die Proskriptionen, die Veröffentlichung des Namens in Listen, wurden die politischen Gegner für vogelfrei erklärt. Wer sie tötete, erhielt eine Belohnung, wer sie verbarg, mußte das mit dem Tode büßen. Ihren Nachkommen war die Bewerbung um ein Amt verboten. Die Güter der Proskribierten wurden eingezogen und versteigert, für jeden Skrupellosen, voran für die Denunzianten, eine Gelegenheit zu leichter Bereicherung. Dann ließ Sulla sich zum Diktator ernennen mit der Aufgabe, Gesetze zu erlassen und dem Staat eine neue Ordnung zu geben. Damit griff er auf ein Amt zurück, das außer Übung gekommen war, und gab ihm einen neuen Sinn. Die Diktatur war ursprünglich eine Vollmacht zur alleinigen politischen und militärischen Führung durch einen einzelnen angesichts eines außerordentlichen Notstandes. Sie war auf sechs Monate begrenzt. Sulla verwandelte sie in die absolute Herrschaft eines einzelnen über den Staat, deren Dauer nur durch die Aufgabe begrenzt war. Auch Caesar hat sich später dieser jüngeren Form der Diktatur bedient. Als Diktator gab Sulla Rom eine neue Verfassung, die dem Senat und der Nobilität die dauernde Herrschaft sichern sollte. Eine seiner wichtigsten Anordnungen bestimmte, daß die höchsten Beamten, Konsuln und Prätoren, während ihres Amtsjahres in Italien bleiben mußten und nur Funktionen der Zivilverwaltung ausübten. Erst nach Ende des Amtsjahres traten sie als Prokonsuln oder Proprätoren an die Spitze der Provinzen und erhielten für diese Aufgabe die oberste Befehlsgewalt, das Imperium. Damit war die militärische Gewalt endgültig von der amtierenden Leitung des Staates getrennt, und die Stellung eines Generals mit außerordentlichem Kommando war rechtlich besser begründet und in ihrer Entwicklung gefördert. Denn diese Anordnung Sullas blieb dauernd in Kraft, während die meisten anderen im Laufe der folgenden Jahre wieder abgebaut wurden.

Statuen der Vestalinnen auf dem Forum in Rom

Eine weitere Folge der sullanischen Maßnahmen war die wirtschaftliche und soziale Umschichtung, die sie für Italien mit sich brachten. Schon der Verkauf der Güter der Geächteten brachte eine Veränderung der Eigentumsverhältnisse. Sie wurde verstärkt durch die Ansiedlung der ausgedienten Soldaten Sullas. 120 000 Veteranen erhielten Bauernstellen, deren Boden die Güter der Proskribierten lieferten. Es war die erste große Veteranensiedlung des Jahrhunderts, ihr sollten noch mehrere folgen. Sie verwandelten nicht nur die soziale Struktur Italiens, auch die Stammesunterschiede, die noch im Bundesgenossenkrieg eine Rolle gespielt hatten, schwanden, und es entstand eine einheitliche römisch-italische Nation; sie sprach Lateinisch, sie bewohnte das Land von den Alpen bis in die Südspitze der Halbinsel. Die so angesiedelten Veteranen fühlten sich durch ein persönliches Band an ihren General gebunden, und dieser konnte sie jederzeit erneut zu den Waffen rufen. 79 v. Chr. sah Sulla seine Aufgabe als gelöst an, legte die Diktatur nieder und zog sich in das Privatleben zurück. War auch die alte Diktatur zeitlich befristet gewesen, so blieb doch diese Abdankung Freunden und Feinden unverständlich; Caesar hat am Ende seines Lebens geurteilt: *Sulla war ein politischer Analphabet, als er die Diktatur niederlegte.*[4] Offenbar hatte Sulla gehofft, der Senat werde den Staat, dessen Formen er den Aufgaben des Weltreiches anzupassen versucht hatte, weiter selbständig leiten können. Aber diese Hoffnung trog, und die alten Familien, noch dazu geschwächt durch zwei große Aderlässe, versagten vor der neuen Aufgabe.

Wie Caesar diesen Sieg der gegnerischen Partei und die Herrschaft Sullas durchstand, ist charakteristisch. Für den Verwandten des Marius und den Schwiegersohn Cinnas bestand größte Gefahr. Sulla befahl die Scheidung von Cornelia. Während Verwandte Caesars einem solchen Befehl nachkamen, blieb Caesar der Gattin treu. Er wurde geächtet, verlor Mitgift und Vermögen und die Stellung eines Flamen Dialis. Trotz Krankheit floh er in die sabinischen Berge. Von Fieberschauern geschüttelt, ließ er sich jede Nacht in ein anderes Versteck bringen. Als er trotzdem von einem der Häscher Sullas namens Cornelius Phagita ergriffen wurde, kaufte er sich frei, indem er zwei Talente zahlte (etwa 10 000 Goldmark), vermutlich soviel oder mehr, als das ausgesetzte Kopfgeld betrug. Eine spätere Vergeltung an Phagita aber lehnte Caesar ab.[5] Inzwischen setzten sich Verwandte, die zu Sullas Partei gehörten, für eine Begnadigung ein; von den vornehmen Priesterinnen der Haus- und Herdgöttin Vesta unterstützt, erreichten sie schließlich ihr Ziel. Ärgerlich gab Sulla nach, warnte aber die Bittsteller. «Hütet euch vor dem lose gegürteten Knaben!»[6] war seine Antwort auf den Hinweis auf Caesars Jugend. «Meinetwegen, aber merkt euch, daß der, um dessen Schonung ihr bittet, unsere Herrschaft gefährden wird. In ihm steckt mehr als ein Marius.»[7]

Caesar war gerettet, aber er wagte nicht in Rom zu bleiben. Wie es damals bei vornehmen Römern üblich war, trat er in das Gefolge eines Provinzstatthalters, des Proprätors Minucius Thermus, ein und erhielt als Senatorensohn eine Offiziersstelle. So nahm er an der Belagerung von Mitylene auf Lesbos teil, einer Stadt, die Mithridates geholfen hatte. Thermus sandte ihn von dort an den Hof des Königs Nikomedes IV. Philopator von Bithynien (Südküste des Schwarzen Meers und des Marmarameers), um von diesem Bundesgenossen Roms Unterstützung zu holen. Caesar scheint an dem üppigen orientalischen Luxus, der an diesem Hofe herrschte, Gefallen gefunden zu haben, er schloß mit Nikomedes Freundschaft, und manche üble Nachrede heftete sich an diese Verbindung, der man – ein beliebter Vorwurf – eine homoerotische Deutung gab. Das Gerücht wurde unterstützt durch die Tatsache, daß Caesar bald nach der Rückkehr zum Heer aus unwesentlichen Gründen sich nochmals nach Bithynien begab. Auf alle Fälle begründete Caesar damals ein Verhältnis zu dem König und seinem Land, das er selbst später gegenüber Nikomedes als Gastfreundschaft, gegenüber den bithynischen Gemeinden als das Verhältnis des Patronus zu seinen Klienten bezeichnet. Die Rede stammt aus der Zeit, da Bithynien nach Nikomedes' Tode (74 v. Chr.) von den Römern, die er zu Erben eingesetzt hatte, als Provinz dem Reich einverleibt wurde. Die Wirkung der Worte geht

Nikomedes von Bithynien. Münze

von dem eindrucksvoll monumentalen Aufbau des Gedankens aus: *Wegen meiner Gastfreundschaft mit dem König Nikomedes oder wegen meines nahen Verhältnisses zu diesen hier, deren Sache verhandelt wird, konnte ich mich dieser Aufgabe nicht entziehen. Denn weder darf die Erinnerung an Menschen durch ihren Tod aus dem Gedächtnis getilgt werden, so daß sie auch von den nächsten nicht festgehalten wird, noch kann man Schutzbefohlene ohne größte Blamage im Stich lassen, denen wir auch neben unseren Verwandten zu helfen gewohnt sind.*[8]

Derselbe Jüngling aber, der sich noch eben mit Vergnügen dem höfischen Wohlleben hingegeben hatte, focht bei seiner Rückkehr beim Sturm auf Mitylene mit Auszeichnung. Thermus verlieh ihm die Bürgerkrone, die corona civica. Das war ein Eichenkranz, mit dem die Rettung eines Mitbürgers aus Lebensgefahr im Kampf belohnt wurde. Später ging Caesar zu dem Prokonsul Publius Servilius Vatia, der an der Südküste Kleinasiens gegen Seeräuber Krieg führte (78 v. Chr.). Kaum dort angekommen, rief ihn die Nachricht von Sullas Tod schleunigst nach Rom zurück.

Wenn Caesar gehofft hatte, dieser Tod werde den Popularen und damit auch ihm neue Möglichkeiten politischer Tätigkeit eröffnen, so sah er sich enttäuscht. Die Macht der Optimaten war durch Sulla zu stark gegründet, als daß sie durch die nicht sehr fähigen Politiker, die zunächst die Führung der Popularen übernahmen, ernstlich hätte gefährdet werden können. Caesar erkannte das klar und hielt sich zurück. Statt dessen unternahm er die ersten Versuche, sich öffentlich einen Namen zu machen. Denn in den nächsten anderthalb Jahrzehnten, dem ersten Abschnitt in Caesars politischer Tätigkeit, versucht er mit den Mitteln der Innenpolitik, durch Gesetzgebung, Verwaltungsakte und Propaganda Anteil an der Führung des Staates zu gewinnen. Zur Propaganda gehören aber auch politische Prozesse, in denen sich der junge Politiker die ersten Sporen verdiente.

Eines der beliebtesten politischen Kampfmittel war der Prozeß. Er bot nicht nur Gelegenheit, politische Gegner durch ein Urteil außer Gefecht zu setzen. Fast noch wichtiger war die Möglichkeit, durch Reden, die beim Prozeß gehalten wurden, auf die öffentliche Meinung einzuwirken. In der Antike gab es keine Einrichtung, die unserer Presse, dem Rundfunk und dem Fernsehen entsprach. Deren Aufgaben wurden auf andere Weise erfüllt. Die Nachrichtenübermittlung besorgten überwiegend Agenten, die im Dienst von Beamten und von Privatleuten standen, denen sie aus allen Teilen des Reiches Nachrichten zukommen ließen. Die zweite wichtige Funktion der heutigen Presse, die Formung der öffentlichen Meinung, wurde im Altertum durch Reden erfüllt, die bei allen Gelegenheiten gehalten wurden, nicht nur in den Debatten der politischen Gremien, sondern bei allen möglichen Anlässen, beim Leichenbegängnis wie beim

Grabstein eines römischen Centurio mit Bürgerkrone und Ordensplaketten. Bonn, Provinzialmuseum

Bürgerkrone mit der Inschrift «ob civis servatos» (für die Rettung von Bürgern). Kupfermünze unter Augustus

Geburtstag, beim Amtsantritt wie bei Gemeindefesten und bei vielen anderen Anlässen. Ihre Wirkung wurde verstärkt, wenn sie nachträglich im Buchhandel veröffentlicht wurden. Für die Beeinflussung der öffentlichen Meinung spielten die Reden in politischen Prozessen eine besondere Rolle, und dieser Zweck der Reden erklärt, daß es – wie gerade Caesars Beispiel mehrfach zeigt – auf den Ausgang des Prozesses, auf das Urteil weniger ankommt als auf die Reden, die im Prozeß gehalten wurden.

In seinem ersten Prozeß verklagte er einen Anhänger Sullas, Gnaeus Cornelius Dolabella, wegen erpresserischer Provinzverwaltung (77 v. Chr.). Dabei kreuzte er mit den berühmtesten Anwälten der Zeit die Klinge, mit Quintus Hortensius und mit seinem Onkel mütterlicherseits, Lucius Aurelius Cotta. Diese erreichten den Freispruch ihres Klienten – *die Verteidigung Cottas hat mir die beste Strafsache aus den Händen gewunden,* sagte er selbst [9] – aber schon diese Gegnerschaft gab ihm Ansehen, und fortan zählte man ihn in Rom zu den besten Rednern. Dieser Ruf brachte ihm im nächsten Jahr die Führung noch eines Prozesses ein, in dem griechische Klienten einen anderen Sullaner, Gaius Antonius, verklagten, weil er als Reiterführer während des mithridatischen Krieges griechische Gemeinden geplündert hatte. Zwar führte auch dieser Prozeß nicht zu einem Erfolg; die Volkstribunen, die Antonius anrief, schützten ihn. Aber dieses Vorgehen zeigte Caesar wieder als Anti-Sullaner und machte seine politische Einstellung deutlich. Da sich in Rom zunächst keine politischen Aussichten boten, ging Caesar wieder in den Osten. In der berühmten Schule auf Rhodos wollte er seine rednerische Ausbildung vervollkommnen. Auf dieser Reise ereignete sich das vielerzählte Abenteuer mit den Seeräubern. Diese machten damals das Mittelmeer, besonders in seiner östlichen Hälfte, unsicher und zogen aus ihrer Beute, aus dem Verkauf von Gefangenen oder aus Lösegeldern reichen Gewinn. In der Nähe von Milet fiel Caesar in ihre Hände. Die Küstenstädte Kleinasiens waren in solchem Fall verpflichtet, für einen römischen Bürger das Lösegeld aufzubringen. Nach den Berichten, die den geschichtlichen Kern sicher ausschmücken, sollen die Seeräuber 20 Talente (100 000 Goldmark) gefordert haben, Caesar aber habe sie ausgelacht: *Ihr wißt wohl nicht, wen ihr vor euch habt!* und die Summe auf 50 Talente erhöht. Dann habe er sein Gefolge nach dem Lösegeld geschickt und sei mit wenigen Begleitern bei den Piraten geblieben; nicht wie ein Gefangener, sondern wie ein König habe er sich aber unter ihnen verhalten und ihnen zugleich Furcht eingeflößt und ihre Verehrung geweckt. Sie hätten seinen Schlaf nicht stören dürfen, mit ihm Sport treiben und spielen, auch Gedichte, die er verfaßte, anhören müssen; und wenn sie sie nicht genügend bewunderten, habe es geheißen: *Was seid ihr für ungebildete Barbaren!* und lächelnd habe er hinzugefügt: *Ich werde euch aufhängen lassen!* Dann kam das Lösegeld, und die Seeräuber gaben ihn frei. Da sei er sofort nach Milet geeilt, habe Soldaten angeworben und Schiffe gechartert, die Seeräuber verfolgt, gestellt und überwältigt. Das Lösegeld und der sonstige Besitz der Piraten sei für ihn und seine Söldner willkommene Beute gewesen. Die Gefangenen aber habe er nach Pergamon ins Gefängnis schaffen lassen und vom Statthalter der Provinz Asia ihre Bestrafung verlangt. Der aber hoffte, mit dem Lösegeld Geschäfte zu machen, und suchte die Angelegenheit hinauszuzögern. Da sei Caesar umgekehrt und habe die Seeräuber, wie er es ihnen im Scherz angekündigt hatte, ans Kreuz schlagen lassen – die übliche Todesstrafe, das Kreuz war der antike Galgen. Um die Strafe zu mildern, habe er befohlen, sie vorher zu erdrosseln.[10]

Wie weit alle Einzelheiten der Wahrheit entsprechen, sei dahingestellt. Die Anekdote läßt deutlich Caesars Selbstbewußtsein erkennen, das schon in der Jugend stark war. Sie zeigt die selbstverständliche Überlegenheit, die die Piraten auch in dem Gefangenen spüren, wie den Zauber, den sein Charme ausstrahlt. Wenn Caesar in der erzwungenen Muße sich mit Dichten und Schreiben befaßt, wenn er Sport treibt, erkennt man die Lebendigkeit eines Geistes, der jede Minute nutzt und auch an das Gefäß dieses Geistes, den Körper, denkt. Typisch sind auch die Spannkraft und Schnelligkeit, mit der er die Vergeltung durchführt, und die Zähigkeit, mit der er an seinem Ziel festhält und seinen Willen auch gegen die bestehenden Gewalten durchsetzt.

In Rhodos blieb Caesar nicht lange. Mithridates, der das Testament des 74 v. Chr. verstorbenen Nikomedes IV. von Bithynien nicht anerkennen wollte, begann einen neuen Krieg gegen Rom, dem Nikomedes sein Land vermacht hatte. Caesar ging nach Kleinasien, raffte aus den Gemeinden Truppen zusammen und trat Mithridates mit Erfolg entgegen, auch hier energisch zupackend. Doch blieb auch das Episode. Denn aus Rom kam die Nachricht von dem plötzlichen Tod seines Onkels Aurelius Cotta. Dadurch wurde dessen Platz im Kollegium der Pontifices, der obersten priesterlichen Behörde Roms, frei. Caesar wurde sein Nachfolger. Schnell begab er sich in die Hauptstadt, um den Posten anzutreten, der ihm in Rom eine feste Stellung gab. Er faßte noch fester Fuß, als er im nächsten Jahr zum Militärtribunen gewählt wurde – das bedeutete nicht unbedingt, daß er Rom verlassen mußte. Die letzte Reise hatte auch seine wirtschaftliche Stellung verbessert. Denn Caesar, der nicht reich war, aber stets erhebliche Ansprüche stellte, hat bis in das vierte Jahrzehnt seines Lebens mehr von seinem Kredit als von seinen Einnahmen gelebt. Schon ehe er ein öffentliches Amt bekleidete, schätzte man seine Schulden auf 1300 Talente (7 Millionen Goldmark). Der zweite Aufenthalt in Kleinasien brachte ihm außer der Beute des zuletzt genannten Feldzuges die Beute von den Piraten und darüber hinaus eine Erbschaft von Nikomedes, eine spürbare Erleichterung seiner Situation.

Von nun an hat Caesar ungefähr ein Jahrzehnt lang zäh und unablässig versucht, auf den Wegen maßgebenden politischen Einfluß zu gewinnen, die die Innenpolitik bot, gestützt auf die Massen Roms, deren Mehrheit ihm sicher war. Er ging den Weg, den Gaius Gracchus gezeigt hatte, der auf diese Weise kurze Zeit der Herr Roms gewesen war. Aber diese nur auf Popularität gegründete Herrschaft war bald zusammengebrochen. Inzwischen waren die Methoden, mit denen man die Massen gewann, allgemein bekanntgeworden, und, was wichtiger war, inzwischen hatte Sulla gezeigt, wieviel sicherer der Besitz realer Macht, das heißt eines Heeres, zum Ziele führte. Vielleicht aber riet gerade Sullas Verbindung von Macht und reaktionärem Optimatentum Caesar von diesem Weg ab. Immer war der Politiker in ihm stärker als der Militär. Anders als Friedrich der Große und Napoleon hat er nicht als Soldat begonnen, um dann zum Staatsmann zu wachsen. Eher mit Perikles oder Cromwell vergleichbar ist er zuerst Politiker, und zwar Parteipolitiker, und ist nur um der politischen Ziele willen zum Soldaten geworden. Immer blieb für ihn der Krieg nur ein Mittel der Politik, ihre «Fortsetzung mit anderen Mitteln». So hat er auch zuerst mit rein politischen Mitteln vorwärtszukommen versucht und sich um die militärischen Auseinandersetzungen an den Grenzen wenig gekümmert.

Im Osten lebte der Krieg mit Mithridates wieder auf. Einer der fähigsten Optimaten, Lucullus – Europa verdankt ihm die Einführung der Kirsche –, drängte den König bis nach Armenien zurück. Im Westen hatte ein Anhänger des Marius, Sertorius, in Spanien ein Gegenimperium gegen das optimatische Rom gegründet, stützte sich dabei auf die Freiheitsliebe der Spanier und nahm auch Verbindung mit Mithridates auf. Gegen ihn kämpfte Gnaeus Pompeius Magnus, der schon als junger Mann Sulla bei seiner Heimkehr aus dem Orient mit einem eigenen Heer unterstützt hatte und von ihm den Beinamen «der Große» (Magnus) erhielt, als Imperator begrüßt wurde und den Triumph feiern durfte. Dafür war die Begrüßung als Imperator – gewöhnlich durch das Heer nach siegreicher Schlacht – Voraussetzung. Stolz auf diese Erfolge erzwang er ein außerordentliches Kommando in Spanien. Hier kämpfte er jahrelang gegen Sertorius, bis eine Verschwörung diesen beseitigte und Pompeius die Ruhe in der Provinz wiederherstellte und als Sieger nach Italien zurückkehrte. Hier traf er vor den Toren Roms Marcus Licinius Crassus. Der hatte den Aufstand der Sklaven, die seit drei Jahren unter Führung des Spartakus Italien in Unruhe versetzten, niedergeschlagen. Beide waren Konkurrenten, denn auch Pompeius beanspruchte für sich den Ruhm, den Sklavenkrieg beendet zu haben, weil er einen versprengten Haufen von ihnen vernichtet hatte. Aber da der Senat beiden das Konsulat, um das sie sich für 70 v. Chr. bewarben, vorenthielt, verbündeten sie sich, stellten sich an die Spitze der Volkspartei, behielten ihre Heere und setzten so die Wahl durch. In ihrem Amtsjahr beseitigten sie die meisten Gesetze Sullas. Vor allem wurde dem Volkstribunat seine alte Stellung und sein früherer Einfluß wiedergegeben, und es wurde das wichtigste Sprungbrett für populare Politiker. Caesar allerdings hat es nie bekleidet, weil es nur plebejischen Familien zugänglich war. In dieser Zeit hören wir von Caesar wenig. Sicherlich hat er die popularen Reformen des Crassus und Pompeius unterstützt. Bezeugt ist sein Eintreten für den Antrag des Tribunen Plautius, der die Rückkehr der zu Sertorius nach Spanien geflüchteten Politiker der Volkspartei bezweckte. Zu ihnen gehörte Caesars Schwager Lucius Cinna, und so konnte er sein Verhalten nicht nur als Beweis seiner politischen Überzeugung, sondern auch als Erfüllung seiner Pflicht gegenüber einem Verwandten hinstellen, was nach römischen Moralbegriffen als pietas (Frömmigkeit) besonders hoch gewertet wurde: *Ich glaube, entsprechend unserer Verwandtschaft habe ich es nicht an Arbeit, an Mühe, an Eifer fehlen lassen.*[11]

Für das Jahr 68 v. Chr. wurde Caesar zum Quästor gewählt. Die Quästoren standen in Rom und in den Provinzen den höchsten Beamten als Leiter der Finanzverwaltung zur Seite, und die Bekleidung der Quästur öffnete den Weg in den Senat. Caesar wurde dem Proprätor des südlichen Spanien zugeteilt. Hier bewies er Organisationstalent; es wird ausdrücklich bezeugt, daß er dieses Amt mit größter Tüchtigkeit und mit Eifer verwaltete, und er selbst hat später die Spanier daran erinnert: *Seit Beginn meiner Quästur habe ich diese Provinz vor allem als mir zugehörig betrachtet und ihr die Wohltaten, die mir damals möglich waren, erwiesen.*[12] In dieser Zeit besuchte er auch Gades (Cádiz), und als er dort in einem Tempel eine Statue Alexanders des Großen sah, soll er geseufzt und geklagt haben, *in einem Alter, in dem Alexander die Welt unterworfen hatte, habe er noch nichts Bedeutendes geleistet*[13]. Auf der Rückreise machte er in der Poebene Station und knüpfte Verbindungen mit den Transpadanern an, den Bewohnern des Gebietes zwischen Po und Alpen. Diese besaßen nur ein minderes Bürgerrecht, das sogenannte latinische Recht, und verlangten energisch, als Vollbürger ihren Landsleuten südlich des Po gleichgestellt zu werden. Für das Bürgerrecht der Bundesgenossen einzutreten, gehörte zu den Grundsätzen der popularen Politik. Von nun an vertritt Caesar diese Forderung, bis er sie 49 v. Chr. erfüllen kann.

Im Jahre 65 v. Chr. bekleidete er dann das Amt eines kurulischen Ädilen und hatte als solcher die Polizeiaufsicht in Rom, die Sorge für die öffentlichen Spiele und die Überwachung der Märkte. Er teil-

Via Appia. Im Vordergrund das antike Pflaster

te dies Amt mit dem Optimaten Marcus Bibulus. 64 wurde er Untersuchungsrichter (Vorsitzender eines Geschworenengerichts). 63 starb der Vorsitzende des Pontifikalkollegiums, und obwohl er dafür eigentlich noch etwas zu jung war, bewarb sich Caesar um dieses Amt des Pontifex Maximus. Sein schärfster Konkurrent, der Optimatenführer Catulus, wollte ihn durch eine Geldzuwendung zum Verzicht bewegen, erhielt aber die Antwort: *Ich werde mir noch mehr borgen und kämpfen!* [14] Welches Risiko er damit einging, zeigen die Worte, die er am Morgen des Wahltages zu seiner Mutter sprach: *Mutter, heute wirst du deinen Sohn als Pontifex*

Maximus wiedersehen oder als Verbannten.[15] Denn nur freiwillige Selbstverbannung hätte den Unterlegenen vor den schlimmsten wirtschaftlichen Folgen bewahren können. Aber er gewann, ein Beweis seiner Beliebtheit beim Volk. Im nächsten Jahr wurde er dann Prätor. Das war das höchste richterliche Amt und die letzte Stufe vor dem Konsulat. 61 übernahm er die Verwaltung der Provinz Südspanien, die er schon von der Quästur her kannte. Aber seine Schulden waren so groß geworden, daß die Gläubiger vor seiner Abreise Bezahlung forderten. Da rettete ihn Crassus, einer der reichsten Männer Roms, und übernahm wenigstens gegenüber den hartnäckigsten Gläubigern die Bürgschaft für 830 Talente (4,5 Millionen Goldmark). Auf dem Weg nach Spanien passierte Caesar ein kleines Dorf mit wenigen Bewohnern, die in äußerster Armut lebten. Da scherzte ein Begleiter: «Auch hier gibt es Ehrgeiz und Kämpfe um die erste Stelle und Neid der Honoratioren untereinander.» Caesar antwortete: *Und ich möchte lieber unter diesen der erste als in Rom der zweite sein.*[16]

In Spanien gewann er zum erstenmal militärischen Lorbeer in größeren Unternehmungen. Er erhöhte die Heeresstärke von 20 auf 30 Kohorten, unterwarf Bergstämme, die sich immer wieder der römischen Herrschaft entzogen hatten, und siedelte sie fest an. Für Feldherrn und Soldaten brachte der Feldzug Beute und Ehre; das Heer begrüßte ihn als Imperator, der Senat beschloß ein Dankfest, die Möglichkeit war gegeben, im Triumph in Rom einzuziehen. In der Zivilverwaltung setzte er das Werk fort, das er als Quästor begonnen hatte. *Während meiner Prätur habe ich Erlaß der Steuern, die Metellus – während des Krieges gegen Sertorius – eingeführt hatte, vom Senat erbeten und die Provinz von dieser Geldabgabe befreit; darüber hinaus habe ich eure Vertretung übernommen, vielen Gesandtschaften im Senat Zutritt verschafft und bin in vielen öffentlichen und privaten Angelegenheiten trotz mancher Anfeindung euer Schutzherr gewesen.*[17] Auch regelte er die Schuldentilgung in einer Weise, die der schlimmsten Aussaugung der Provinz durch Statthalter und Steuerpächter ein Ende machen sollte. Er selbst kam nicht zu kurz. Er erbeutete und gewann als Statthalter so viel, daß er seine Schulden tilgen und sich sanieren konnte. Dabei galt seine Verwaltung als gut und gerecht. Man mag daran ermessen, wie andere römische Statthalter die Provinzen auszusaugen pflegten. Einen großen persönlichen Gewinn brachte ihm die Proprätur durch die Bekanntschaft, ja Freundschaft mit Lucius Cornelius Balbus. Weil er auf römischer Seite gegen Sertorius kämpfte, hatte ihm, dem gebürtigen Gadetaner (Cádiz), Pompeius das römische Bürgerrecht verschafft. Jetzt trat er in Caesars Dienste als sein praefectus fabrum (Leiter der Pioniertruppen) und entwickelte sich zu einem seiner zuverlässigsten Agenten und Anhänger. Bis zum Tod hielt er ihm unverbrüchlich die Treue und diente ihm durch große diplomatische Gaben aufs beste.

Soweit der äußere Ablauf von Caesars Leben in den Jahren von 70 bis 61 v. Chr. Die verschiedenen Versuche, entscheidenden politischen Einfluß zu gewinnen, die diesem äußeren Rahmen den eigentlichen Inhalt geben, werden besser systematisch geordnet als nach der zeitlichen Reihenfolge, die wegen der immer wechselnden Unternehmungen ein weniger deutliches Bild ergibt. Denn Caesar wechselt seine Methoden nach der jeweiligen politischen Situation, und dabei wechselt auch die Stärke des persönlichen Engagements und des eigenen Hervortretens. Aber immer erweist sich Caesar als der echte Politiker, immer wieder erkennt er die wechselnden Möglichkeiten und sucht sie im schnellen Zugriff zu nutzen, wechselnd in den Mitteln, unveränderlich in der popularen Grundhaltung und in dem Ziel, gestützt auf das Volk die Leitung des Staates zu übernehmen.

Die populare Grundlinie Caesars tritt überall da hervor, wo er die Politik der Volkspartei direkt unterstützt. Deren Hauptvertreter war seit 70 Pompeius. 67 beantragte der Volkstribun Gabinius für ihn ein neues, außerordentliches Kommando mit großen Vollmachten. Die Seeräuber hatten im ganzen Mittelmeer überhandgenommen und bedrohten sogar die Küste Italiens. Ihrem Treiben sollte Pompeius in einem großen Säuberungsunternehmen, das das ganze Mittelmeer erfaßte, ein Ende setzen. Caesar unterstützte Gabinius,. Pompeius erhielt den Auftrag und erfüllte ihn ebenso schnell wie gründlich. Inzwischen hatte sich im Krieg gegen Mithridates die Lage verschlechtert. Lucullus hatte Rückschläge erlitten, sein Heer lehnte sich auf, und er verlor das Kommando. Aber seine Nachfolger fochten ohne Glück. Als nun Pompeius 66 v. Chr. nach Beendigung des Seeräuberkriegs mit einem Heer im Osten stand, beantragte der Tribun Manilius, diesem die Beendigung des Krieges gegen den König zu übertragen. Auch das unterstützte Caesar, und der Antrag ging durch. Pompeius errang nicht nur bis 63 den Sieg über Mithridates, er nahm darüber hinaus eine völlige Neuordnung des vorderen Orients vor. Weitere Teile Kleinasiens und Syriens wurden römische Provinzen, und diese Eroberungen umgab ein Kranz hellenistisch-orientalischer Mittel- und Kleinstaaten, die von Rom abhingen. 58 v. Chr. kam noch Zypern hinzu. Das bedeutete eine erhebliche Ausdehnung des römischen Reiches nach Osten und die Einbeziehung von Gebieten in das Reich, die überwiegend von einer griechisch zivilisierten orientalischen Bevölkerung bewohnt waren. Der Märchenglanz der reichen orientalischen Staaten machte auf die Bevölkerung Roms tiefen Eindruck, und der Ruhm des Pompeius stieg ins Ungemessene.

Trat Caesar so als Befürworter der popularen Politik auf, so stand in anderen Fällen mehr die Person des Pompeius im Vordergrund. Dabei verstand es Caesar, sich zu empfehlen, indem er die eigene

Person zurücktreten ließ. Schon 67 v. Chr. knüpfte er verwandtschaftliche Beziehungen zu dem Mächtigen, der gerade das Kommando gegen die Seeräuber antrat. Nach dem Tod seiner ersten Frau heiratete er Pompeia, eine Verwandte des Pompeius. Das Jahr 63 sah ihn dann in Zusammenarbeit mit Titus Labienus, der gegen Mithridates 74 v. Chr. sein Waffengefährte gewesen war und in Gallien sein tüchtigster Unterfeldherr werden sollte. 63 war Labienus Volkstribun und beantragte für Pompeius besondere Ehrungen, Lorbeerkranz und Triumphalgewand beim Besuch von Spielen. Caesar unterstützte ihn. Am Antrittstage seiner Prätur (1. Januar 62) kam er dann mit einem neuen Vorschlag zu Ehren des Pompeius. Seit 78 v. Chr. leitete Catulus, das Haupt der Optimaten, den Wiederaufbau des abgebrannten Jupitertempels auf dem Kapitol. 69 hatte er ihn geweiht, obwohl er noch nicht ganz fertig war. Jetzt beantragte Caesar, ihm die Vollendung des Baues zu nehmen und Pompeius damit zu betrauen. Dann wäre in der Bauinschrift dessen Name statt dem des Catulus angeführt worden. Zwar verhinderte der Senat durch sofortiges Eingreifen, daß der Antrag angenommen wurde, aber der Eindruck auf Pompeius und auf das Volk blieb trotzdem. Danach wollte der Volkstribun Metellus Nepos, der direkt aus dem Lager des Pompeius gekommen war, diesen in Abwesenheit zum Konsul wählen lassen und beantragte, ihn mit dem Heer zurückzurufen, damit er den Schutz der Bürger übernehme. Das stand in Zusammenhang mit den noch zu behandelnden catilinarischen Unruhen. Caesar unterstützte auch das. Es kam zu Unruhen, der Senat verhängte den Belagerungszustand und verbot Caesar und Metellus die Ausübung ihres Amtes. Dieser floh unter Protest zu Pompeius. Caesar fügte sich und zog sich in sein Haus zurück. Als eine demonstrierende Menge ihm ihre Fäuste zur Verfügung stellte, brachte er sie zur Ruhe. Der Senat konnte nichts tun, als für soviel Loyalität danken und Caesar wieder in sein Amt einsetzen.[18]

Bei anderen Gelegenheiten verstand es Caesar, sich als den eigentlich berufenen Vertreter der Volksinteressen hinzustellen. Das Jahr 68 v. Chr. brachte zwei Todesfälle, die ihn nahe berührten. Er verlor seine erste Gattin Cornelia, und gegen alle Sitte, die jüngeren Frauen diese Ehre nicht zugestand, hielt Caesar ihr auf dem Forum die Leichenrede.[19] Das wirkte bei der Tochter Cinnas als Bekenntnis zu seinen popularen Bindungen, darüber hinaus als Zeugnis für seine pietas, zugleich gab er aber echter Trauer um die geliebte Frau Ausdruck. Bald danach starb seine Tante Julia, die mit Marius verheiratet gewesen war. Auch hier hielt er die Leichenrede, in der es hieß: *Meiner Tante Julia Geschlecht stammt mütterlicherseits von den Königen ab, knüpft väterlicherseits an die unsterblichen Götter an. Denn von Ancus Marcius* – das war der vierte König Roms – *stammen die Marcier mit dem Beinamen Rex*

(König), *und so hieß die Mutter; von der V e n u s stammen die Julier, u n d z u d i e s e r S i p p e gehört unsere Familie. Also lebt in dem Geschlecht die M a j e s t ä t d e r K ö n i g e, d i e unter den Menschen am mächtigsten sind, und die H e i l i g k e i t d e r G ö t t e r, in d e r e n Gewalt selbst die Könige stehen.*[20] In der feierlichen Wortwahl wie in dem monumentalen Aufbau der Sätze läßt dieses Bruchstück etwas von der Wirkung Caesars als Redner ahnen. Auch in der Übersetzung erkennt man die Ähnlichkeit mit den oben angeführten Worten aus der Rede für die Bithynier. Wir spüren hier etwas von dem persönlichen Stil Caesars, der gerühmt wird als «großartig und edel in Ton, Geste und Form»[21]. Noch wirkungsvoller war das Bild des Marius, das unter den Familienbildern des Leichenzuges mitgeführt wurde und das zu zeigen seit Sulla verboten war. Das Volk stöhnte auf, als es seinen unvergessenen Liebling im vollen Glanz der Amtstracht und Ehrenzeichen erblickte.

Caesars Tätigkeit als Ädil (65 v. Chr.) bot Gelegenheit zu weiterer Propaganda. Eines Morgens standen auf dem Kapitol wieder die Siegeszeichen des Marius, die Sulla beseitigt hatte. Erregt und überrascht drängte sich die Menge um sie, den Veteranen des Marius standen die Tränen in den Augen, und niemand zweifelte, wer auf diese Weise die teuersten Traditionen der Volkspartei erneuerte. Auch das Amt selbst bot gute Gelegenheit zum Werben um die Volksgunst. Zirkusspiele mit Wagenrennen, Tierhetzen und ähnlichen Schaustellungen mußten ausgerichtet werden, bei denen Caesar alles Dagewesene überbot. Den Höhepunkt bildeten die Leichenspiele zur Erinnerung an seinen Vater, die er an die Römischen Spiele im Herbst anschloß. Hier ließ er dreihundertzwanzig Gladiatoren in silbernen Rüstungen miteinander kämpfen. Caesar hatte noch mehr auftreten lassen wollen, aber dem Senat war eine so große Anzahl Bewaffneter in der Hand e i n e s Mannes unheimlich, und er setzte die Höchstzahl fest. Das alles verschlang viel Geld. Zwar verstand es Caesar, seinen Kollegen Bibulus an den Kosten stark zu beteiligen, nach außen aber als alleiniger Veranstalter dieser Lustbarkeit und dieses Glanzes zu erscheinen. Bitter klagte Bibulus: «Mir ist es gegangen wie Pollux: Der Tempel auf dem Forum gehört beiden Zwillingen [Kastor und Pollux], heißt aber nur Kastortempel. So heißen die von mir und Caesar veranstalteten Spiele nur Caesars Spiele.»[22]

Caesars Schuldenlast wuchs ins Ungeheuere. Denn außer den Spielen sorgte er für Ausbau und Schmuck auf dem Forum und Kapitol und ließ – über seine Amtspflicht hinaus – auch die Via Appia, die wichtigste Straße nach Neapel, ausbessern. Dazu kam die persönliche Wirkung. Freundlichkeit und Liebenswürdigkeit werden schon an dem Jüngling gerühmt und ausdrücklich wird versichert, daß sie ihm die Zuneigung des Volkes gewannen.[23] Das alles blieb nicht ohne Wirkung, wie sich bei der Wahl zum Pontifex Maximus zeigte.

Auch die Möglichkeit, durch Prozesse propagandistisch zu wirken, nutzte Caesar weiter. Da ist der Prozeß gegen Gaius Rabirius zu nennen, der Caesar wieder in Zusammenarbeit mit Labienus zeigt. Rabirius wurde beschuldigt, bei Unruhen im Jahre 100 v. Chr. den Volkstribunen Saturninus getötet zu haben. Obwohl das Gegenteil leicht bewiesen werden konnte, erhob Labienus Anklage. Um den Prozeß möglichst spektakulär zu gestalten, griff er auf ein altes, längst nicht mehr geübtes Prozeßverfahren zurück, das durch schauerliche Strafen Aufsehen erregte. Sah es doch Auspeitschung und Kreuzigung vor. Einer der beiden Richter war Caesar. Rabirius wurde schuldig gesprochen. Rabirius legte Berufung bei der Volksversammlung ein. Die Verhandlung wurde zunächst verhindert, und Labienus mußte ein neues Verfahren einleiten, das wieder zur Verurteilung und Berufung führte. Ehe dann die Entscheidung fiel, wurde die Versammlung abgebrochen. Der Prätor Metellus Celer ließ die rote Fahne auf dem Janiculus – Hügel bei Rom nördlich des Tiber – einholen. Das war in alter Zeit das Zeichen gewesen, daß Feinde aus Norden nahten, und hatte deshalb den sofortigen Abbruch jeder Volksversammlung zur Folge. Die eindeutige Schuldlosigkeit des Rabirius, die aufsehenerregende Form des ersten Prozesses und schließlich die Ergebnislosigkeit lassen erkennen, daß es nicht um die Person des Rabirius ging. Vielmehr wollten Caesar und Labienus das Recht der Berufung an das Volk unterstreichen. Dieses sogenannte Provokationsrecht besagte, daß kein römischer Bürger ohne Berufung der Volksversammlung hingerichtet werden durfte. Es galt als der deutlichste Ausdruck der Souveränität des Volkes. Zwar konnte der Senat nach Gewohnheitsrecht durch den «äußersten Senatsbeschluß», das Senatus consultum ultimum, das man dem Belagerungszustand vergleichen kann, das Provokationsrecht außer Kraft setzen. Aber die Popularen erkannten dieses Gewohnheitsrecht nicht an oder suchten es möglichst einzuschränken. Saturninus war auf Grund eines Senatus consultum ultimum getötet worden. Jetzt wurde der angebliche Täter selbst zur Provokation gezwungen; der propagandistische Erfolg ist deutlich.[24]

Aber Caesars politische Tätigkeit in diesen Jahren beschränkte sich nicht auf die Unterstützung der Volkspartei und des Pompeius und auf Propaganda für sich. Das konnte stets nur Vorbereitung sein für den Versuch, sich irgendeine einflußreiche Stellung zu verschaffen. Ziel solcher Versuche mußte es immer sein, irgendwie reale Macht zu gewinnen, die es Caesar ermöglichte, sich neben Pompeius zu behaupten. Dabei erscheint Caesar mehrfach in Verbindung mit Crassus, der 70 v. Chr. Pompeius' Kollege im Konsulat gewesen war. Crassus war damals einer der bedeutendsten nichtoptimatischen Politiker und hatte durch seinen großen Reichtum eine starke Stellung. Den Grund zu seinem Vermögen hatte er zur Zeit von Sullas Proskriptionen gelegt und es später durch geschickte Geschäfte verviel-

Kastortempel. Forum Romanum

facht. Was sein Reichtum für Caesar als Rückhalt bedeutete, hatte sich gezeigt, als dieser die Proprätur in Spanien antrat. Bei seinem Eintreten für die Rechte der Transpadaner wurde Caesar von Crassus unterstützt. Als Censor, dem die Überwachung der Bürgerliste oblag, versuchte dieser, die Transpadaner in die Liste einzutragen, drang aber nicht durch. Auch den Ausbau der Via Appia hatte Caesar auf Veranlassung des Crassus unternommen, denn diese Aufgabe kam eigentlich dem Censor zu. Wichtiger sind Vorstöße, die beide auf dem Gebiet der Gesetzgebung selbst unternahmen oder unterstützten. Einer davon zielte auf Ägypten. 65 v. Chr. vertrieben die Ägyp-

*Marcus Tullius Cicero. Marmorbüste.
Rom, Kapitolinisches Museum*

ter ihren König Ptolemaios XIII. mit dem Beinamen Auletes (Flötenspieler). Dieser hatte seinen Vorgänger ermordet. Jetzt hieß es, der Ermordete habe sein Land dem römischen Volk vermacht wie seinerzeit Nikomedes IV. von Bithynien. Die Vertreibung des Auletes schien eine Gelegenheit zu bieten, die Erbschaft einzuziehen. Caesar bemühte sich, durch einen Antrag der Volkstribunen mit der Aufgabe betraut zu werden, und Crassus befürwortete das im Senat. Das hätte Caesar sofort eine starke militärische und wirtschaftliche Stellung gegeben. Aber der Senat mißtraute den Vorschlägen und dem Kandidaten und lehnte ab. Dabei trat zum erstenmal Cicero, der größte Redner Roms, gegen Caesars Pläne auf.

Kurz vor Ablauf des Jahres 64 v. Chr. unternahmen Caesar und Crassus den zweiten Versuch, durch ein Gesetz zur Macht zu kommen. Der Volkstribun Rullus beantragte ein Ackergesetz. Durch Siedlung wollte er das besitzlose Proletariat, das in Rom von der Getreideverteilung lebte, vermindern. Als Siedlungsland sollte das letzte Staatsland dienen, das in Italien noch übrig war, die fruchtbare kampanische Feldmark. Da sie aber nicht ausreichte, sollte weiteres Land gekauft werden. Die Mittel wollte Rullus durch den Verkauf von staatlichem Boden in den Provinzen gewinnen. Für die ganze Aktion nahm er zehn Siedlungskommissare in Aussicht. Sie sollten fünf Jahre mit der Amtsgewalt von Prätoren amtieren und auch entscheiden, was in den Provinzen öffentlicher Boden und was Privateigentum war. Die Wahl war so geregelt, daß Caesar und Crassus leicht an die Spitze der Kommission gelangen konnten, während Pompeius, weil er nicht in Rom war, ausgeschlossen blieb. In der Hand der beiden Popularpolitiker hätte dann eine gewaltige politische und wirtschaftliche Macht gelegen, zumal man aus den Siedlern leicht ein Heer rekrutieren konnte. Das Gesetz bedeutete einen schweren Angriff auf die Stellung des Senats und der Optimaten. Wieder war es Cicero, der den Antrag durch mehrere Reden vor dem Senat und in der Volksversammlung zu Fall brachte. Caesar und Crassus waren im Hintergrund geblieben und nicht sehr getroffen. Daß Caesar trotzdem beteiligt war, wurde deutlich, als er später, zuerst als Konsul, das große Siedlungsprogramm des Rullus in wesentlichen Punkten wiederaufnahm und durchführte.

Die ablehnende Haltung, die der Senat in der ägyptischen Angelegenheit zeigte, war vielleicht beeinflußt durch die Erfahrungen der sogenannten ersten catilinarischen Verschwörung, an der man Caesar beteiligt wußte. Damit betreten wir das Gebiet illegaler Untergrundbewegung, und hier ist es besonders schwierig, Sicheres zu sagen. Daß Caesar wie Crassus auch solche Mittel nicht verachteten, ist nicht zu bestreiten, wie weit sie sich wirklich einließen, schwer zu sagen. Für das Jahr 65 v. Chr. hatte sich Lucius Sergius Catilina um das Konsulat beworben, war aber zurückgewiesen worden, da ihm ein Prozeß wegen Erpressung drohte. Dieser berüchtigte, tief verschuldete Anhänger Sullas, der sich an den Proskriptionen beteiligt und bereichert hatte, war, was nach ihm eine catilinarische Existenz heißt. Aber auch die beiden gewählten Konsuln hatten ihr Amt verloren, weil sie vor Gericht des Stimmenkaufs überführt worden waren. Nun wollten sie zusammen mit Catilina das Konsulat gewaltsam in Besitz nehmen; die Konsuln, die an ihre Stelle getreten waren, sollten beim Amtsantritt umgebracht werden. Dann sollte Caesar Diktator werden und Crassus sein Adjutant (Magister equitum, wörtlich Reiteroberst). Von einem bankrotten jungen Patrizier, Piso, der als Statthalter nach Spanien ging, erhoffte man Unterstützung, auch die Transpadaner sollten herangezogen werden. Aber die Sache wurde bekannt, die Konsuln traten ihr Amt unter militärischem Schutz an, und Caesar stoppte sofort das Unternehmen. Dann starb Piso in Spanien durch Mörderhand, und schließlich ließ man die Sache ganz fallen. Caesars und Crassus' Teilnahme stehen fest, was sie dabei im Grunde planten, bleibt um so ungewisser, als man in Rom erst

Jahre nachher von diesen Dingen in der Öffentlichkeit sprach. Es ist möglich, daß sie die Verschwörung förderten, um mit ihrer Unterdrückung beauftragt zu werden und so Truppen in die Hand zu bekommen. Auf alle Fälle wird deutlich, daß Caesar beim Ringen um die Macht alle Register zu ziehen wußte. Wie weit er darin ging, zeigen Prozesse, die 64 v. Chr. vor ihm als Gerichtsvorsitzendem anhängig waren. Er verurteilte zwei Sullaner, weil sie sich an den Proskriptionen beteiligt hatten. Aber Catilina, gegen den dieselbe Anklage erhoben wurde und der nicht einmal leugnete, wurde freigesprochen. Das beweist Caesars Verbindung mit Catilina und seine Hoffnung, aus ihr noch Nutzen ziehen zu können. Es ist zugleich ein besonders krasses Beispiel für den Vorrang der politischen Gesichtspunkte in allem seinem Tun, sogar bei der Rechtsprechung. Bezeichnend ist in diesem Zusammenhang, daß er gern Verse des griechischen Tragikers Euripides zitierte:

> Wenn Recht gebrochen werden muß, sei Herrschaft nur
> der Grund; in allem andern ehre das Gesetz.[25]

Catilina bewarb sich für das kommende Jahr 63 v. Chr. erneut um das Konsulat. Caesar und Crassus scheinen ihn unterstützt zu haben, und sein Mitbewerber Antonius Hybrida – ein alter Bekannter Caesars, gegen den er als junger Mann einen Prozeß geführt hatte – gehörte derselben extrem popularen Richtung an. Diese Konstellation, zwei Extremisten und hinter ihnen die Führer der Volkspartei, schien den Optimaten so bedrohlich, daß sie alle Vorurteile über Bord warfen und den «Neuen Mann» Cicero unterstützten. Statt Catilina wurde er zusammen mit Antonius Konsul für 63. Als nun auch bei der Wahl für das nächste Jahr Catilinas Aussichten durch den Widerstand des Senats zerstört wurden, entschloß er sich zu gewaltsamem Vorgehen. Seine Absicht, Cicero bei der Wahl, die er als Konsul leitete, zu ermorden, wurde zwar durch Verrat vereitelt. Jetzt aber sammelte er unter der Parole sozialen Umsturzes und der Schuldentilgung große Teile des Proletariats, dazu die bankrotten Söhne derer, die Sulla zum Opfer gefallen waren sowie die Nutznießer der Proskriptionen, die sich durch Verschwendung ruiniert hatten. In Etrurien, in Faesulae (Fiesole) zog er geworbene Soldaten zusammen. Als sich in Rom alle anderen Wege als ungangbar erwiesen und Cicero sein Treiben im Senat angeprangert hatte, begab er sich dorthin. Aber er ließ Mitverschworene in der Stadt zurück; sie sollten bei seinem Anmarsch Aufstand und Plünderung entfesseln und ihm zur Eroberung Roms die Hand reichen. Erst nach Wochen gelang es Cicero, einen erneuten Anschlag auf seine Person zu vereiteln – auch der war verraten worden –, und schließlich konnte er die Führer der Verschwörung überführen und verhaften lassen. Zwar war der Belagerungszustand verhängt, aber Cicero wünschte doch ein Votum des Senats für die Hinrichtung. Es kam zu einer großen Debatte. Die ersten Redner beantragten «äußerste Strafe», was man allgemein als Todesstrafe verstand. Als dann aber Caesar das Wort erhielt, gab er ein abweichendes Votum. Er warnte davor, sich bei dem Urteil von Gefühlen hinreißen zu lassen. Gerade die Führer des Staates dürften sich nicht von Liebe, Haß oder Zorn leiten lassen, zumal wenn – wie im vorliegenden Fall – keine Strafe an das Verbrechen heranreiche. Ohne die Gesetzmäßigkeit der Todesstrafe in Zweifel zu ziehen, halte er sie für unzweckmäßig. Die Hinrichtung so vornehmer und hochgestellter Bürger ohne Berufung entspreche weder dem Herkommen noch dem Recht, es sei denn in äußerster Notlage. Außerdem berge solches Vorgehen die Gefahr, auszuarten. *Alle schlechte Tat ist aus guten Vorbildern erwachsen. Unter Ciceros Konsulat besteht diese Gefahr nicht. Aber zu anderer Zeit kann das anders sein. Unter einem anderen Konsul, der über Waffengewalt verfügt, kann Falsches für richtig gelten. Wenn nach unserem Vorbild ein Konsul auf Senatsbeschluß das Schwert zieht, wer wird ihm ein Ziel setzen oder ihn zur Mäßigung bringen? Bin ich also dafür, die Gefangenen freizulassen, damit sie Catilinas Heer verstärken? Mitnichten! Sondern ich beantrage, ihr Vermögen einzuziehen, sie selbst in den stärksten Städten Italiens in Gewahrsam zu halten. Niemand soll in Zukunft ihretwegen im Senat einkommen oder in der Volksversammlung verhandeln. Wer dagegen verstößt, der handelt nach Meinung des Senats gegen den Staat und das gemeine Wohl.*[26]

Diese Rede war eine Meisterleistung. Man sagte Caesar und Crassus Verbindungen zu Catilina nach, und Crassus war vorsichtshalber der Sitzung ferngeblieben. Anders Caesar, er stellte sich und entzog sich nicht der Entscheidung. Er zweifelte die Berechtigung des Senatus consultum ultimum nicht an, lehnte aber die Folgen ab. Er verdammte eindeutig die Pläne und Handlungen der Catilinarier, aber er sprach gegen die Hinrichtung. Damit tat er für sie, was im Augenblick möglich war. Das war gewiß nicht nur Berechnung bei dem Mann, der die Milde (clementia) zur Tugend des Herrschers gemacht hat. Sonst hätte wohl nicht Cicero in seiner Replik seine ganze Ironie über diesen «mildesten und gnädigsten der Menschen» ausgegossen.[27] Aber trotzdem trennte sich Caesar klar von den Verschworenen. Mit welchem Risiko dieses selbständige Votum verbunden war, zeigte sich im weiteren Verlauf der Sitzung. Zunächst fielen die Senatoren, die sich schon geäußert hatten, um und erklärten, man habe sie mißverstanden. Selbst Ciceros Bruder stimmte für Caesars Antrag. Ciceros Replik blieb ohne Wirkung. Erst das Eingreifen des intransigenten Moralisten Cato brachte erneut einen Umschwung. Jetzt war die Mehrheit wieder für Hinrichtung, ja man steigerte die Strafe noch durch Konfiskation des Vermögens, die Caesar nur als

Verschärfung der Haftverwahrung vorgeschlagen hatte. Er protestierte, *man solle nicht den menschlichen Teil seines Antrages verwerfen und nur die härteste Bestimmung zur Anwendung bringen* [28]. Vergebens. Er brachte die Senatoren mehr gegen sich auf. Die Sitzung nahm tumultuarische Formen an. Die jungen Ritter, die die Kurie bewachten, drangen ein und bedrohten Caesar mit den Schwertern; alles wich von ihm zurück; es entstand um ihn ein leerer Raum, wie wenige Wochen vorher um Catilina, als Cicero seine Pläne aufdeckte. «Nur wenige Freunde nahmen ihn in ihre Arme, hüllten ihn in ihre Toga und retteten ihn so.» Für den Rest des Jahres blieb Caesar dem Senat fern.[29]

Dabei hatten sowohl er wie Crassus sich rechtzeitig von Catilina getrennt. Dieser hatte Cicero brieflich Catilinas Pläne mitgeteilt, und als man im folgenden Jahr Caesar erneut der Teilnahme an der Verschwörung verdächtigte, rief er Cicero als Zeugen an; dieser bestätigte [30], Caesar habe ihm von sich aus Mitteilungen über die Umtriebe gemacht. Caesar erreichte, daß einem der Denunzianten die Belohnung versagt wurde, gegen den anderen schritt er selbst als Prätor ein.

Das fiel schon in das Jahr 62 v. Chr. Über seine Amtsführung als Prätor wird sonst nichts berichtet, mehr über einen Skandal, in den seine Frau Pompeia verwickelt war. Diese scheint es wie ihr Gatte mit der ehelichen Treue nicht sehr genau genommen zu haben. Publius Clodius Pulcher, einer der berüchtigtsten Lebemänner, hatte sich ihr genähert, und das Fest der Bona Dea (Gute Göttin), einer Frauen- und Fruchtbarkeitsgottheit, schien Gelegenheit zu einer Zusammenkunft zu bieten. Es wurde nur von Frauen gefeiert, und zwar im Haus des Pontifex Maximus Caesar. Clodius schlich sich in Frauenkleidern ein. Aber ehe es zum Rendezvous kam, wurde er entdeckt und entkam nur mit Mühe. Caesar schied sich von seiner Frau, aber als man Clodius den Prozeß wegen Religionsfrevel machte, sagte er als Zeuge im Gegensatz zu seiner Mutter, die bei dem Fest anwesend war: *Ich weiß nichts von dem, was Clodius nachgesagt wird,* und auf den Einwand, weshalb er dann seine Frau verstoßen habe: *Caesars Frau muß auch von Verdacht rein sein!* [31] Wieder hatte er für sich geschickt die Konsequenzen gezogen, sein Gesicht gewahrt und sich doch einen eventuellen Bundesgenossen der Zukunft erhalten.

Als Caesar Mitte 60 v. Chr. aus seiner Provinz Spanien zurückkehrte, hatte er sich zwar finanziell saniert und die Aussicht gewon-

Römisches Theater in Fiesole

nen, mit seinem Heer im Triumph auf das Kapitol zu ziehen – die höchste Ehre, die Rom zu vergeben hatte. Aber ein Jahrzehnt innenpolitischer Tätigkeit hatte nur magere Ergebnisse gebracht. Er beherrschte alle Mittel des politischen Spiels, er hatte seine geistige Überlegenheit und seine Beliebtheit beim Volk bewiesen. Man mußte mit ihm rechnen. Aber ebenso war deutlich, daß man mit diesen Mitteln allein den Staat nicht beherrschen konnte. Reale Macht war nötig. Der Weg zu ihr war seit Marius und Sulla vorgezeichnet, Pompeius war ihn zuletzt gegangen. Er hieß: militärisches Kommando. Im Augenblick führte er Caesar zunächst zum Konsulat, das ihm seinem Alter nach für 59 offenstand, und von da zur Statthalterschaft in einer Provinz. Auch diesen Weg ist Caesar trotz aller Widerstände unbeirrt gegangen.

KONSULAT

Schon bei der Bewerbung um das Konsulat legten ihm die Gegner Hindernisse in den Weg. Die Vorschrift verlangte persönliche Meldung zur Bewerbung in Rom, wer aber den Triumph feiern wollte, durfte vorher nicht die sakrale Stadtgrenze von Rom, das Pomerium, überschreiten. Denn dadurch ging er seiner Kommandogewalt, des Imperium, verlustig und konnte ohne diese nicht mehr triumphieren. Caesar blieb also außerhalb der Stadt und bat den Senat um Dispens von der persönlichen Meldung, die in ähnlichen Fällen ohne Schwierigkeiten erlassen wurde. Aber Cato verhinderte einen Beschluß, dessen Ergebnis ihm wohl zu unsicher schien, durch eine Dauerrede bis zum vorgeschriebenen Schluß der Senatssitzung. Dies Mittel parlamentarischer Obstruktion kannte man schon damals. Caesars zielbewußte Sachlichkeit wurde deutlich, als er auf den Triumph verzichtete und sich rechtzeitig in der Stadt meldete. Die Gegner merkten, was sie von ihm erwarten durften, und setzten unter großen finanziellen Opfern durch, daß wenigstens einer der Ihren Mitkonsul Caesars wurde. Wieder war es Bibulus, der schon als Ädil und als Prätor Caesars Kollege gewesen war, nicht immer zu seiner Freude. Dann versuchten die Optimaten Caesars Pläne für die Zeit nach dem Amtsjahr zu durchkreuzen. Schon jetzt wies der Senat beiden Konsuln als provincia die Aufgabe zu, die Forsten und Triften in Italien zu verwalten. So hoffte man Caesar von einem militärischen Kommando fernzuhalten.

Mit ähnlichen Mitteln versuchten die Optimaten auch, Pompeius lahmzulegen. Er war 61 v. Chr. als Sieger aus Asien zurückgekehrt und hatte Loyalität genug besessen, sein Heer zu entlassen. Während des Jahres 60 versuchte er mit Hilfe befreundeter Volkstribunen und anderer Beamten, Gewinn aus seinen Siegen im Orient zu ziehen. In erster Linie ging es darum, seine Veteranen mit Land zu versorgen und die sogenannten acta Pompei bestätigt zu sehen, das heißt die Neuordnung, die er in Asien durchgeführt hatte. Auch hier arbeitete der Senat mit einer Verschleppungstaktik, die sich bis zur Obstruktion steigerte. Eine Verbindung der beiden Politiker, die sich so denselben Schwierigkeiten gegenübersahen, lag nahe. Caesar brachte sie nicht nur zustande, er wußte auch den Pompeius zu überzeugen, daß erst das Hinzutreten des Crassus mit seiner wirtschaftlichen Potenz das Bündnis unüberwindlich machen würde. Trotz der persönlichen Gegensätze brachte er den Ausgleich zwischen den beiden zustande und verhalf der politischen Zweckmäßigkeit zum Sieg über emotionelle Regungen. Gern hätte er auch Cicero gewonnen, der aber zurückhaltend reagierte. So entstand der Bund zwischen den drei mächtigsten Gefolgschaftsführern der Stadt. Hielten sie zusammen, so war ihrem Einfluß nichts gewachsen. Das war das sogenannte erste Triumvirat (60 v. Chr.), eine private Absprache, die zunächst geheim blieb. Die drei verpflichteten sich zu gemeinsamem Vorgehen; nichts sollte unternommen werden, was nicht alle drei guthießen. Die Verbindung wurde im nächsten Jahre noch enger durch Eheschließungen. Pompeius heiratete Caesars einzige Tochter Julia, die, solange sie lebte, dem Bündnis zwischen beiden Bestand gab. Caesar nahm zur dritten Frau Calpurnia, die Tochter des Lucius Calpurnius Piso. Dieser wurde mit Aulus Gabinius, einem Anhänger des Pompeius, als Nachfolger von Caesar und Bibulus für das Konsulat 58 bestimmt. Die neuen Konsuln sollten für den Bestand der Maßnahmen, die Caesar als Konsul traf, garantieren. Mit all dem stand Caesars Politik auf sicherem Grunde. Daran konnte auch der ohnmächtige Spott der Gegner nichts ändern. Der Polyhistor Marcus Terentius Varro schrieb zum Beispiel eine Satire «Das dreiköpfige Ungeheuer» – so bezeichnete man den Höllenhund Cerberus – gegen die Triumvirn.[32]

Nichts hinderte Caesar mehr daran, die Pläne zu verwirklichen, die er für das Konsulatsjahr hatte. Zunächst aber suchte er auf gütlichem Wege die Mitarbeit der senatorischen Opposition, machte der Eitelkeit seines Kollegen Konzessionen und *sprach sich im Senat für die Zusammenarbeit mit ihm aus, da das Gemeinwesen leiden würde, wenn sie sich entzweiten*[33]. Auf diesem Wege versuchte er die Gegner zur Mitarbeit an dem Siedlungsgesetz zu gewinnen, das die bedeutendste Tat seines Amtsjahres war. Caesars Vorschläge zeigten, daß er aus dem Scheitern des Rullus gelernt hatte. Die kampanische Feldmark wurde nicht zur Siedlung herangezogen, Land sollte auf dem freien Markt gekauft werden. Die Mittel dafür ergaben die Beutegelder des Pompeius und die Steuern der Provinzen, die dieser erworben hatte. *Was unter Gefahr von Bürgern erworben ist, muß auch zu ihren Gunsten verwendet werden*, war die Begründung.[34] Die Landstellen sollten zwanzig Jahre unverkäuflich sein, danach aber völlig Eigentum des Angesiedelten werden. Eine Kommission von zwanzig Männern sollte die Ansiedlung durchführen. Caesar selbst verzichtete auf die Wahl in die Kommission. Er mied auch den Anschein persönlichen Interesses:... *er wolle sich damit begnügen, das Gesetz entworfen und beantragt zu haben.*[35] Schon vor seinem Amtsantritt gab er die Vorlage bekannt. Es kam ihm darauf an, das Gesetz in Zusammenarbeit mit dem Senat zu verwirklichen. Wie zehn Jahre später beim Ausbruch des Bürgerkriegs war es ihm ernstlich um diesen Ausgleich zu tun, wußte er doch genau, welche Bedeutung der Legalisierung der Siedlung durch den Senat zukam. Wenn er trotzdem auf Wege außerhalb der Legalität gedrängt wurde, so lag das beide Male an den Gegnern, die sich dem Ausgleich verweigerten, auch sie aus guten Gründen, wußten sie doch, daß eine Zusammenarbeit mit Caesar ihn stärken, ihre Stellung aber schwächen würde. Als der neue Konsul nach Vorlage des Gesetzes die Senatoren namentlich zur Stellungnahme aufforderte und erklärte, *er sei bereit, zu ändern oder gar zu streichen, was nicht gebilligt würde*[36], versuchte der Senat mit Vertagung und Verschleppung eine Obstruktion, die Caesar auch nicht brechen konnte, als er von Amts wegen gegen Cato einschreiten und ihn verhaften lassen wollte. So viele Senatoren erklärten sich mit Cato solidarisch und wollten ihm in das Gefängnis folgen, daß Caesar zurückstecken mußte. Laut erklärte er, *er habe die Senatoren zu Richtern und Herren über das Gesetz gemacht, damit, wenn eine Bestimmung von ihnen nicht gebilligt würde, sie nicht vor die Volksversammlung gebracht zu werden brauche. Da sie aber nicht in die Vorberatung eintreten wollten, werde er durch den Widerstand des Senats gezwungen, entgegen seiner Absicht alles dem Volk zur Entscheidung vorzulegen.*[37] Hier versuchte Bibulus einzugreifen und erklärte, er werde, als der andere Konsul, auf jeden Fall verhindern, daß das Gesetz angenommen werde. Er setzte die Obstruktion fort, indem er die religiösen Vorschriften mißbrauchte, um die Volksversammlung unmöglich zu machen. Er stellte ungünstige Vorzeichen fest, die ihre Abhaltung verboten, und erklärte darüber hinaus alle Tage des Jahres, die noch für Volksversammlungen in Frage kamen, zu Feiertagen. Dazu hatte er als Konsul das Recht; erzwang Caesar trotzdem die Annahme des Gesetzes, so war es ungültig. Angesichts dieser Sabotage ließ Caesar alle Rücksicht fallen, rief die Hilfe seiner Triumviratsgenossen an und erreichte die Annahme des Gesetzes durch die Volksversammlung. Dabei kam es zu Gewalttätigkeiten, zum Teil durch den Einsatz organisierter Banden, unter denen Bibulus und Cato besonders zu leiden hatten. Der Senat wurde so eingeschüchtert, daß er trotz anfänglichen Widerstandes einen in dem Gesetz geforderten Eid leistete, sich seiner Durchführung nicht zu widersetzen. Bibulus zog sich in sein Haus zurück und enthielt sich jeder Amtstätigkeit bis auf die Bekanntgabe von Edikten, durch die er Caesars Amtshandlungen zu erschweren und ihnen den gesetzlichen Boden zu entziehen trachtete. Der römische Stadtwitz reagierte darauf, indem er die übliche Datierung durch die Namen der beiden Konsuln ironisierte und die Scherzdatierung erfand «unter dem Konsulat des C. Julius und des C. Caesar»[38].

Die propagandistische Auseinandersetzung setzte sich das ganze Jahr hindurch fort, unter anderem mit Beifalls- und Mißfallenskundgebungen beim Erscheinen der Triumvirn im Theater oder Zirkus. Zur Propaganda gehört auch die unklare Affäre mit Publius Vettius. Dieser Denunziant wollte eine angebliche Geheimabsprache unter Optimatenführern, darunter Cicero und Lucullus, aufdecken, die auf Ermordung des Pompeius abzielte, für Caesar ein willkommener Propagandastoff. Aber Vettius war ungeschickt, verwickelte sich in

Widersprüche und wurde auf Caesars Befehl beseitigt. So bleibt ungewiß, ob seine Angaben realen Hintergrund hatten oder er nur als agent provocateur wirkte.

Dem Ackergesetz folgten weitere Gesetze. Ein Zusatz bezog auch die kampanische Mark ein. Dann wurden die acta Pompei bestätigt. Ein anderes Gesetz erließ den Steuerpächtern einen Teil der Pachtsummen. Diese Gesetze galten sichtlich den Interessen des Pompeius und Crassus. Aber es ist charakteristisch für Caesar, daß sie in ihrer Wirkung darüber hinausgingen. Das Ackergesetz half nicht nur den Veteranen des Pompeius, auch hauptstädtische Familien bekamen Landstellen; die kinderreichen wurden bevorzugt. 20 000 Bürger wurden angesiedelt, und Capua, das im Zweiten Punischen Krieg zerstört war, wurde wieder aufgebaut. Die Zukunft zeigte erst die volle Bedeutung des Gesetzes. Spätere Gesetze, die auf Caesar zurückgehen, bauten es aus zu einer vollständigen Neuordnung Italiens, das ja jetzt als Ganzes von römischen Bürgern bewohnt war.[39]

Ebenso brachte die Herabsetzung der Steuerpacht eine Erleichterung für die Provinzen. Caesar schärfte den Pächtern daher ausdrücklich öffentlich ein, *sie sollten bei der Verpachtung in Zukunft nicht zu maßlos bieten*[40]. Dazu traten Gesetze über die Provinzialverwaltung und ein Gesetz gegen Erpressung und Unterschleif, das alle Inhaber eines Amtes in Rom, Italien und den Provinzen betraf. Es legte genau fest, welche Geldnahme verboten war. Ein weiteres Gesetz führte 5000 Bürger als Kolonisten nach Como – ein neuer Schritt im Interesse der Transpadaner. Ptolemaios Auletes, der den Feldzug des Pompeius in Judäa unterstützt hatte, wurde mit Geld und dem Titel «Freund und Bundesgenosse des römischen Volkes» belohnt. Die zuletzt genannte Ehre erhielt auch der Germanenfürst Ariovist, mit dem Caesar im folgenden Jahr mehr zu tun hatte.

Infolge der Obstruktion des Bibulus waren alle Gesetze Caesars so zustande gekommen, daß ihre Gültigkeit aus formalen Gründen angefochten werden konnte. Die Gegner konnten Caesar nach Ablauf des Konsulats wegen seiner Amtsführung vor Gericht zur Rechenschaft ziehen. Sicheren Schutz bot ein Prokonsulat, das sich unmittelbar an das Konsulat anschloß und verhinderte, daß Caesar vor Gericht gezogen wurde. Der Senat hatte diesen Weg durch den Auftrag, die Forsten zu beaufsichtigen, blockieren wollen. Jetzt übertrug das Volk Caesar die Provinz Gallien diesseits der Alpen (Cisalpina) nebst Illyrien, der Ostküste der Adria, für drei Jahre mit fünf Legionen. So kam Caesar in den Besitz eines außerordentlichen Kommandos und blieb doch der Hauptstadt so nahe, daß er Einfluß auf das Geschehen in Rom nehmen konnte. Er soll darüber sehr erfreut gewesen sein und gesagt haben: *Gegen den Willen und unter dem Stöhnen meiner Gegner habe ich erreicht, was ich wünschte, jetzt kann ich allen auf der Nase herumtanzen.* Als daraufhin ein Gegner die wenig geschmackvolle Bemerkung machte: «Das wird einer Frau nicht leicht fallen» – eine Anspielung auf seine angeblichen Beziehungen zu Nikomedes –, parierte er: *In Syrien ist Semiramis Königin gewesen, und über einen großen Teil von Kleinasien haben einst die Amazonen geherrscht.*[41] Als dann zufällig der Prokonsul des jenseitigen Galliens, der Provincia Narbonensis, starb, übertrug der Senat auf Vorschlag des Pompeius Caesar auch diese Provinz.

So war die Gefahr eines Prozesses gebannt. Aber auch jetzt war Caesar zu Entgegenkommen bereit, wohl um den Schein der Furcht zu vermeiden. Zwar wurde Bibulus bei der Amtsniederlegung durch Tribuneneinspruch gehindert, nach dem Schlußeid eine Rede über die politische Lage zu halten. Als aber zwei Prätoren nach Caesars Amtsniederlegung einen Bericht über seine ungesetzlichen Amtshandlungen vorlegten, verlangte er vom Senat eine Untersuchung. Dieser war so eingeschüchtert, daß er wieder zur Verschleppungstaktik griff. Da überschritt Caesar nach dreitägigen ergebnislosen Debatten das Pomerium [42], trat damit sein Imperium an und wurde gerichtlich unangreifbar. Aber noch blieb er bei Rom, bis dafür gesorgt war, daß dort die Verhältnisse stabil blieben. Zwar war durch die Konsuln Piso und Gabinius Gewähr gegeben, daß der Staat im Sinne der Triumvirn geleitet wurde, aber auch die Opposition verfügte über Ämter, und es schien ratsam, ihre Hauptvertreter lahmzulegen. Das waren vor allem Cicero, dessen geistige Potenz Caesar wohl kannte, und Cato. Um Cicero hatte Caesar immer wieder geworben und ihm Posten in der Siedlungskommission und auch als Unterfeldherr (Legat) in seinem Heer angeboten. Aber jener blieb seiner optimatischen Überzeugung treu. Als er aber seine Opposition einmal in zu scharfe Worte kleidete, begannen die Gegenzüge. Ciceros alter Feind Clodius wünschte schon lange, zur Plebs überzutreten, um als Volkstribun – zu diesem Amt hatte er als Patrizier keinen Zutritt – aktiv werden zu können. Der einzig mögliche Weg war die Adoption durch einen Plebejer, und dazu war die Zustimmung des Priesterkollegiums nötig. Bisher hatte Caesar sie verweigert. Jetzt gab er sie und nahm den einstigen Liebhaber seiner zweiten Frau in seine Dienste. Er wurde Volkstribun. Er war es, der Bibulus bei der Amtsniederlegung an seiner Rede hinderte. Jetzt ging er gegen Cicero vor. Als der sich noch weiter sperrte und alle Brücken, die Caesar ihm baute, verschmähte, fiel der Schlag. Clodius beantragte ein Gesetz, mit Verbannung und Vermögensentzug solle bestraft werden, wer römische Bürger ohne Berufung an das Volk habe hinrichten lassen. Das zielte auf Cicero wegen der Hinrichtung der Catilinarier. Jetzt war alles Flehen und jeder Bittgang zu den Machthabern umsonst. Das Gesetz wurde beschlossen, und Cicero wählte, ehe es zur Anklage kam, die freiwillige Verbannung in Saloniki. Clodius putschte den Pöbel auf und ließ ihn Ciceros Haus zerstören. Cato wurde erst später aus Rom entfernt: man gab ihm den Auftrag, die Insel Zypern als Provinz einzuziehen mit der Begründung, der dortige König, ein Bruder des Auletes, habe die Seeräuber unterstützt. Das war erst nach Caesars Abreise in seine Provinz. Nach dreimonatigem Aufenthalt in der Nähe von Rom begab er sich dorthin.

GALLIEN

Man weiß nicht genau, was den Senat veranlaßt hat, Caesar auch das jenseitige Gallien als Provinz zu geben. Wollte man einem möglichen, noch weitergehenden Volksbeschluß vorbeugen? Hoffte man, ihn auf diese Weise weiter von der Hauptstadt zu entfernen, da die unruhigen Verhältnisse seine Anwesenheit jenseits der Alpen erforderten? Wollte man Pläne Caesars durchkreuzen, der vielleicht an einen Eroberungsvorstoß von der Poebene aus in Richtung auf Save, Drau und Donau gedacht hatte? In diesem Falle könnte man den Freundschaftsvertrag mit Ariovist, den Caesar als Konsul schloß, erklären als einen Versuch, für Ruhe an der gallischen Grenze zu sorgen. Caesar hatte nicht von langer Hand her größere Unternehmungen in Gallien geplant. Als er nach Antritt der Statthalterschaft bald gezwungen war, jenseits der Alpen aktiv zu werden, durchschaute er die komplizierten politischen Verhältnisse noch nicht völlig. Erst im Laufe des ersten Sommers in Gallien gewann er vollen Einblick, und dieser Vorgang läßt sich im ersten Buch seiner Beschreibung des Gallischen Krieges (*De bello Gallico*), die die Jahre 58 bis 52 v. Chr. umfaßt, noch ablesen.

Das freie Gallien wurde vom Atlantischen Ozean und vom Kanal begrenzt. Nach Osten gegen die Germanen bildete der Rhein in etwa die Grenze, im Süden trennten es die Cevennen und der Oberlauf der Rhône von der römischen Provinz. Die Bewohner waren Kelten, ein indogermanisches Volk, das außerdem Britannien, Süddeutschland und die Poebene bewohnte, hier zu Caesars Zeit schon stark romanisiert. Auf Wanderungen waren sie in den Balkan und bis nach Kleinasien gekommen. Seit Beginn des 1. Jahrhunderts v. Chr. waren sie auf dem Rückzug vor den Germanen, die von Norden herandrängten und schon den Niederrhein überschritten hatten. Seit 70 stießen sie auch über den Oberrhein vor. Die politische Gliederung der Kelten baute auf den einzelnen Stämmen auf; sie waren vielfach monarchisch regiert, doch herrschten zu Caesars Zeiten vorwiegend die großen Adelsgeschlechter. Zwischen den Stammstaaten bestanden ausgedehnte Klientelverhältnisse, durch die sich für einzelne Stämme eine Vormachtstellung ergab. Quer durch die einzelnen Stämme hindurch gab es zwei große Parteien, deren eine mehr der Monarchie zuneigte, während die andere aristokratisch war. Um den Weg nach Spanien zu sichern, hatte Rom noch im 2. Jahrhundert v. Chr. im Süden des Landes Fuß gefaßt. Damals war es zum Krieg mit den Arvernern gekommen, nach denen die Auvergne heißt. Sie waren zu dieser Zeit die Vormacht des mittleren Galliens. Rom sicherte durch einen Sieg über die Arverner seinen Besitz, richtete die Provincia Narbonensis ein – so genannt nach der Hauptstadt Narbonne –, verzichtete aber auf Eroberungen nördlich der Cevennen (122 v. Chr.).

In den sechziger Jahren des 1. Jahrhunderts wurde, nicht zuletzt durch den germanischen Druck, Gallien zusehends unruhig. Damals hatten die Häduer (Burgund) die Arverner in der Vorherrschaft Mittelgalliens abgelöst. Jetzt griffen die Sequaner in der Franche-Comté und dem Oberelsaß (Haut-Rhin) nach der Vorherrschaft und riefen Germanen zu Hilfe. Unter dem schon erwähnten Ariovist überschritten Stämme der Sueben den Rhein, und im Bund mit ihnen siegten die Sequaner 62 v. Chr. bei Magetobriga (Lage unbekannt, Burgund oder Franche-Comté) über die Häduer, hatten aber nun die Germanen im Lande. Denen mußten sie ein Drittel des Ackerlandes abtreten, und die Vorherrschaft fiel eher an Ariovist als an seine Verbündeten. Er begann sich im Elsaß als in seinem eigenen Land einzurichten. Die Häduer, seit langem Bundesgenossen Roms, hofften hier Hilfe zu finden, und der Führer der herrschenden Adelspartei, Diviciacus, kam selbst nach Rom, um den Senat um Beistand zu bitten. Aber dieser beschränkte sich auf einen Beschluß, der amtierende

Kopf eines gallischen Kriegers. Paris, Musée de St-Germain

Statthalter der Provincia Narbonensis solle nach Möglichkeit für die Häduer und die übrigen Freunde des römischen Volkes eintreten. So blieb alles offen, und daß Ariovist im Jahre 59 den Titel eines Freundes des römischen Volkes erhielt, trug nicht zur Klärung bei.

Der Anstoß zu einer neuen Entwicklung kam dann von den Helvetiern. Sie wohnten zwischen Oberrhein, Schweizer Jura, Genfer See und den Alpen. Noch Ende des 2. Jahrhunderts hatten sie das Gebiet vom Oberrhein und Schwarzwald bis zum Main besessen. Man erkennt an ihrem Zurückweichen die Stärke des germanischen Drucks.

Da sie ihm nach wie vor ausgesetzt waren, beschlossen sie erneuten Rückzug. Quer durch Gallien wollten sie möglichst weit weg ziehen und nördlich der Gironde in fruchtbarem Land eine neue Heimat suchen. Der Plan ging von dem Adligen Orgetorix aus, der dabei eigene Zwecke verfolgte. Er traf mit den Monarchistenführern bei den Häduern und Sequanern, Dumnorix und Casticus, ein Geheimabkommen: im Zusammenhang mit dem Marsch der Helvetier wollten sie in allen drei Stämmen die Monarchie errichten und gemeinsam Ariovist die Vormachtstellung entreißen. Als der Plan bekanntwurde, beseitigten die Helvetier Orgetorix, hielten aber an der Auswanderung fest. Caesar sah darin eine Bedrohung der Provinz. Denn ihr Marsch sollte durch den nördlichsten Teil der römischen Provinz gehen, durchs Land der Allobroger. Diese aber waren unzuverlässig, wie erst kürzlich Unruhen gezeigt hatten. Die Helvetier baten Caesar, den Durchmarsch zu genehmigen. Er hielt sie hin, sicherte die Rhônegrenze durch Feldbefestigungen und wies einen Versuch der Helvetier, den Übergang zu erzwingen, zurück. Nun zogen sie auf der engen Uferstraße zwischen Rhône und Jura durchs Sequanerland nach Westen. Aber Caesar blieb beunruhigt. Eine Ansiedlung der kriegslüsternen Helvetier an der Gironde schien ihm eine Bedrohung der Provinz, vornehmlich der westlichen Teile um Toulouse, wo keine natürlichen Grenzen schützten. Er überschritt deshalb die Grenze der Provinz, die Rhône, oberhalb Lyon, noch ehe die Häduer um Schutz gegen den Durchmarsch der Helvetier gebeten hatten. Als diese Bitte ihn dann erreichte, war sie eine willkommene Rechtfertigung seines Vorgehens. Trotz der Schwierigkeiten, die Dumnorix, Führer der monarchistischen antirömischen Partei bei den Häduern, machte, konnte Caesar den Helvetiern auf den Fersen bleiben und sie nach mehreren kleineren Gefechten bei der Hauptstadt der Häduer Bibracte (Mont-Beuvray westlich Autun) in schwerem Kampf schlagen. Die Überlebenden mußten in ihre Heimat zurückkehren, damit sie nicht von nachdrängenden Germanen besetzt würde.

Um diesen Feldzug durchzuführen, hatte Caesar sein Heer verstärkt. Ursprünglich hatte er eine Legion in der Provinz (die X.). Diese übernahm die Deckung gegen die Helvetier. Währenddessen holte er die drei Legionen, die in der Poebene standen (VII, VIII, IX) in einem Gewaltmarsch über die Alpen (Mont-Genèvre) nach Gallien und mit ihnen zwei weitere, die er in Oberitalien schleunigst aushob (XI, XII). Eine Legion hatte eine Sollstärke von 6000 Mann und gliederte sich in 10 Kohorten zu je 6 Zenturien (Hundertschaften). Ihr Feldzeichen war ein Adler. Der römische Soldat genoß eine vorzügliche Ausbildung. Die tägliche Marschleistung lag bei 22 Kilometer, konnte aber erheblich gesteigert werden. Das ist um so beachtlicher, als in der Regel jeden Abend ein befestigtes Lager angelegt wurde. Angriffswaffen waren der Wurfspeer, mit dem der Kampf er-

öffnet wurde, und das kurze spanische Schwert für den Nahkampf. Im Infanteriekampf stand die Truppe in drei Gliedern. Als Schutzwaffen dienten Helm, Lederpanzer und Schild. Die Verpflegung betrug täglich 850 Gramm Weizen, der in natura empfangen wurde. Der Soldat oder sein Bursche, ein Sklave, mußte ihn mahlen und zubereiten. Jede Kameradschaft (contubernium) führte dafür auf einem Tragtier eine Handmühle mit sich. In der Hauptsache wurde das Mehl zu einer Art Polenta verarbeitet, meist ohne den Zusatz von Fett. Außerdem buk man ein Fladenbrot. Fleisch war nur ein Hilfsmittel für den Mangel, und es ist ein Zeichen von Verpflegungsschwierigkeiten, wenn der

Gallischer Bauer.
Paris, Musée de St-Germain

Gallischer Krieger mit Lederhelm.
Nîmes, Archäologisches Museum

Soldat darauf angewiesen ist. Mit Recht: als während des schnellen Vormarsches in Frankreich 1940 einige Tage das Brot nicht nachkam, waren wir trotz reichlichen Fleischgenusses dauernd hungrig. Für die Truppenführung standen Caesar Legaten zur Seite, die in der Regel eine Legion kommandierten. Sie kamen aus den vornehmen Familien Roms. Caesars wichtigster Legat war Titus Labienus, den er schon als innenpolitischen Kampfgenossen kannte. Neben den Legaten standen Militärtribunen. Die einzelnen Zenturien wurden von Zenturionen geführt, die sich aus dem Mannschaftsstand empordienten. Zu der schweren Infanterie der Legionen traten leichter bewaffnete Hilfsvölker, die einschließlich der

Götterdoppelkopf.
Aix, Museum

Sitzender Gott.
Basel, Historisches Museum

Dumnorix. Münze

Reiterei von den Bundesgenossen gestellt wurden.

Der Sieg über die Helvetier verschaffte Rom mit einem Schlag die Vormachtstellung in Mittelgallien. Das zeigte sich, als die gallischen Stämme, die einen Landtag abhalten wollten, dafür Caesars Genehmigung einholten. Auf Grund der Beratungen erschienen dann ihre Abgesandten erneut vor Caesar und baten ihn um Schutz gegen Ariovist, dessen Druck die mit ihm verbündeten Sequaner nicht weniger empfanden als die anderen Gallier, zumal er noch weitere Germanen über den Rhein holte. Das war für Caesar eine günstige Gelegenheit, Rom als Vormacht in Gallien zu etablieren. Er versuchte zuerst, den Germanen, mit dem ja ein Freundschaftsvertrag bestand, auf dem Verhandlungsweg zu bremsen. Als der Erfolg ausblieb, entschloß er sich, ihm entgegenzuziehen und die Hauptstadt der Sequaner Vesontio (Besançon) zu besetzen, ehe Ariovist ihm zuvorkam. Hier kam es zu einer Panik unter den Soldaten. Die Angst vor den Germanen, denen seit den Kimbernkriegen der Ruf einer legendären Tapferkeit und Kampfkraft vorausging, war groß, und es drohte zu Gehorsamsverweigerungen zu kommen. Mit Hilfe einer großen Rede vor den versammelten Offizieren und Zenturionen wurde Caesar Herr der Lage. Er wies zur Beruhigung auf das Freundschaftsverhältnis zu Ariovist hin, erinnerte an die Siege des Marius über Kimbern und Teutonen, an den eigenen Sieg über die Helvetier, die den Germanen nicht nachstünden, unterstrich nachdrücklich seine Stellung als Kommandeur und seine alleinige Verantwortung und erklärte, er brauche keine Insubordination zu fürchten. *Um das zu beweisen, werde ich sofort das tun, was ich für später vorgesehen hatte, und in der nächsten Nacht gegen Morgen abmarschieren, um so bald als möglich zu erkennen, ob bei euch Ehrgefühl und Pflichtbewußtsein stärker ist oder die Angst. Und wenn sonst niemand mit mir geht, werde ich allein mit der X. Legion marschieren. Denn an der zweifle ich nicht, und sie wird mir dann als Leibwache dienen.*[43]

Die Rede schlug ein, und die eben noch verzagen wollten, drängten zum Abmarsch. Caesar rückte nun durch die Burgundische Pforte ins Elsaß, wo er in der Gegend von Mülhausen auf Ariovist traf. Dieser war jetzt zu persönlichen Verhandlungen bereit. So kam es auf einem Hügel zur Unterredung, bei der beide zu Pferde blieben. *Caesar wies darauf hin, daß Ariovist die Anerkennung als König und Freund des*

Männermaske. Bronzeblech. Garancières-en-Beauce

römischen Volkes seinem Einfluß verdanke, und erklärte deren Bedeutung. Dann erläuterte er Ariovist die Verpflichtung Roms gegenüber den verbündeten Häduern, deren Schwächung Rom nicht hinnehmen könne. Anschließend wiederholte er die Forderung, Ariovist solle die Häduer und ihre Verbündeten nicht angreifen, solle ihnen ihre Geiseln zurückgeben und keine neuen Germanen über den Rhein kommen lassen.[44] Schon früher hatte er diese Forderung und sein Vorgehen mit dem Senatsbeschluß von 62 v. Chr. begründet, nach dem der Statthalter der Provinz für die Häduer eintreten sollte. Nun kommt es zu dem entscheidenden Wortgefecht, in dem sich der Germanenführer als ebenbürtiger Gegner zeigt. Er sagt, er habe den Rhein nicht aus eigenem Antrieb überschritten, sondern sei von den Galliern gebeten und gerufen. Nicht ohne große Versprechungen, die diese ihm gemacht hätten, und nicht ohne große Aussichten habe er die Heimat und seine Angehörigen verlassen. Seine Wohnsitze in Gallien hätten ihm die Gallier selbst überlassen und die Geiseln nach eigenem Willen gestellt. Abgaben erhebe er als Sieger nach Kriegsrecht. Denn die Gallier hätten ihn angegriffen, nicht umgekehrt, er habe sie aber alle zusammen besiegt. Die Freundschaft des römischen Volkes solle ihm Ansehen und Schutz bringen, deshalb habe er sie gesucht. Weitere Germanen lasse er zu seiner Verteidigung kommen, nicht um Gallien anzugreifen. Dann kommt er zu seinem Hauptargument: Er sei früher in Gallien gewesen als das römische Volk. Niemals habe früher ein römisches Heer die Grenzen der Provinz überschritten. *Was willst du, Caesar? Weshalb kommst du in mein Land? Dieses Gallien ist meine Provinz wie jenes die eure. Wie ihr nicht dulden würdet, wenn ich auf die Provinz einen Angriff machte, so sollt auch ihr mich nicht unbillig in meinem Recht stören.* Dann gießt er über die Verpflichtung Roms den Häduern gegenüber seinen Spott aus. *Ich bin nicht dumm genug, um nicht zu wissen, daß die Häduer den Römern in den letzten Kämpfen gegen die Allobroger nicht geholfen haben und die Römer nicht den Häduern gegen mich.*[45]

Wenn sich Ariovist so auf die Tatsache seines Sieges und die Priorität seines Erscheinens in Mittelgallien beruft, so weiß Caesar auch das zu übertrumpfen. *Es sei weder seine noch des römischen Volkes Sitte, verdiente Bundesgenossen im Stich zu lassen, und Ariovist sei nicht früher als das römische Volk in Gallien gewesen. Arverner und Rutener seien von dem Konsul Quintus Fabius Maximus besiegt worden, das römische Volk habe ihnen aber verziehen, ihr Land nicht zur Provinz gemacht und keine Zahlungen verlangt. Wenn es schon auf die Priorität ankomme, so habe Rom den größten Rechtsanspruch, in Gallien zu gebieten. Wenn man sich nach der Entscheidung des Senates richten solle, dann müsse Gallien frei sein, dem er, obgleich es im Krieg überwunden war, die Autonomie gelassen habe.*[46] Mit großem diplomatischem Geschick deutet Caesar den Verzicht auf Annexion des Arvernerlandes als Willensäußerung des Senats, Gallien solle frei sein, und leitet daraus für sich die Verpflichtung ab, diese Freiheit der Gallier zu verteidigen. Damit ist deutlich, daß die beiden Standpunkte unvereinbar sind. Es bleibt nur der Appell an die Waffen. Nach langem Manövrieren und schwerem Kampf gewinnt Caesar den Sieg. Ariovist und die meisten Germanen fliehen auf die andere Rheinseite, nur ein Teil bleibt im Elsaß. Mit diesem Sieg hat Caesar die Vormachtstellung in Mittelgallien fest begründet. Das Verbleiben der römischen Legionen in Gallien, die hier ihre Winterquartiere beziehen, macht das deutlich. Caesar ging während

Adlerträger einer römischen Legion. Mainz, Altertumsmuseum

Sog. Ebergott. Steinplastik. Euffigneix (Haute-Marne)

der kalten Jahreszeit nach Oberitalien, um dort seinen Verpflichtungen als Statthalter nachzukommen.

Dieser überraschende Wechsel der Lage in Mittelgallien war ein großer Erfolg, versetzte aber die Belger in Unruhe, obwohl sie nicht unmittelbar getroffen waren. Das waren die Gallier, die nördlich von Seine und Marne bis ans Meer und an den Rhein wohnten. Über diesen Strom waren hier schon seit langem Germanenstämme vorgedrungen und hatten zwischen den Belgern Fuß gefaßt. Die keltisch-germanischen Belger galten als besonders tapfer und kampftüchtig. Jetzt schlossen sie sich gegen ein mögliches Vordringen Caesars nach Norden zusammen. Nur die Remer – ihr Name lebt in Reims fort – hielten sich außerhalb der Belger. Sie schlossen aus den Ereignissen des vorigen Jahres die Notwendigkeit, eine Friedenspolitik zu betreiben, und arrangierten sich mit Caesar. Denn der sah in dem Bündnis eine Bedrohung und hob drei weitere Legionen in Oberitalien aus. Damit kam sein Heer auf acht Legionen, doppelt soviel, als ihm beim Antritt des Prokonsulats zur Verfügung standen. Jetzt – Anfang 57 v. Chr. – rückte er nach Norden. Die Remer gaben die Operationsbasis ab. Dadurch gewannen sie nach dem Sieg unter den Belgern eine ähnlich bevorzugte Stellung, wie sie die Häduer seit dem Sieg über Ariovist wieder einnahmen. Aber im Gegensatz zu diesen haben die Remer an ihrer Entscheidung immer festgehalten und in der Treue zu Caesar und den Römern nie gewankt.

Die Belger versuchten zuerst mit einem Gesamtaufgebot aller Stämme den Römern entgegenzutreten und sie durch Übermacht zu erdrücken. Caesar gibt die Zahl auf 300 000 an, doch ist das wohl übertrieben. Aber sie waren seinen acht Legionen mit 40 000 Mann weit überlegen. Doch waren sie den organisatorischen Schwierigkeiten, die ein solches Riesenheer gerade an die Verpflegung stellt, nicht gewachsen. So gelang es Caesar verhältnismäßig leicht, sie an der Aisne ohne größere Kämpfe auszumanövrieren. Sie mußten das Heer, das zu groß war, auflösen und die Verteidigung auf die einzelnen Stämme verlagern. Das erleichterte Caesars Vorgehen, der nun einen Stamm nach dem anderen bezwang. Den erbittertsten Widerstand fand er bei den Nerviern im Hennegau und der Gegend von Cambrai, die als besonders tapfer galten. Zusammen mit den Atrebaten und Viromanduern erwarteten sie die Römer in den Wäldern des Sambretals westlich Maubeuge bei Hautmont. Von dem dramatischen Geschehen dieser Schlacht, die durch Caesars persönliches Eingreifen entschieden wurde, hat er selbst eine Schilderung [47] gegeben, die – gekürzt – folgendes besagt:

Gott mit Hirschfüßen. Bouray

Den Römern, die sich von Norden her der Sambre näherten, zeigte sich der Fluß zwischen zwei sanft abfallenden Hängen. Auf dem anderen Ufer verlor sich der steigende Hang bald in Wald. Längs des Flusses sah man einzelne belgische Reiterposten. Die Tiefe des Flusses war drei Fuß, er war also leicht zu überschreiten.

Die Reiter und Schleuderer, die dem römischen Heer voranzogen, gingen über den Fluß und drängten die gallischen Reiter in den Wald zurück, in den sie aber nicht folgten. Sechs römische Legionen, die Hauptmacht, begannen inzwischen auf dem Kamm des Hügels nördlich der Sambre mit dem Lagerbau. An diese Legionen schloß sich der Troß. In dem Augenblick, in dem er auf dem Rücken des Hanges erscheint, stürmen die Nervier und ihre Verbündeten aus dem Wald vor. Sie werfen die römischen Plänkler, sie sind am Fluß, den sie durchwaten, sie stürmen im Laufschritt hügelan auf die schanzenden Legionen zu.

Caesar blieb keine Zeit zur normalen Reaktion, zum Hissen der Fahne, dem Alarmsignal, zum Trompetenstoß, der die Soldaten vom

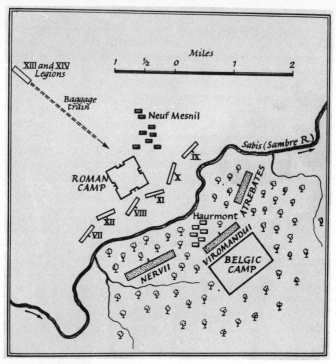

Das Schlachtfeld an der Sambre

Schanzen zurückruft, zum Aufstellen einer geordneten Schlachtlinie, zur Ermahnung der Soldaten und zum Angriffsbefehl. Aber die gute Ausbildung der Soldaten ersetzte das und ebenso das Eingreifen der Legaten, denen Caesar befohlen hatte, bei ihrer schanzenden Truppe zu bleiben. Auch ohne Caesars Anweisung geschah das Nötigste.

Caesar eilt sofort zu den kämpfenden Truppen und kommt zuerst zur IX. Legion, die mit der X. auf dem linken Flügel stand. Nach wenigen anfeuernden Worten gibt er den Befehl zum Angriff, denn die Feinde hatten sich schon auf Speerwurfweite genähert. Dann eilt er nach rechts, um auch hier den Angriff zu befehlen, trifft aber auf eine schon in Kampf verwickelte Truppe. Alles war so schnell gegangen, daß die Soldaten sich kaum hatten ordnungsgemäß wappnen können und daß zu einer regelrechten Aufstellung keine Zeit war.

Die Schnelligkeit des Angriffs, das abfallende Gelände, das – wie noch heute – von dichten Knicks durchzogen war, machten eine einheitliche Leitung unmöglich. Die Schlacht löste sich in einzelne Gruppenkämpfe auf. Sie entglitt Caesars Händen. Von seinem Standpunkt aus sah er folgendes:

Links, von wo er kam, treiben die IX. und X. Legion die vom Sturm ermatteten Atrebaten rasch zum Fluß zurück, bedrängen sie beim Übergang, folgen ihnen über das Wasser, brechen im ansteigenden Gelände erneuten Widerstand und werfen den Feind zurück. Im Zentrum haben die VIII. und XI. Legion die Viromanduer zurückgeworfen und stehen am Flusse mit ihnen im Kampf. Durch dieses Vorrücken wird das Lager auf seiner linken Seite und in der Mitte entblößt, nur auf dem rechten Flügel stehen die XII. und VII. Legion. Hier stürmen die Nervier. Ein Teil dringt durch die Lücke zwischen Zentrum und linkem Flügel ins Lager ein, der andere beginnt, die beiden Legionen zu umzingeln.

Im Lager trafen die Nervier auf Reiter und Plänkler – die sich gewohnheitsmäßig hinter der vorrückenden Infanterie gesammelt hatten – sowie auf die Troßknechte; beide flohen mit großem Geschrei. Als berittene gallische Hilfstruppen aus der Gegend von Trier das sehen – das Lager genommen, die Legionen umzingelt, rings Flucht aus dem Lager –, sprengen sie erleichtert davon: sie werden zu Haus melden, die Römer seien besiegt, die Nervier hätten Lager und Troß erobert.

Caesar sieht das alles. Vor seinen Augen vollzieht sich die Katastrophe. Die Soldaten der XII. Legion sind zusammengedrängt und hindern sich selbst am Fechten, bei der 4. Kohorte sind alle Zenturionen und der Adlerträger gefallen; der Adler ist verloren. Auch bei den anderen Kohorten sind fast alle Zenturionen gefallen oder verwundet, unter ihnen der tapfere Publius Sextius Baculus, der sich kaum mehr aufrecht halten kann; die Kraft der anderen läßt nach. Schon drücken sich hinten einige, ducken sich vor den Geschossen und versuchen zu desertieren. Die Feinde aber drängen von allen Seiten unablässig heran. Die Sache steht auf des Messers Schneide und weit und breit ist keine Truppe, die man zu Hilfe schicken könnte – da greift er selbst ein. Einem in der letzten Reihe entreißt er den Schild, weil er selbst ohne Schild gekommen war, er tritt ins erste Glied, er ruft die Zenturionen namentlich auf, er spricht den übrigen Mut zu und gibt den Befehl, vorzurücken und die Reihen zu lockern, damit sie die Schwerter besser handhaben können. Sein Erscheinen gibt den Soldaten neue Hoffnung und stärkt den Mut. Jeder will unter den Augen des Feldherrn auch in schwieriger Lage zeigen, was er kann, und so wird der Angriff der Feinde etwas aufgehalten.

Caesar zieht nun die VII. Legion, die, ähnlich bedrängt, neben der XII. stand, mit Hilfe ihrer Offiziere allmählich hinter die XII., läßt sie kehrtmachen und beide gemeinsam sich der Feinde erwehren. Die

Widerstandskraft wächst. In diesem Augenblick erscheinen die XIII. und XIV. Legion, die hinter dem Troß die Nachhut gebildet hatten und auf die Kunde von der Schlacht in Laufschritt gefallen waren, auf dem Kamm des Hügels. Gleichzeitig schickt Labienus, der mit dem rechten Flügel das belgische Lager erobert hatte und von dort aus die gefährliche Lage sah, die X. Legion. Die erkannte bald die kritische Lage ihrer Kameraden und nahte im Laufschritt.

Die Ankunft dieser Legionen bringt den völligen Umschwung. Die leichten Truppen und die Troßknechte fassen wieder Mut und greifen ihrerseits in den Kampf ein, um ihre Flucht wiedergutzumachen. Die Feinde aber – so schließt Caesar die Schilderung und meint speziell die Nervier – zeigten auch in der verzweifelten Lage größte Tapferkeit: Wenn das erste Glied gefallen war, traten die nächsten auf die Liegenden und kämpften auf den Leichen stehend, und als auch diese fallen und die Leichen sich häufen, werfen die Überlebenden wie von einem Hügel ihre Waffen auf die unsern und fangen unsere Speere auf und werfen sie zurück. Man darf sagen, daß so tapfere Männer nicht ohne Berechtigung es wagten, den tiefen Fluß zu durchschreiten, die ansteigenden Ufer zu erklimmen und in ungünstiges Gelände vorzurücken. Ihre Tapferkeit und Ausdauer hatte diese schweren Dinge leicht gemacht.

Die Nervier waren unterworfen. Die Niederlage hatte sie fast der ganzen waffenfähigen Mannschaft beraubt. Caesar mußte bei der Neuordnung der Gegend Maßnahmen treffen, um sie gegen Übergriffe der Nachbarn zu schützen. Da sein *Gallischer Krieg* sich auf die Darstellung der militärischen Ereignisse beschränkt, wissen wir von den organisatorischen Anordnungen, die damit Hand in Hand gingen, weniger.

Die letzte Operation des Belger-Krieges richtete sich gegen die Atuatuker, Nachkommen von Resten der Kimbern, die hier in Belgien geblieben waren, und deren Fluchtburg im Maastal lag (eher Mont-Falizes bei Namur als Namur selbst). Caesar ging gegen sie mit allen Mitteln der damaligen Belagerungstechnik vor: Einschließung der Stadt mit einem Wall; Vortreiben einer Angriffsterrasse (Damm) gegen die Mauer, auf der die Angriffsmaschinen gegen die Mauer bewegt wurden, die beweglichen Laufhallen («Weinlauben»), die die Soldaten bei Arbeit und Angriff gegen Wurfgeschosse von der Mauer schützten, und andere Schutzvorrichtungen, der bewegliche Angriffsturm mit mehreren Stockwerken, von denen man mit Hilfe von Sturmbrücken auf die Mauer gelangte; der Sturmbock («Widder»), der die Mauer brechen sollte, und anderes mehr. Unter «Schildkröte» verstand man eine Art des Vorgehens, bei der die Soldaten die Schilde über den Kopf hoben, um sich gegen Geschosse von der Mauer zu sichern. Auch Geschütze wurden gegen die Mauern eingesetzt. Sie schleuderten mit der Spannkraft von Sehnen Kugeln

Tal der Maas

und Pfeile. Angesichts dieser überlegenen Technik, vor allem der Wandeltürme, kapitulierten die Atuatuker zuerst, versuchten dann aber mit Hilfe von verheimlichten Waffen erneuten Widerstand. Sie wurden im blutigen Kampf überwunden und völlig vernichtet, das heißt die Überlebenden wurden als Sklaven verkauft. Unser Begriff des Kriegsgefangenen war der Antike fremd. Der gefangene Feind war Eigentum des Siegers. Der konnte ihn töten, als Sklaven behalten oder einem anderen als Sklaven verkaufen.

Damit waren die Belger überwunden, ein Erfolg Caesars, der in Rom und Gallien gleich großen Eindruck machte. Hier unterwarfen

Pfeilgeschütz (Katapult). Rekonstruktion

Schweres Wurfgeschütz (Onager). Rekonstruktion

sich jetzt auch die Stämme, die an der Küste des Ozeans und des Kanals sowie der Bretagne wohnten, ohne Widerstand dem jungen Crassus, dem Sohn des Triumvirn, den Caesar mit einer Legion zu ihnen geschickt hatte. Auch von jenseits des Rheins kamen Gesandte zu Caesar. In Rom beschloß der Senat ein Dankfest, dessen Dauer alles Frühere übertraf. Caesar konnte glauben, Gallien zwischen Provinz, Kanal und Rhein sei befriedet. Nur Aquitanien zwischen Garonne und Pyrenäen blieb außerhalb. Caesar legte die Legionen ins Winterquartier zu Stämmen, die noch nicht gegen ihn in Waffen gestanden hatten, Crassus zu den Anden (Anjou) an der unteren Loire, Labienus mit dem Gros an die mittlere Loire zu den Carnuten (Chartres) und Turoner (Tours) und Galba in die Alpen und zwar in die Gegend des Großen St. Bernhard, während er selbst nach Oberitalien und Illyrien ging. Galba, dessen Detachement die Handelswege über den Großen St. Bernhard öffnen sollte, versuchte in Octodurus zu überwintern (Martigny), wurde aber durch eine Erhebung der Einwohner vertrieben und ging ins Allobrogerland.

Durch genauere Nacherzählung der Verhandlungen mit Ariovist und der Nervier-Schlacht ist versucht worden, einen Eindruck von Caesars eigener Schilderung zu geben, nicht nur von den militärischen Vorgängen, sondern auch von den politischen Hintergründen. Es ist nicht möglich, mit derselben Ausführlichkeit weiterzuerzäh-

Testudo

Mauerbrecher, sog. Widder. Rekonstruktion

Wurfgeschütz (Palintonon). Rekonstruktion

len. Der Rest der Kämpfe in Gallien muß gedrängter behandelt werden.

Schon der Widerstand, den Galba in den Alpen gefunden hatte, zeigte an, daß die Unterwerfung Galliens noch nicht abgeschlossen war. Das bestätigte sich am entgegengesetzten Ende des Landes, als Crassus von seinen Winterquartieren aus bei den benachbarten Stämmen Getreide requirieren wollte. Die Offiziere, die damit beauftragt waren, wurden von den Galliern festgesetzt, und die Seestämme in der Bretagne und Normandie schlossen sich zum Widerstand zusammen. An der Spitze der Koalition standen die Veneter an der Südküste der Bretagne, ein Stamm geborener Seefahrer. Von den Kelten in Britannien kam Hilfe. Caesar, der in Italien durch eine politische Konferenz in Lucca festgehalten wurde, entschloß sich, den Krieg zu Lande und zur See zu führen, und ließ dafür auf der Loire eine Flotte bauen. Als er selber wieder in Gallien war, begann die kombinierte Aktion gegen die Veneter, während andere Kontingente die Völker an der Kanalküste zwischen Bretagne und Rheinmündung niederhielten. Caesar rückte zu Lande gegen die Veneter, die aber immer wieder auf die Schiffe entwichen. Die Entscheidung brachte eine Seeschlacht an der bretonischen Küste, die erste auf dem Atlantik, von der wir wissen. Angesichts Caesars und des Heeres kämpften unter dem Kommando des Decimus Brutus die römischen Galeeren, die mit Rudern bewegt wurden, gegen die Koggen der Veneter, die Segel aus Leder hatten. Ihr Bord war wegen der Stürme des Ozeans viel höher als das der römischen Schiffe, die für die Fahrt auf dem Mittelmeer entwickelt waren. Aber die Römer wurden dieser Schwierigkeit Herr, indem sie auf Mittel der Belagerungstechnik zurückgriffen. Hier gab es die Mauersichel, einen an einer Stange befestigten Haken zum Einreißen der Mauern. Nach diesem Vorbild wurden jetzt Stangen mit scharfen Sicheln hergestellt. Damit durchschnitten die Römer die Takelage der feindlichen Schiffe, enterten die bewegungslos gewordenen und blieben im Kampf Mann gegen Mann Sieger. Der Kapitulation der Veneter folgte ein furchtbares Strafgericht. Der Rat der Veneter wurde hingerichtet, der Rest als Sklaven verkauft. Napoleon hat diese Grausamkeit aufs heftigste getadelt. Schon im Jahr zuvor war Caesar bei den Atuatukern ebenso verfahren. Bei den Venetern begründete er seine Handlung mit den Worten: ... *er sei gegen sie um so schwerer eingeschritten, damit die Gallier in Zukunft das Recht von Gesandten um so sorgfältiger achteten.*[48] Er meint damit die Gefangennahme der Requisitions-Offiziere. Er sah überhaupt in dem Widerstand der Gallier nicht mehr einen auswärtigen Krieg, sondern einen Aufstand. Wie bei den Atuatukern handelte es sich nach römischer Ansicht um eine Verletzung der fides, des Treu-und-Glauben-Verhältnisses, das durch die Kapitulation zwischen Siegern und Besiegten begründet wird. Es verpflichtet den Sieger moralisch zur guten Behandlung des Überwundenen, den Unterworfenen, die Kapitulation nicht zu brechen. Caesar hielt nach dem zweiten Kriegsjahr die Unterwerfung Galliens für abgeschlossen. *Durch diese Taten war ganz Gallien unterworfen* [49], sagt er selbst, und das Dankfest des Senats bestätigt das. Auch der Zeitpunkt der Konferenz von Lucca im Winter 57/56 macht wahrscheinlich, daß Caesar seine Aufgabe in Gallien im wesentlichen als gelöst ansah. Man hat ansprechend vermutet, daß Caesar die neu unterworfenen Lande nicht zur Provinz machte, sondern daß er die gallischen Staaten außerhalb der Provincia Narbonensis als Klientelstaaten organisierte, die von Rom abhängig waren. Da staatliche Klientelverhältnisse in Gallien bekannt waren, entsprach das den Gegebenheiten. Rom übernahm die Rolle einer obersten Schutzmacht. Dabei stützte Caesar sich vornehmlich auf die Häduer, die Remer und die Lingonen (Langres), die ihrerseits gallische Vormächte waren. Erst die gallischen Widerstandsbewegungen und Aufstände in den nächsten Jahren erwiesen die Unhaltbarkeit dieses Protektorats und ließen Caesar energisch durchgreifen.

Während Caesar in der Bretagne war, gelang es dem jungen Crassus, mit wenig Truppen durch geschickte Führung Aquitanien zu unterwerfen. Im Herbst unternahm Caesar noch einen Zug nach Flandern und ins Rheindelta gegen die Menapier und Moriner. Da diese sich in die dichten Wälder zurückzogen und die Herbststürme einsetzten, war der Erfolg nicht groß. Doch betrachtete Caesar von nun an jede Grenzverletzung als Angriff auf das römische Imperium.

Das zeigte sich zu Beginn des nächsten Jahres (55 v. Chr.). Seit Jahrzehnten waren die Germanen von Osten nach Westen in Bewegung, und immer wieder hatten Stämme von ihnen den Niederrhein überschritten. Als aber jetzt wieder die germanischen Usipeter und Tenctherer unter suebischem Druck dasselbe versuchten, sah Caesar darin einen Grund zum Eingreifen. *Der Rhein bilde die Grenze des römischen Reichs* [50], läßt er sogar Germanen sagen. Da er von dem Erscheinen der Germanen in Gallien Unruhe befürchtete – das Beispiel Ariovists warnte –, griff er schnell und gründlich durch. In einer sehr fragwürdigen Verbindung von diplomatischem Hinhalten und militärischer Offensive vernichtete er die Germanen, nur ein zufällig abkommandierter Teil der Kavallerie entkam. Caesars Vorgehen war so anfechtbar, daß sein alter Feind Cato im Senat beantragte, ihn den Germanen auszuliefern, da man nur durch Preisgabe des Schuldigen die Strafe der Götter für das verräterische Verfahren von Rom abwenden könne.

Um den Grenzcharakter des Rheins noch nachhaltiger zu unterstreichen und die Germanen von neuen Grenzverletzungen abzuschrecken, entschloß Caesar sich zu einer militärischen Demonstra-

Caesar. Rom, Vatikan

tion auf dem rechten Ufer. Dafür baute er die erste Rheinbrücke. Sie stand im Neuwieder Becken und war eine feste Jochbrücke. Nach der neuesten Rekonstruktion bestand jedes Joch aus einem 60 Zentimeter dicken Balken, der auf wahrscheinlich fünf senkrecht in den Fluß gerammten Pfählen ruhte. Jedes Joch wurde an den beiden Enden verstärkt durch je ein Paar 42 Zentimeter dicker Pfähle, die schräg eingerammt waren, die stromaufwärts stehenden mit der Strömung geneigt, die stromabwärts gegen sie. Diese Paare schräger Pfähle waren 12 bis 13 Meter voneinander entfernt, in Wasserhöhe etwa 16 Meter. Jedes Joch war stromabwärts durch noch stärker geneigte Stützpfähle gegen den Wasserdruck weiter verstärkt, stromaufwärts entsprechend durch Prellpfähle gegen die Strömung und ihr Treibgut, auch gegen absichtlich hineingeworfene Baumstämme, gesichert. Über die Joche wurde die Fahrbahn aus Langhölzern, Brettern und Faschinen gelegt, die mit Erde bedeckt wurde. Sie war etwa 9 bis 10,5 Meter breit. *Vom Beginn der Anlieferung des Materials an gerechnet, dauerte es zehn Tage, bis das ganze Werk vollendet war* [51] und das Heer hinübergeführt wurde. Aber die Germanen wichen aus bis auf den Stamm der Ubier in der Gegend der Ruhr, die schon damals ein gutes Verhältnis zu den Römern suchten und später von ihnen auf

Römisches Kriegsschiff. Marmorrelief. Rom, Vatikan

das linke Rheinufer ins Provinzialgebiet verpflanzt wurden (19 v. Chr.). Ihre Hauptstadt wurde Köln, das zuerst «Altar der Ubier» hieß. Ihre Unterstützung und die Sicherung der Grenze durch das Erscheinen eines römischen Heeres auf dem rechten Ufer waren das Ergebnis dieses Rheinübergangs, der bis auf die Plünderung der von den Germanen geräumten Gebiete ohne sichtbare Folgen blieb.

Ähnliche Zwecke verfolgten die zwei Expeditionen nach Britannien, die Caesar unmittelbar nach dem Rheinübergang und im folgenden Jahr 54 v. Chr. unternahm. Den Anlaß bot die Hilfe, die die Veneter von der Insel erhalten hatten. Auch an der Kanalgrenze sollte derartiges unterbunden werden. Infolge der kurzen Zeit ergab die erste Expedition wenig und trägt eher den Charakter einer bewaffneten Erkundung. Die Überfahrt erfolgte an der schmalsten Stelle des Kanals, vom Portus Itius westlich Calais aus. Vom Ort des Rheinübergangs kamen die Truppen wahrscheinlich zu Schiff nach dort, auf dem Rhein und die Küste entlang. Die Landung in England erfolgte an der Ostspitze von Kent. Da es aber nicht gelang, die Kavallerie mit hinüberzuschaffen, und Sturm die Schiffe, die aufs Land gezogen waren, beschädigte, blieben größere Erfolge aus. Caesar behauptete sein Lager an der Küste gegen Angriffe der Britannier, reparierte die Schiffe und kehrte ohne schwere Verluste aufs Festland zurück. Trotz der mageren militärischen Ergebnisse machte der Übergang über den Rhein und der Vorstoß auf die unbekannte Insel im fernen Norden in Rom stärksten Eindruck. Ein Dichter der Zeit spricht von den «Siegesdenkstätten des großen Caesar, dem Rhein in Gallien, dem furchtbaren Meer und Britannien am äußersten Erdrand»[52].

Die Expedition des nächsten Jahres wurde sorgfältiger vorbereitet. Auf der Loire ließ Caesar eine Transportflotte bauen, die fünf Legionen und 2000 Reiter fassen konnte. Er fußte dabei auf den Erfahrungen des letzten Jahres. *Um sie schneller beladen und ans Land ziehen zu können, ließ er die Schiffe flacher bauen als im Mittelmeer üblich. Das war möglich, weil er die Erfahrung gemacht hatte, daß die Wellen wegen des häufigen Wechsels der Strömung weniger hoch gingen. Um Gepäck, Pferde und Troß zu transportieren, ließ er sie etwas breiter bauen als gewohnt. Alle waren mit Rudern ausgerüstet, um trotz des geringen Tiefgangs gut manövrieren zu können.*[53] Es ist interessant, daß Napoleon beim Bau der Schaluppen, mit denen er 1804 nach England übersetzen wollte, dieselben Gesichtspunkte – geringen Tiefgang und Manövrierfähigkeit – in den Vordergrund stellte.

Nach der Landung drang Caesar unter Kämpfen bis über die Themse vor. Als auch ein Ablenkungsangriff der Feinde auf das Schiffslager abgewiesen wurde, kam es zu Verhandlungen, in denen Caesar Tribute und Geiseln forderte. Aber er konnte nicht dauernd auf

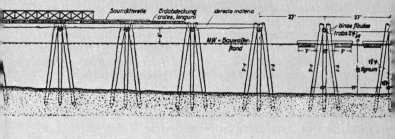

Caesars Rheinbrücke: Längsschnitt in Brückenachse

Gesamtansicht

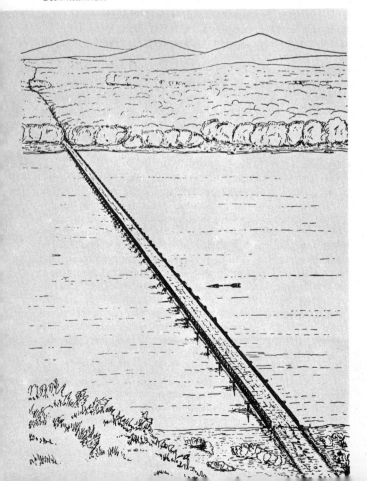

der Insel Fuß fassen – wenn das überhaupt seine Absicht war. Doch war eine Folge der Expedition, daß für ungefähr ein Jahrhundert der lebhafte Handel zwischen Gallien und Britannien unterbrochen wurde. Am Metall der Waffenfunde aus den kommenden Jahren, vor allem bei Gergovia, läßt sich ablesen, daß die Einfuhr von Zinn nach Gallien nachließ. Wahrscheinlich hat dieser für die Mittelmeerwelt wichtigste Exportartikel Britanniens – das Zinn wurde auf den Scilly-Inseln gewonnen – bis zur Eroberung Britanniens unter Kaiser Claudius (43 n. Chr.) den Weg aufs Festland über die friesische Küste genommen.

Während Caesar an Rhein und Kanal für die Sicherung der Grenzen nach außen wirkte, hatten die inneren Verhältnisse Galliens eine bedrohliche Entwicklung angenommen. Schon vor dem zweiten Zug nach Britannien mußte Caesar vorbeugende Maßregeln treffen: Er stärkte bei den einzelnen Stämmen die römerfreundlichen Elemente, wenn es nötig war auch durch militärisches Vorgehen wie bei den Treverern (Trier). Hier erschien er selbst mit vier Legionen, um von feindlichen Umtrieben und Verbindungen zu den Germanen auf der anderen Rheinseite abzuschrecken. 4000 gallische Ritter aus allen Stämmen mußten ihn nach Britannien begleiten und als Geiseln für die Ruhe in der Heimat bürgen. Als sich der alte Römerfeind, der Häduer Dumnorix, dem entziehen wollte, wurde er auf der Flucht umstellt und fiel fechtend. Trotzdem wuchs die Widerstandsbewegung, vor allem im nördlichen Gallien. Eine Mißernte, die das Jahr brachte, zwang Caesar, die Legionen für den Winter über das ganze Nordgallien in kleineren Lagern zu verteilen. Er selbst verließ vorsichtigerweise das Land nicht. Die Dislozierung der Truppen schien den Galliern eine günstige Gelegenheit zum Aufstand. Er brach aus bei den Eburonen (um Lüttich). Sie lockten anderthalb Legionen durch List aus dem Winterlager, überfielen sie auf dem Marsch und vernichteten sie. Das löste einen Aufstand bei den Nerviern aus. Hier lag eine Legion unter Ciceros Bruder Quintus, der als Legat in Caesars Heer diente. Nervier und Eburonen bedrängten ihn hart. Aber Caesar zog rasch mehrere Legionen zusammen, ermutigte Cicero durch eine durchgeschmuggelte Depesche: *Mut! Rechne auf Hilfe!* [54] und entsetzte ihn.

Doch hatte der Aufstand schon so um sich gegriffen, daß nicht alle Legionen Caesars Aufruf folgen konnten. Bei anderen Stämmen wurden römerfreundliche Fürsten abgesetzt oder umgebracht. Die Unruhen setzten sich ins neue Jahr 53 v. Chr. fort, Caesar blieb den ganzen Winter in Gallien. Durch Legaten ließ er zwei weitere Legionen ausheben. Außerdem stellte Pompeius ihm leihweise eine Legion zur Verfügung, die schon 55 für ihn in Oberitalien ausgehoben war. So kam Caesars Heer unter Einrechnung der Verluste auf zehn Legionen, etwa 50 000 Mann. Das machte ein energisches Vorgehen gegen die Aufständischen möglich. Noch vor Wintersende unternahm Caesar selbst eine Strafexpedition zu den Nerviern, die sie zu erneuter Unterwerfung zwang und den Soldaten von vier Legionen reiche Beute brachte. Anschließend unterdrückte er Unruhen bei den Senonen (Sens) und Carnuten (Chartres), die, durch sein Erscheinen überrascht, sich durch Vermittlung der Häduer und Remer wieder unterwarfen. Caesar nahm die Kapitulation rasch an, *weil er der Meinung war, der Sommer sei die Jahreszeit für den Krieg, aber nicht für Untersuchungsverfahren*[55]. Gleichzeitig beruhigte Labienus die Treverer. Über allem aber stand als eigentliches Ziel die Bestrafung der Eburonen. Hatte Caesar doch bei der Nachricht von der Vernichtung seiner Soldaten durch diesen Stamm Trauer angelegt, bis der Verrat gesühnt sei. Zuerst wurden sie systematisch eingekreist und isoliert. Caesar machte einen Beutezug zu den Menapiern und schlug zum zweitenmal eine Brücke über den Rhein etwas oberhalb der früheren Übergangsstelle. Etwa zwei bis drei Wochen blieb er mit seinem Heer auf dem anderen Ufer und demonstrierte gegen die Germanen, die sich wieder durch Rückzug dem Kampf entzogen, aber Caesar nicht tiefer ins Land zu locken vermochten. Um die so erreichte Abschreckung länger zu erhalten, ließ er im Gegensatz zu 55 v. Chr. den größten Teil der Brücke stehen, befestigte das Ende, das dem germanischen Ufer zu lag, durch einen Turm von vier Stockwerken und ließ zwölf Kohorten zum Schutz zurück. Erst nach diesen Vorbereitungen wandte er sich gegen die Eburonen. Sie wurden vollständig ausgerottet. Ihr Land wurde systematisch von den Legionen durchgekämmt, die sengten und brannten, plünderten, gefangennahmen und töteten. Durch das Versprechen von Beute rief Caesar die Nachbarstämme zur Plünderung herbei, *um in den Wäldern lieber das Leben der Gallier als der Legionssoldaten aufs Spiel zu setzen und um durch Überschwemmung des Landes mit möglichst vielen Menschen zur Strafe für ihren Frevel die Eburonen völlig auszurotten*[56]. Das gelang, aber der Rädelsführer Ambiorix entkam, während der andere Eburonenhäuptling Catuvolcus Selbstmord beging. Nach diesem Strafgericht berief Caesar zum Abschluß des Jahres einen gallischen Landtag nach Durocortorum, der Hauptstadt der Remer. Hier wurde das Verfahren gegen die Schuldigen an den Unruhen bei den Senonen und Carnuten, das im Frühjahr verschoben war, wiederaufgenommen und der Senonenfürst Acco, der als Anstifter galt, zum Tode verurteilt und *nach Vätersitte,* das heißt nach römischem Brauch, hingerichtet[57], ein Beweis, daß Caesar Gallien jetzt als römische Provinz ansah. Das Gros des Heeres blieb in dieser Gegend in Winterquartieren, Teile kamen in die Gegenden von Trier und Dijon.

Diese Ereignisse schildert Caesar im sechsten Buch des *Gallischen Krieges*. In diese Darstellung der militärischen Operationen legt er einen großen ethnographisch-geographischen Abschnitt ein, und zwar an der Stelle, wo er zum zweitenmal über den Rhein zurückgeht.[58] Er dient dem Nachweis, daß Kelten und Germanen zwei verschiedene Völker sind und daß der Rhein die Grenze zwischen ihnen bildet. Damit trägt Caesar eine geographisch-ethnographische Entdeckung vor. Denn bis dahin hatten Kelten und Germanen als Angehörige desselben Volkes gegolten. Indem er den Beweis für die verschiedene Nationalität der beiden Völker gerade an dieser Stelle führt, erklärt er, warum er mit seinen Eroberungen am Rhein aufhört. Caesar übt hier die schwerste Kunst des Staatsmanns, bei Erfolgen im richtigen Augenblick einzuhalten. Das ist um so bemerkenswerter, als hier der siegreiche Feldherr und der planende Staatsmann ein und dieselbe Person waren. Was Bismarck seinem vor allem militärisch orientierten König in Nikolsburg nur unter größten Anstrengungen abringen konnte, die erfolgreiche Armee um des politischen Zieles willen zu stoppen, das vollzieht Caesar sich selbst gegenüber am Rhein, der deutlichste Beweis, daß in ihm der Staatsmann trotz allen strategischen Genies dem Feldherrn gebot. Zugleich zeigt er sich als Staatsmann darin, daß er aus seiner Einsicht heraus die staatliche Wirklichkeit formt. Wie gesagt bildete der Rhein damals keine klare Grenze zwischen Kelten und Germanen. Diese hatten den Strom an vielen Stellen überschritten. Caesar gestaltete die politische Wirklichkeit klar und setzte deshalb die Grenze zwischen den beiden Nationen am Rhein fest, bezog also alles linksrheinische Germanentum in das keltische Gebiet und damit ins römische Reich ein. Damit verfiel es samt den Kelten einer raschen Romanisierung und der Rhein wurde zur Völkerscheide.

Der vergleichende Bericht über die Sitten der Gallier und Germanen, mit denen Caesar die ethnographische Verschiedenheit der beiden Völker beweist, ist zugleich die älteste zusammenhängende Schilderung, die wir von den Germanen haben:

Die Sitten der Germanen unterscheiden sich sehr von denen der Gallier. Sie lassen sich weder von Priestern leiten, noch bringen sie eifrig Opfer dar. Zu den Göttern zählen sie nur die, die sie sehen können und deren Wirken ihnen hilft, den Gott der Sonne, den des Feuers und die Mondgöttin. Andere kennen sie nicht einmal vom Hörensagen. Ihr Leben besteht nur aus Jagd und Krieg. Von klein an härten sie sich ab und trainieren. Wer am längsten seine Keuschheit bewahrt, trägt bei den Seinen das größte Lob davon. Das, meinen sie, fördere den Wuchs, nähre die Kräfte und festige die Muskeln. Unter zwanzig Jahren Erfahrungen mit einer Frau zu haben, gilt als höchste Schande. Und doch gibt es hier keine Geheimnistuerei, denn beide Geschlechter baden miteinander in den Flüssen, und als Kleidung tragen sie Felle oder kleine Pelzkleider, die den größten Teil des Körpers unbedeckt lassen.

An Ackerbau haben sie kein Interesse, und der Hauptteil der Nahrung besteht aus Milch, Käse und Fleisch. Niemand hat ein bestimmtes Stück Acker oder genau begrenzten Boden zum Eigentum, sondern Behörden und Fürsten weisen für jedes Jahr den Familien und Sippen Ackerland von der Größe und Lage an, wie es ihnen richtig erscheint, und veranlassen sie, im nächsten Jahr auf ein anderes Stück überzugehen. Dafür nennen sie verschiedene Gründe: Man soll nicht durch ständige Gewöhnung die Lust am Kriege mit der Übung des Ackerbaus vertauschen; die Mächtigen sollen nicht im Streben nach Vermehrung ihres Grundbesitzes die Schwächeren aus ihrem Besitz vertreiben; es soll verhindert werden, daß gegen Kälte und Hitze dauerhaft gebaut wird; es soll keine Gier nach Geld entstehen, die doch nur Zwist und Parteiungen erzeugt; das Volk soll zufrieden bleiben, wenn es sieht, daß jeder, was den Besitz angeht, den Mächtigen gleichgestellt ist.

Für die Staaten bedeutet es den größten Ruhm, wenn sie mit einem möglichst breiten Streifen unbebauten Landes umgeben sind. Das halten sie für einen Beweis ihrer Tapferkeit, wenn ihre Nachbarn, von ihren Ländern vertrieben, weichen müssen und niemand es wagt, sich in ihrer Nähe anzusiedeln. Zugleich sehen sie darin eine Sicherung, da sie keine plötzlichen Überfälle zu erwarten brauchen. Wenn ein Stamm einen Verteidigungs- oder Angriffskrieg führt, werden Beamte gewählt, die den Krieg leiten und Gewalt über Leben und Tod haben. Im Frieden gibt es keine allgemeinen Beamten, sondern die Gaufürsten sprechen unter den Ihren Recht und schlichten Streitigkeiten. Raub gilt nicht als Schande, wenn er außerhalb der Stammesgrenzen stattfindet, ja, sie loben es, wenn dergleichen geschieht, um die junge Mannschaft zu üben und trägem Nichtstun zu steuern. Und wenn ein Adliger in der Versammlung erklärt, er wolle Führer sein, wer ihm folgen wolle, solle sich melden, dann springen die auf, denen die Sache und der Mann zusagt, versprechen ihre Hilfe und erhalten von den Versammlungsteilnehmern Beifall. Wer von diesen nicht mitgeht, gilt als Deserteur und Verräter, und die gelten fürderhin in allen Angelegenheiten als nicht vertrauenswürdig. Einem Gastfreund unrecht zu tun, gilt als Sünde. Wer aus irgend einem Grunde zu ihnen kommt, den schützen sie gegen Unrecht und halten ihn für unverletzlich. Alle Häuser stehen ihm offen und man teilt Speise und Trank mit ihm.

Es gab eine Zeit, da waren die Gallier den Germanen an Tapferkeit überlegen, führten Angriffskriege gegen sie und schickten aus Menschenüberfluß Siedlungen auf die andere Seite des Rheins. So haben in den fruchtbarsten Gegenden Germaniens am Herzynischen Wald, den Eratosthenes und andere Griechen nur vom Hörensagen kennen... die Volker-Tectosagen sich niedergelassen und wohnen da heute noch. Sie gelten als gut organisiert und kriegstüchtig. **Heute** aber sind die Germanen der alten einfachen Lebensweise und dem körperlichen Training treu geblieben, die Gallier aber erhalten aus der Provinz und durch überseeische Einfuhr vieles, was zum Überfluß und zur Bequemlichkeit beiträgt. So haben sie sich denn an die Überlegenheit der Germanen gewöhnt, sind oft besiegt und wagen selbst nicht mehr, sich an Tapferkeit mit jenen zu vergleichen.

Dieser Herzynische Wald, den ich erwähnte, erstreckt sich in der Breite über neun Tagemärsche ohne Gepäck. Denn anders können sie – die Landesbewohner – es nicht bestimmen, und sie kennen keine Wegmaße. Er beginnt bei den Helvetiern, Nemetern und Raurakern (Schwarzwald) und erstreckt sich parallel der Donau bis zum Gebiet der Daker (Siebenbürgen). Dann wendet er sich nach links vom Flusse weg und berührt infolge seiner Größe das Gebiet vieler Völker. Im hiesigen Germanien gibt es niemanden, der sagen kann, er habe den Anfang des Waldes erreicht, auch wenn er einen Weg von 60 Tagen vorgedrungen ist, oder er habe auch nur gehört, wo der ist. Man weiß, daß in ihm viele Arten von Tieren leben, die an andern Orten unbekannt sind. Von ihnen sind die, die sich am meisten von den andern unterscheiden und deshalb Erwähnung verdienen, die folgenden:

Da lebt ein Rind von der Gestalt eines Hirsches; aus der Mitte der Stirn ragt zwischen den Ohren ein Horn hervor, steiler und gerader als die Hörner, die uns bekannt sind. An seiner Spitze breiten sich handförmig Verzweigungen aus. Männchen und Weibchen sind in ihrer Beschaffenheit gleich, die Form und Größe der Hörner gleichen sich.

Ebenso gibt es da die sogenannten Elche. In ihrer Gestalt und ihrem gefleckten Fell ähneln sie Ziegen, sind aber etwas größer, haben stumpfe Geweihe und Beine ohne Gelenke. Sie legen sich nicht zur Ruhe nieder und können auch nicht aufstehen, wenn sie aus irgend einem Grund hingefallen sind. Als Lagerstatt benutzen sie Bäume. An die schmiegen sie sich an und suchen Ruhe, indem sie sich ein wenig anlehnen. Wenn die Jäger an ihren Fährten erkannt haben, wohin sie sich zurückzuziehen pflegen, untergraben sie an der Stelle alle Bäume oder sägen sie an, aber so, daß es aussieht, als ständen sie noch. Wenn die Tiere sich nach ihrer Gewohnheit anlehnen, brechen die Bäume unter ihrem Gewicht um, und sie fallen selbst mit ihnen hin.

Die dritte Art ist die, die Auerochsen heißen. Sie sind wenig kleiner als Elefanten, haben aber das Aussehen, die Farbe und Gestalt von Stieren. Sie sind sehr kräftig und schnell und schonen weder Mensch noch Tier, die sie zu Gesicht bekommen. Die fangen die Einwohner eifrig in Fallgruben. Durch solche Arbeit kräftigen sich die jungen Leute und durch diese Art von Jagd trainieren sie, und wer die meisten von ihnen getötet hat, zeigt als Beweis die Hörner öf-

fentlich vor und erntet großes Lob. Man kann sie nicht an Menschen gewöhnen und nicht zähmen, auch wenn man sie ganz klein fängt. Größe, Form und Aussehen der Hörner unterscheidet sich stark von den Hörnern der Rinder bei uns. Die verschaffen sie sich gern, fassen sie am Rand mit Silber ein und benutzen sie bei großen Gastereien anstelle von Bechern.[59]

Die Textprobe, die den Schriftsteller Caesar von einer anderen Seite, als Ethnographen und Geographen, zeigt, läßt erkennen, daß er hier nicht, wie man es heute erwarten würde, auf eigener Anschauung oder auf Augenzeugenberichten fußt. Man benutzte damals für diese Zwecke sehr viel die griechische und römische Überlieferung, die schriftlich vorlag, und gerade die fabelhaften Tiere der letzten Abschnitte sind aller Wahrscheinlichkeit nach nicht Jägerlatein, das Caesar sich bei den Germanen aufbinden ließ, sondern stammen aus älterer griechischer Literatur, die von unbekannten Ländern romanhaft ausgeschmückte Schilderungen gab.

Die Ruhe, die in Gallien nach der blutigen Niederwerfung des Aufstandes von 54/53 v. Chr. eingetreten war, hielt nicht lange an. Damals traten die Verhältnisse in Rom in eine kritische Phase. Das gab Hoffnung, Caesar werde in Italien bleiben müssen, und ermutigte zu neuer Erhebung. In geheimen Zusammenkünften und Absprachen wurde sie vorbereitet. Wie weit die Unzufriedenheit reichte, wurde deutlich, als sogar der bisher römertreue Atrebatenhäuptling Commius Verbindung zu den Verschwörern aufnahm. Ein mißglückter Mordversuch, den Labienus in Caesars Abwesenheit gegen ihn unternehmen ließ, steigerte die Empörung. Der Aufstand brach in Cenabum (Orléans) aus. Der Verpflegungskommissar und römische Kaufleute, die sich dort niedergelassen hatten, wurden umgebracht. Auf diese Nachricht hin erhob sich bei den Arvernern der junge Vercingetorix, der Sohn des früheren Königs, der größte und einzig ebenbürtige Gegner Caesars unter den Galliern. Mit einer kleinen Schar von Anhängern riß er seine Stammesgenossen gegen den Willen des Adels zum Aufstand hin. Man rief ihn zum König aus, und rasch schlossen sich umwohnende Stämme an. Bald breitete sich die Bewegung bis an die Grenzen der römischen Provinz und der Häduer aus. Die hielten aber noch an Rom fest, weil sie den Arvernern die Führung mißgönnten. Vercingetorix konnte nur die zu den Häduern gehörenden Biturigen (Berry) auf seine Seite ziehen.

Als die Lage in Rom sich so weit beruhigt hatte, daß Caesar nach Gallien zurückkehren konnte, stand die Macht der Rebellen zwischen der Provinz und den Legionen, die in Gallien überwinterten. *Zog Caesar die Legionen in die Provinz, so mußten sie ohne ihn unterwegs kämpfen. Eilte er selbst zum Heer, so mußte er seine Sicherheit denen anvertrauen, die im Augenblick noch ruhig schienen, und das dünkte ihn gefährlich.*[60] Überdies bereitete Vercingetorix schon

Vercingetorix. Münze

den Angriff auf die Provinz vor. Deshalb ging Caesar zunächst nach Narbo (Narbonne). Hier organisierte er den Grenzschutz für diesen Teil der Provinz und zog den Ersatz, der aus Italien kam, und einige andere Truppen bei den Helviern zusammen, die von den Arvernern durch die Cevennen getrennt waren. Obwohl die Berge noch tief verschneit waren, überschritt Caesar sie – die Wege mußten zum Teil freigeschaufelt werden – und begann im Arvernerland zu plündern. Sobald daraufhin Vercingetorix nahte, gab Caesar das Kommando ab und eilte nach Vienne. Von dort ging es Tag und Nacht zu Pferde quer durchs Häduerland zu den Legionen, die bei den Lingonen überwinterten. Durch diese Schnelligkeit kam Caesar möglichen Anschlägen der Häduer zuvor, konnte die Legionen mit den übrigen bei Sens vereinigen und stand nun mit einem ansehnlichen Heer mitten im Feindesland, ehe Vercingetorix überhaupt eine Nachricht von den Vorgängen bekam. Er wandte sich nun erneut gegen die Klienten der Häduer. Caesar mußte die Bundesgenossen schützen. Er nahm mehrere gallische Städte, bestrafte Cena-

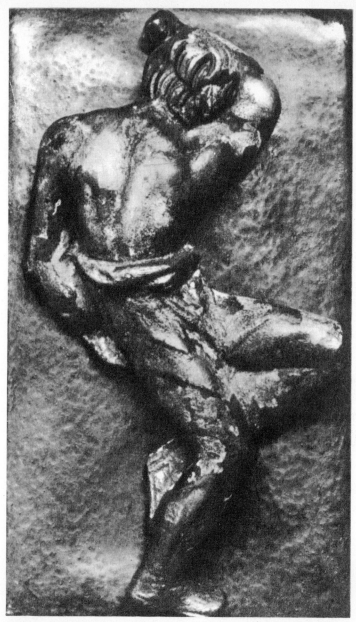

Liegender Gallier aus Alesia. Bronze. Paris, Musée de St-Germain

bum, wo der Aufstand ausgebrochen war, und eroberte Noviodunum (Pommiers). Diese Erfolge Caesars veranlaßten Vercingetorix, zur Taktik der verbrannten Erde zu greifen, um den Römern die Verpflegung unmöglich zu machen. Allein bei den Biturigen gingen 20 Städte in Flammen auf, von den Bewohnern selbst angezündet. Aber die Verteidigung ihrer Hauptstadt Avaricum (Bourges) setzten die Biturigen durch. Caesar schritt zur Belagerung und eroberte die Stadt, die sich verzweifelt wehrte, unter größten Anstrengungen und Entbehrungen der Soldaten. Deren Erbitterung war so gewaltig, daß sie bei der Plünderung nach der Einnahme 40 000 Menschen töteten. Aber sogar dieser Mißerfolg stärkte die Stellung des Gallierführers. Bewies er doch die Richtigkeit seines Planes, nach dem er auch die Zerstörung von Avaricum gefordert hatte. Auch brachte er noch weitere Stämme zum Anschluß an den Aufstand. Nur Aquitanien, die Lingonen, die Remer und die Häduer stellten sich nicht gegen Rom. Doch wurden die Häduer schon unsicher und ließen in der Lieferung von Getreide nach. Dabei war ihr Land Caesars Operationsbasis. In Noviodunum (Nevers) befanden sich die Heereskasse, die Ersatzdepots, die Bagage und die Geiseln der nicht abgefallenen Stämme. Von hier aus zog Labienus nach Norden gegen die Senonen und Parisier (Paris).

Caesar drang dagegen in das Kernland des Aufstandes und belagerte die Hauptstadt der Arverner Gergovia (bei Clermont-Ferrant). Während der harten Kämpfe um die Stadt, zu deren Rettung Vercingetorix herangezogen war, flammte bei den Häduern zum erstenmal der Aufstand offen auf. Noch konnte Caesar ihn durch raschen Eingriff und persönliches Erscheinen dämpfen. Zum Heer, das Gergovia belagerte, zurückgekehrt, erlitt er die erste Niederlage seines Lebens. Er mußte die Belagerung aufheben. Nun verließen die Häduer endgültig seine scheinbar verlorene Sache, traten zu Vercingetorix über, überwältigten die römische Besatzung von Noviodunum, erbeuteten Geld und Vorräte, befreiten die Geiseln und zerstörten die Stadt.

Caesars Größe als Feldherr enthüllt sich nirgends eindrucksvoller als in seinen Niederlagen, nach den Schlachten bei Gergovia und bei Dyrrhachium (48 v. Chr.). Jetzt schien ein Rückzug auf die Provinz das Nächstliegende, ja das einzig Mögliche zu sein. Das hätte aber die Preisgabe des Labienus bedeutet, der mitten im aufständischen Gallien stand. Deshalb wählte Caesar nach der Niederlage nicht den Rückzug, sondern den Vormarsch ins Feindesland hinein. Er löste sich von Vercingetorix und marschierte nach Norden. Labienus wandte sich auf die Kunde von der Niederlage bei Gergovia wieder nach Süden und marschierte ins Senonenland. Hier konnte er sich mit Caesar vereinigen.

Inzwischen hatte ein neuer Landtag der Gallier stattgefunden, der nach dem Sieg von Gergovia und dem Anschluß der Häduer den Höhepunkt im Leben des Vercingetorix bedeutete. Außer den Aquitaniern fehlten nur noch die Remer und Lingonen, die Caesar die Treue hielten, und die Treverer, die während des ganzen Aufstandes durch Kämpfe mit den Germanen in der Heimat festgehalten wurden. Der Landtag bestätigte das Oberkommando des Vercingetorix. Jetzt schritt er mit Hilfe der Häduer und anderer Grenzvölker zum Angriff auf die Provinz. Das alles gab Caesar eine Ruhepause, in der sich die Legionen etwas erholen konnten und er jenseits des Rheines germanische Reiter anwarb. Mit ihnen wollte er die kavalleristische Überlegenheit der Gallier ausgleichen. Dann ging er auf seine neue Operationsbasis Besançon zurück. In der Nähe von Dijon versuchte Vercingetorix ihm den Weg abzuschneiden. Von vorn und von der Seite griffen die gallischen Reiter die marschierenden Legionen an, um – so glaubten sie fest – den letzten entscheidenden Sieg und damit die Freiheit zu erringen. Im Anfang war die Lage kritisch. Die Arverner zeigten später in einem Tempel das kurze Schwert Caesars, das sie in diesem Gefecht erbeuteten und in dem Heiligtum aufhängten. Caesar sah es selbst später dort. Er lächelte, seine Begleiter wollten es entfernen, er aber sagte: *Laßt das! Es gehört jetzt den Göttern.*[61]

Doch wurde die Krise überwunden. Caesars germanische Reiter, die sich auf die Reserve der Legionen stützen konnten, zersprengten den Angriff der Gallier. Die Niederlage kam so überraschend, daß Vercingetorix sich schleunigst in die nahegelegene Festung Alesia (Alise-Sainte-Reine) zurückzog. Beweglich wie immer, nutzte Caesar sofort die Gelegenheit, änderte die Marschrichtung wie Moltke bei dem berühmten Rechtsabmarsch vor Sedan, folgte dem Feind und schloß ihn in Alesia ein. Vercingetorix konnte gerade noch seine Reiter fortschicken. In einem Festungskrieg bedeuteten sie eine nutzlose Belastung der Verpflegung. Er gab ihnen den Auftrag mit, alle gallischen Stämme zur Bildung einer Entsatzarmee aufzurufen. Dann schloß sich der Ring um die Festung.

Caesar hatte, gerade im Feldzug dieses Jahres, schon mehrere Belagerungen durchgeführt. Vor Alesia kam es jetzt, zumal wegen der Bedrohung von außen durch das Entsatzheer, zu einem ausgesprochenen Stellungskrieg. Auch in ihm zeigte sich Caesar, wie später bei Dyrrhachium, als Meister. Es galt, die Festung von der Außenwelt abzuschließen, um sie durch Hunger zur Übergabe zu zwingen. Zugleich mußte aber die Einschließungslinie nach außen gesichert werden. Die Stellungen Caesars sind durch Ausgrabungen nachgewiesen, die im Auftrag Napoleons III. durchgeführt wurden. Der Stellungsbau war durch das bergige Gelände erschwert. Zunächst zog Caesar trotz der Störmaßnahmen des Vercingetorix einen 16 bis 17 Kilometer langen Ring von Feldbefestigungen

Befestigungsanlage Caesars vor Alesia. Rekonstruktion

um die Stadt, die auf einem Berggipfel lag, und verhinderte so jede Verbindung nach außen. In diesen Linien wurden Redouten errichtet, hinter ihnen an geeigneten Plätzen größere Lager für Infanterie und für Kavallerie. Redouten und Lager dienten der Bereitstellung von Truppen, die von dort schnell an gefährdete Stellen der Umwallung geworfen werden konnten. Als dieser Ring fertig war, zog Caesar um ihn herum eine zweite, nach außen gerichtete Befestigungslinie von 21 Kilometer Umfang. Sie war möglichst dem Gelände angepaßt, umschloß die innere Stellung und die Lager und sicherte sie gegen einen Angriff von außen. Dann wurden die Teile der Befestigungen, an denen die Beschaffenheit des Geländes am ehesten Angriffe erwarten ließ, noch zusätzlich gesichert. Die Gräben wurden vertieft, wo möglich mit Wasser gefüllt, die Wälle durch Palisaden und Türme in regelmäßigem Abstand verstärkt. Im Vorfeld wurde durch Wolfsgruben, Fußangeln, eingerammtes Dorngestrüpp die Annäherung erschwert. In den Lagern innerhalb der Stellungen wurden Vorräte aufgestapelt, um notfalls auch einer Belagerung durch das Entsatzheer widerstehen zu können. Die gewaltige Anlage wurde rechtzeitig vor dem Eintreffen des Entsatzheeres vollendet.

Inzwischen wurden bei den eingeschlossenen Galliern die Lebensmittel knapp. Deshalb wies Vercingetorix alle unnützen Esser, das heißt alle Zivilisten, aus der Stadt. Trotz ihres Flehens um Aufnahme, trotz ihrer Bereitschaft, sich als Sklaven zu verkaufen, nahmen die Römer sie nicht auf, und Hunderte von Frauen, Greisen und Kindern gingen zwischen der Stadt und den römischen Stellungen elend zugrunde. Es soll in Alesia sogar der Vorschlag gemacht worden sein, die Truppen sollten mit dem Fleisch der Waffenunfähigen

Siegeszeichen mit Gefangenen. Münze Caesars

ihr Leben fristen, unter Berufung auf dieselbe Notmaßnahme, die die Gallier angeblich beim Kimberneinfall getroffen hatten. Die Verpflegungssätze in der Festung wurden rigoros gekürzt. Trotzdem war die Not aufs höchste gestiegen, als endlich das Entsatzheer heranrückte, vom Jubel der Belagerten begrüßt.

Jetzt begann das entscheidende Ringen. Es wurde durch einen Reiterangriff des Entsatzheeres eröffnet. Der Sieg blieb schließlich den Römern. Sie verdankten ihn wieder der germanischen Kavallerie. Am nächsten Tage herrschte Ruhe; die Gallier benutzten ihn, um Sturmmaterial bereitzustellen. In der Nacht darauf versuchte das Entsatzheer, die Stellungen der Römer an einer geeigneten Stelle zu überrumpeln. Zugleich drängte Vercingetorix gegen die inneren Linien. Das Ringen dauerte von Mitternacht bis zum Morgen. In der Dunkelheit hatten die Gallier schwere Verluste in den Angriffshindernissen. Sie konnten nicht in die Stellungen eindringen und mußten schließlich vor dem Gegenstoß der Römer zurückweichen. Am übernächsten Tag fiel dann die Entscheidung. Während das Gros des Entsatzheeres gegen die Stellung der Römer demonstrierte, drang eine Elitetruppe unter Vercassivellaunus an einem günstigen Punkt in die Stellung ein und durchbrach sie. Gleichzeitig setzte Vercingetorix an einer anderen geeigneten Stelle zum Stoß von innen an. Caesar leitete die Schlacht von einer Höhe aus, die den Überblick gestattete. Er dirigierte einen Teil der Kohorten gegen Vercingetorix, der in schwerem Kampf schließlich abgewiesen wurde. Gegen die durch den äußeren Ring gebrochene Entsatztruppe schickte er Labienus mit allen verfügbaren Truppen, eilte, nachdem Vercingetorix zurückgeworfen war, selbst mit den letzten Kohorten an die gefährdete Stelle und zog auch die Kavallerie dahin. Sein Erscheinen, am leuchtenden Rot des Feldherrnmantels allen erkennbar, war das Signal zum Beginn der entscheidenden Schlachtphase. *Dem Kampfgeschrei antwortet der Zuruf vom Wall und allen Befestigungen. Unsere Soldaten werfen ihre Speere und kämpfen dann im Nahkampf mit dem Schwert. Plötzlich erscheinen unsere Reiter im Rücken der Feinde. Andere Kohorten rücken heran. Die Feinde wenden sich zur Flucht. Den Fliehenden wirft sich die Kavallerie in den Weg. Großes Gemetzel. Sedullus, Führer und Häuptling der Lemoviker, fällt. Vercassivellaunus wird auf der Flucht gefangen. 74 erbeutete Feldzeichen werden zu Caesar gebracht. Nur wenige von der großen Zahl gelangen lebend ins Lager.*[62] So bringt Frontalangriff und Umgehung durch die Reiterei, die Caesar heranführt, die Entscheidung. Hier ist das Prinzip der beweglichen Reserve, das heißt einer zurückbehaltenen Truppe, die allein zur Verfügung des Feldherrn steht und von ihm im entscheidenden Moment eingesetzt wird, voll entwickelt, nachdem frühere Schlachten schon Ansätze zeigten. In den Stellungen um Alesia warteten in allen Abschnitten die Reserven in den Redouten und Lagern. Über ihre Verwendung entscheidet der Höchstkommandierende, der sie im richtigen Moment durch Unterführer oder selbst zum Einsatz bringt und so den Sieg gewinnt, weil er im entscheidenden Moment und an entscheidender Stelle durch diesen Einsatz überlegen ist. Die Verwendung der beweglichen Reserve ist die Erfindung, durch die Caesar die Kunst der Strategie vollendet und auf den Gipfel geführt hat.

Das Entsatzheer zog ab und löste sich auf. Alesia kapitulierte am folgenden Tage. Vergeblich war der Versuch des Vercingetorix, alle Verantwortung auf sich zu nehmen und seine Person für sein Volk zu opfern. «Er legte seine glänzendsten Waffen an, ließ sein Pferd wie zur Parade satteln und zäumen und sprengte so aus dem Tor. Dann ritt er im Kreis um Caesars Sitz, saß ab, warf die Rüstung ab und kniete vor Caesar nieder, schweigend, bis er abgeführt wurde.»[63] Für Caesar war nicht nur er, sondern alle Widerstandskämpfer Rebellen, die die ganze Härte der Strafe traf. Nur den Häduern und Arvernern ging es besser, weil Caesar diese Stämme erneut für Rom gewinnen wollte. Alle Angehörigen der kapitulierenden Besatzung verteilte Caesar als Sklaven unter seine Soldaten. Vercingetorix wanderte in den Kerker. Dort blieb er sechs Jahre; schließlich wurde er in Caesars Triumph dem Volk von Rom gezeigt und dann hingerichtet.

Mit dem Fall von Alesia und dem Ausscheiden des Vercingetorix war der gesamtgallische Aufstand gebrochen. Aber es blieben noch einzelne Nester des Widerstandes. Die hartnäckigsten Rebellen waren die Bellovacer, einer der stärksten belgischen Stämme. Caesar selbst warf sie im nächsten Jahr in einem groß angelegten, demonstrativ geführten Feldzug nieder (51 v. Chr.). Einzelne Widerstandskämpfer hatten sich in einer Bergfestung der Dordogne, Uxellodunum, verschanzt. Auch hier brachte Caesars Eingreifen die letzte Entscheidung. Sie fiel, als die Römer die einzige Quelle, die die Festung versorgte, durch einen unterirdischen Stollen ablei-

Pons Julius. Römische Brücke westlich von Apt

teten, so daß die Gallier aus Wassermangel kapitulieren mußten. Auch eine zweite Verwüstung des Eburonenlandes leitete Caesar selbst; Unruhen bei den Treverern unterdrückte Labienus. Drakonische Strafen auf der einen Seite, Milde, wo sie angebracht erschien – das waren die Mittel, durch die Caesar das Land endgültig zur Ruhe brachte – eine Ruhe, die durch eine angemessene Verteilung der Legionen im Winter garantiert wurde. Der Winter 51/50 v. Chr. diente der endgültigen Wiederherstellung der Sicherheit und der Organisation des Landes als Provinz. Die Stellung der einzelnen Stämme wurde geregelt, die Tribute wurden festgesetzt. Nur wenige Stämme wurden als Bundesgenossen Roms anerkannt und waren damit von Tributen frei. So gründlich wurde die Unterwerfung Galliens durchgeführt, daß jahrzehntelang kaum Unruhen aufkamen, auch nicht, als Caesar im Mittelmeerraum in den schweren Kämpfen des Bürgerkrieges stand. Man hat errechnet, daß in den acht Kriegsjahren ein Drittel der waffenfähigen Bevölkerung Galliens umgekommen ist. Der größte Teil dieser Verluste fällt in die Jahre der Aufstände, in denen mit wachsender Erbitterung gekämpft wurde. Ungefähr ein weiteres Drittel wurde in die Sklaverei verkauft. Was die Römer materiell aus dem fruchtbaren und wohlhabenden Land während dieser Jahre herausholten, entzieht sich der Schätzung. Jeder römische Soldat wußte sich zu bereichern; viel größer noch war die Beute, die die Offiziere den Besiegten abnahmen. Caesar selbst konnte nicht nur alle Schulden tilgen, die er während des Konsulats gemacht hatte: darüber hinaus sandte er ungeheure Summen nach Rom. Ein Teil diente dazu, die Stadt mit neuen Bauten zu schmücken. So half er 50 v. Chr. dem Konsul Aemilius Paullus mit 1500 Talenten beim Bau einer neuen Markthalle, der Basilica Aemilia auf dem Forum. Ebenso unterstützte er einflußreiche Politiker großzügig mit Darlehen, er beschenkte seine Freunde, zeigte nach allen Seiten große Freigebigkeit und behielt immer noch genug für die Zukunft. Aus der Beute, in erster Linie aus den Schatzkammern der Tempel, brachte er so viel Gold auf den Markt, daß seine Verkäufer es 30 Prozent unter dem bisherigen Goldpreis anboten.

Viel wichtiger waren die politischen und geschichtlichen Folgen der Eroberung Galliens. Das römische Reich wuchs um etwa 500 000 Quadratkilometer reichen und entwicklungsfähigen Landes. In der westlichen Reichshälfte bildete Gallien ein Gegengewicht zu den Eroberungen des Pompeius im Osten. Dort war die Bevölkerung zum größten Teil orientalisch, die Kultur aus griechischen und orientalischen Elementen gemischt. Gallien dagegen war indogermanisch bevölkert, die Bevölkerung den Italikern und Römern nahe verwandt. Diese Verwandtschaft sowie das Einströmen von Siedlern in das Land, das durch die Kämpfe entvölkert war, erklärt die überaus rasche Romanisierung Galliens.

Für Caesar bedeuten diese acht Jahre einen entscheidenden Zuwachs an persönlicher Macht. In dieser Zeit schuf er sich ein starkes Heer, das ihm bedingungslos ergeben war. Seine Mitglieder erzog er zu den besten Soldaten der Welt, leistungsfähig und zuverlässig und von Liebe und Anhänglichkeit für den Feldherrn erfüllt. Jetzt verfügte er über eine reale Macht, die er bei den bevorstehenden Auseinandersetzungen in die Waagschale werfen konnte.

DIE INNENPOLITISCHE ENTWICKLUNG

Während der Jahre, in denen er Gallien unterwarf, mußte Caesar immer auch die Entwicklung in Rom im Auge behalten. Dazu nutzte er zum Teil die Winteraufenthalte in Oberitalien; zugleich blieb er durch eine Reihe von Agenten mit der Hauptstadt dauernd in Verbindung. Zu ihnen gehörte Balbus, der als sein Vertrauensmann und Mitarbeiter zwischen Caesar und den maßgebenden Männern in Rom, vor allem Pompeius, dauernd hin- und herging. Neben ihm stand Gaius Oppius; als Leiter von Caesars Korrespondenz und Nachrichtenwesen unterrichtete er Caesar über die politischen Ereignisse in der Hauptstadt und arbeitete eng mit Balbus zusammen. In Caesars Hauptquartier entsprach dem eine Kanzlei für den gesamten Schriftverkehr. Ihre Leitung lag wahrscheinlich in den Händen des Aulus Hirtius. Er ist auch der Verfasser des achten Buches des *Gallischen Krieges*. Es behandelt die Jahre 51/50 v. Chr. und schließt so die Lücke, die zwischen Caesars Darstellung der Kämpfe in Gallien und der des Bürgerkrieges bestand. Aus diesem Kreis treuer Mitarbeiter Caesars stammen auch die Darstellungen der letzten Kriege Caesars, die an seinen *Bürgerkrieg* anschließen, der Kriege in Alexandria, Africa und Spanien, ohne daß wir die Namen der einzelnen Verfasser angeben können.

Caesars wichtigste Aufgabe auf innerpolitischem Gebiet war es, die Zusammenarbeit mit den beiden anderen Triumvirn zu pflegen und in ständiger Übereinstimmung mit ihnen vorzugehen. Clodius machte manche Schwierigkeiten und wandte sich bei Gelegenheit sogar gegen Caesar und Pompeius. Das näherte diesen dem verbannten Cicero, und er trat dafür ein, ihm die Rückkehr zu gestatten, um die der Verbannte mit einer an Würdelosigkeit grenzenden Hartnäckigkeit warb. Da er bereit war, jeden Preis zu zahlen, und da sein Bruder Quintus als Legat in Caesars Heer eine Bürgschaft für sein Wohlverhalten war, willigte Caesar ein. Überglücklich kehrte Cicero Anfang 57 v. Chr. nach Rom zurück, vom Senat in ehrenvollster Weise eingeholt. Inzwischen war Pompeius' Stellung durch eine neue Aufgabe gefestigt. Die Gratisverteilung von Getreide an die minderbemittelten Bürger machte es notwendig, das Korn organisatorisch zu erfassen, und diese Aufgabe erhielt Pompeius zunächst für fünf Jahre. Diese «Sorge für das Korn» (cura annonae) war rechtlich ein außerordentliches prokonsularisches Kommando, allerdings ohne Truppe, aber im ganzen Reich wirksam. Es gab das Recht, alle Getreidevorräte zu erfassen und über Lagerung, Bezahlung, Transport und Verteilung zu befinden. Ob diese Auszeichnung die alte Abneigung des Crassus gegen Pompeius nährte? Ob ihm hier ein Geschäft entgangen zu sein schien? Das Verhältnis zwischen beiden kühlte merklich ab. Sofort witterten die Optimaten

Morgenluft und versuchten möglichst viele ihrer Kandidaten in die Beamtenstellen zu bringen. Es wurde nötig, das Triumvirat zu erneuern und auf festere Grundlagen zu stellen. Caesar nutzte den Winter 57/56 für diese Aufgabe, als er glaubte, die Unterwerfung Galliens beendet zu haben. Die Verhandlungen, die dafür nötig waren, bewirkten, daß Caesar ziemlich spät, erst kurz vor dem Feldzug gegen die Veneter, nach Gallien zurückkehrte. Es gelang Caesar, zwischen Crassus und Pompeius erfolgreich zu vermitteln. Zuerst traf er Crassus in Ravenna. Dann kamen die Triumvirn im April 56 v. Chr. in Lucca zusammen, das sich durch seine Lage empfahl. Es war die südlichste Stadt in Caesars Provinz. Diese Konferenz demonstrierte zur peinlichen Überraschung vieler Gegner die Erneuerung des Dreibundes und machte seine Macht deutlich. Zahlreiche Angehörige des Senats und der vornehmen Familien eilten nach Lucca, um denen ihre Aufwartung zu machen, die in Wirklichkeit über Rom geboten. Das Triumvirat wurde jetzt auf die Grundlage fester Abmachungen gestellt, die Stellung und Aufgabe der einzelnen Partner genauer festlegten, als es bisher geschehen war, und das Gleichgewicht zwischen ihnen sicherten. Crassus und Pompeius sollten im nächsten Jahr 55 das Konsulat übernehmen. Um bei der Wahl jedes Überraschungsmoment auszuschließen, wurde sie in den Herbst gelegt. Zu dieser Zeit konnten aus Gallien genug Leute beurlaubt werden, um den beiden Kandidaten die Mehrheit zu sichern. Anschließend an die Amtszeit sollten sie als Prokonsuln Provinzen mit außerordentlichem Kommando übernehmen, das bis zum 1. März 50 dauerte. Caesars Statthalterschaft wurde um fünf Jahre verlängert und die Erhöhung der Legionszahl und der Legatenstellen, die er vorgenommen hatte, nebst den dazugehörigen Zahlungen nachträglich bewilligt. Ferner wurde in Aussicht genommen, daß vor dem 1. März 50 nicht über die Nachfolge verhandelt werden sollte. Damals wurden nämlich die künftigen Provinzen der Konsuln schon vor ihrem Amtsantritt festgelegt. Die Provinzen der Konsuln von 50 wurden also vor dem 1. Januar 50 bestimmt; an diesem Zeitpunkt aber konnte nach dem Verfahren, das in Lucca verabredet wurde, noch kein Nachfolger für Caesar bestimmt werden; dafür kamen erst die Konsuln von 49 in Frage, das heißt Caesar konnte erst am 1. Januar 48 abgelöst werden und behielt bis dahin automatisch sein Kommando. Für 48 aber wollte er sich nach Ablauf des zehnjährigen Abstandes vom ersten Konsulat wieder um dieses Amt bewerben. Das hätte dann unmittelbar an die Provinzverwaltung angeschlossen und Caesar gegen einen Rechenschaftsprozeß dieser Verwaltung gesichert wie nach Ablauf des Konsulats 59 v. Chr. Allerdings mußte er dafür von der persönlichen Meldung in Rom entbunden werden. Pompeius übernahm es, das durchzusetzen. Cicero sollte diese Pläne im Senat unterstützen und tat es in der Rede

«Über die prokonsularischen Provinzen». Hier erklärt er sich gegen jeden Versuch, Caesar aus der Provinz zurückzurufen. Man merkt der Rede die bestellte Arbeit für die Triumvirn an, trotzdem ist sie ein eindrucksvoller Beleg für den Eindruck, den Caesars Eroberungen und seine Entdeckungen in Rom machten.

Das alles stellt einen wohldurchdachten Plan dar, dessen einzelne Glieder ineinandergreifen und der in hohem Maße Caesar zugute kam. Er wird der eigentliche geistige Vater sein. Dieser Plan sicherte den Triumvirn die Macht über den Staat, er enthielt aber auch die Ansätze für die späteren Konflikte, nicht zuletzt deshalb, weil in einzelnen Punkten verschiedene Auslegungen möglich waren. Wie in aller Politik gilt auch hier, daß die besten und vollkommensten Verträge ihre Wirkung verlieren mit dem Wegfall der Voraussetzungen, unter denen sie geschaffen sind. Die Vereinbarungen von Lucca hielten, so lange unter den Triumvirn Übereinstimmung der Interessen herrschte. Sie wurden verschieden ausgelegt und verloren ihre Wirkung, als diese Interessen begannen, auseinanderzugehen. Das geschah im Laufe der nächsten fünf Jahre. Zuerst fiel Crassus aus. Nach Ablauf des Konsulats war ihm Syrien, dem Pompeius Spanien als Provinz zugefallen. Dieser blieb in der Nähe von Rom, wegen der cura annonae und weil ein Triumvir die Vorgänge in der Stadt aus der Nähe überwachen mußte. Den Crassus dagegen verlangte es nach kriegerischem Ruhm. Er unternahm von Syrien aus einen Feldzug gegen die Parther (Perser), in dem er in der Schlacht bei Carrhae östlich des Euphrat den Tod fand, während sein Heer vernichtet wurde (53 v. Chr.). Dann lockerte sich die Verbindung zwischen Caesar und Pompeius, als Caesars Tochter Julia, die Gattin des Pompeius, im selben Jahr bei der Geburt eines Kindes starb. Von beiden Männern geehrt und geliebt, hatte sie das Bündnis gepflegt und gesichert. Die Entwicklung in der Stadt trug dazu bei, Pompeius den Optimaten zu nähern. Denn hier machten Unordnung und Anarchie sich immer mehr breit. Eine große Rolle spielten politische Bandenführer, die ihre Schläger gegen Bezahlung zur Verfügung stellten. Als Clodius, der eine solche Bande führte, auf der Via Appia mit einer Konkurrenzbande unter Milo zusammenstieß, wurde er erschlagen. Unruhen dieser Art machten es unmöglich, die Wahlen für 52 abzuhalten. Deshalb wurde Pompeius verspätet für dieses Jahr zum Konsul ohne Kollegen bestimmt. Das war eine große Vollmacht, aber zeitlich beschränkt. Auch erhielt Pompeius, als die Ruhe einigermaßen wiederhergestellt war, für die letzten fünf Monate einen Kollegen. Dann wurde seine Statthalterschaft in Spanien verlängert und sein Heer um zwei Legionen vermehrt; er blieb aber bei Rom. Caesar war in Gallien durch den Aufstand gebunden, dem diese Verhältnisse soviel Auftrieb gegeben hatten, weil sie den Feldherrn länger, als gut war, in Italien festhielten.

Pompeius gelang es, die Ordnung in Rom wiederherzustellen, zum Teil mit Hilfe des Senatus consultum ultimum. Das näherte ihn dem Senat und den Optimaten, deren ausgesprochen restaurative Politik die bestehenden Zustände gegen alle Eingriffe verteidigte. Die Annäherung wurde noch enger, als Pompeius 52 v. Chr. wieder heiratete, und zwar Cornelia, die Tochter des Optimaten Publius Scipio, der in den letzten Monaten des Jahres 52 Pompeius' Kollege war. Diese allmähliche Schwenkung wirkte sich in verschiedenen Bestimmungen aus, die nicht immer gegen Caesar gerichtet waren, in der Tat aber die in Lucca getroffenen Vereinbarungen aufweichten. Darunter gehört ein Gesetz, daß die Konsuln erst fünf Jahre nach Beendigung ihrer Amtszeit eine Provinz übernehmen sollten. Gedacht, der Korruption bei der Amtsbewerbung zu steuern, bedeutete es für Caesar, daß bei Ablauf seines Prokonsulats gewesene Konsuln zur Ablösung bereit standen. Ferner ein Ämtergesetz, das unter anderem bestimmte, die Bewerber müßten sich persönlich in Rom melden. Die Ausnahme, die durch Volksbeschluß für Caesar genehmigt war, wurde in dem Gesetz nicht erwähnt. Darauf aufmerksam gemacht, ließ Pompeius sie dem beschlossenen Gesetzestext hinzufügen, was rechtlich wirkungslos war. Einen direkten Angriff gegen Caesars Politik gegenüber den Transpadanern aber bedeutete es, daß der caesarfeindliche Konsul Marcellus einen Transpadaner peitschen ließ, was bei Bürgern verboten war. Höhnisch riet er ihm, er solle seinem Beschützer die Striemen zeigen.[64] Caesar verlegte daraufhin eine Legion nach Oberitalien *zum Schutz römischer Kolonien vor Barbareneinfällen*[65]. Eine weitere Maßnahme richtete sich gegen Caesars militärische Stärke. Caesar und Pompeius sollten je eine Legion für einen geplanten Partherkrieg abgeben. Pompeius bestimmte dafür die Legion, die er Anfang 53 v. Chr. Caesar geliehen hatte, so daß dieser tatsächlich zwei Legionen verlor, Pompeius keine. Caesar schenkte jedem einzelnen Soldaten bei der Entlassung 250 Drachmen (ca. 225 Goldmark) und hob sofort zwei neue Legionen aus. Die abgegebenen Legionen aber wurden keineswegs nach dem Orient in Marsch gesetzt oder wenigstens in einen Hafen verlegt, sondern blieben in Capua, so daß sie jederzeit für den Senat greifbar waren.

Doch sind das mehr Nebenerscheinungen der zentralen diplomatischen Auseinandersetzung, bei der es um die Frage ging, ob Caesar das Kommando in Gallien bis zum Antritt des Konsulats behalten konnte. Sie schloß die Frage ein, ob die Erlaubnis, sich ohne persönliches Erscheinen zur Wahl zu melden, dieses *Ehrengeschenk des römischen Volkes*[66], ihm erhalten bleiben sollte. Das war entscheidend, weil an dem Ergebnis einer Bewerbung Caesars um das Konsulat ebenso wenig ein Zweifel bestand wie daran, daß es zu einer Alleinherrschaft Caesars führen würde. Die einzige Möglichkeit, das abzuwenden, bot ein Rechenschaftsprozeß. Aber dieses Mittel ließ sich nur anwenden, wenn zwischen der Statthalterschaft und dem Konsulat eine amtslose Zeit lag. Caesar aber war alles daran gelegen, den Aufstieg zur höchsten Macht auf gesetzmäßigem Wege zu vollziehen. In den sechziger Jahren hatte er versucht, wie Gaius Gracchus, allein gestützt auf seine Popularität, dies Ziel zu erreichen. Es war nicht gelungen. Dann war er, ohne die Popularität hintanzusetzen, den Weg Sullas gegangen und hatte sich in einem außerordentlichen Kommando die nötige reale Macht verschafft, wirtschaftliche Macht und ein treu ergebenes Heer. Aber er wußte, daß gewaltsame Usurpation nur selten eine dauerhafte Herrschaft schafft, er kannte die Bedeutung von Legitimität und Tradition für die Gründung einer Herrschaft, die erst aus ihnen ihre Dauer zieht. Deshalb hat er so zäh um die Konsulwahl gerungen und dieses Ringen um Legalität auch nach Ausbruch des Bürgerkrieges fortgesetzt. Aber wenn die Gegner sich nicht von vornherein unterwerfen wollten, konnten sie sich nicht darauf einlassen. So war es für sie ein Erfolg, daß es ihnen schließlich gelang, Caesar auf den Weg des Revolutionärs zu drängen. Nach der entscheidenden Schlacht von Pharsalus hat er das selbst ausgesprochen angesichts der Gefallenen: *Das haben sie gewollt. Nach solchen Taten wäre ich, Gaius Caesar, verurteilt worden, wenn ich nicht bei meinem Heer Hilfe gesucht hätte.*[67]

Bei diesem diplomatischen Ringen setzte Caesar all die unerschöpflichen Mittel ein, die ihm aus Gallien zuflossen. Er führte prächtige Bauten auf, plante ein eigenes Forum, für das Boden neben dem Forum Romanum erworben und dessen Bau begonnen wurde, er versprach für seine Tochter Julia großartige Leichenspiele. Er war zur finanziellen Unterstützung von Politikern bereit, die seine Interessen wahrnehmen wollten. Das lockte natürlich eher zwielichtige Gestalten, Hasardeure und Bankrotteure an als die angesehenen Mitglieder senatorischer Familien, deren wirtschaftliche Verhältnisse meist gesichert waren. Das gab wiederum den Gegnern Gelegenheit, den dubiosen Charakter von Caesars Anhängern propagandistisch auszuwerten. «Die Gespensterschar» nennt sie Cicero einmal und beschreibt Caesars Methode: «Sobald ein gänzlich verschuldeter Mann oder einer, der sein Vermögen verloren hat, ihm als lasterhaft und mutig bekannt wurde, nahm er ihn rasch in seinen Freundeskreis auf.» Der größte Erfolg in dieser Beziehung war, daß der begabte junge Gaius Scribonius Curio sich Caesar anschloß, nachdem dieser alle seine Schulden bezahlt hatte – man schätzte sie auf 13,5 Millionen Goldmark. Für 50 v. Chr. zum Volkstribunen gewählt, vertrat er, ein glänzender Redner, Caesars Sache ebenso geschickt wie wirkungsvoll. Seine Hauptforderung, immer wieder vorgebracht, ging dahin, Pompeius sollte zu demselben Zeitpunkt seine Provinzen abgeben wie Caesar, weil nur dann Senat und Volk frei Beschlüsse fassen könnten. Der Vorschlag fand viel Zustimmung, und Curio zog mit seiner Hilfe die Verhandlungen über das ganze Jahr 50 hin. Dagegen arbeiteten die Optimaten auf eine frühere Abberufung Caesars hin. Sie verdächtigten ihn, er wolle den Bürgerkrieg und steuere – wie Marius und Sulla – auf ein Blutbad zu. Bei den Konsulwahlen für 50 brachten sie den optimatischen Extremisten Marcellus durch. Ende des Jahres übertrug er kraft seiner Amtsgewalt als Konsul dem Pompeius den Schutz des Staates. Das fand in der feierlichen Übergabe eines Schwertes symbolisch Ausdruck. Zugleich übertrug er Pompeius das Kommando der beiden Legionen, die für den Partherkrieg bestimmt waren. Auch für 49 wurden optimatische Konsuln gewählt. Dagegen waren unter den Volkstribunen mehrere Anhänger Caesars, unter ihnen Marcus Antonius. Angesichts der Drohung, die das Vorgehen des Marcellus bedeutete, zog Caesar die XIII. Legion, die in Oberitalien stand, von Triest nach Ravenna nahe der Grenze. Hier hatte er sein Hauptquartier. Zugleich gab er an die Legionen, die jenseits der Alpen am nächsten standen, Marschbefehl. Das waren zunächst Sicherheitsmaßregeln. Denn Caesar versuchte noch einmal, zu einer gütlichen Regelung zu kommen. In der ersten Senatssitzung des Jahres 49 übergab Curio den neuen Konsuln beim Betreten der Kurie einen Brief Caesars, den er in einem Eilritt von Ravenna nach Rom (210 Kilometer) in drei Tagen befördert hatte. Caesar war bereit, *auf das jenseitige Gallien zu verzichten, notfalls auch auf das diesseitige, wenn ihm nur Illyrien und zwei Legionen bis zum Antritt des Konsulats blieben.* Während der nächsten Tage ging er noch weiter und forderte *das Kommando nur noch bis zur Konsulwahl*[68], ja, bei einem letzten Vermittlungsversuch Ciceros schraubte Caesars Unterhändler die Forderung herab auf den Besitz von Illyrien und einer Legion. Wie Caesar nach Abschluß seines Konsulats 59 bereit gewesen war, sich einer Untersuchung durch den Senat zu stellen, und sein Kommando erst nach mehreren Tagen fruchtlosen Verhandelns antrat, so war er jetzt bereit, zwischen Wahl und Amtsantritt auf die Immunität der offiziellen Stellung zu verzichten. Es gab Mittel, diese Zeit zu verkürzen und Angriffe zu durchkreuzen. Wahrscheinlich hätte schon ein positiver Ausgang der Wahl die Gegner in Angst versetzt und sie wie Anfang 58 von energischen Schritten abgehalten. Aber alles war umsonst. Die Gegner sahen in allem Entgegenkommen nur ein Zeichen von Schwäche. Sie wollten den Kampf. Die Tribunen erzwangen zwar die Verlesung von Caesars Brief im Senat, aber der Konsul Lentulus Crus ließ nicht darüber debattieren oder abstimmen, sondern eröffnete die am Anfang des neuen Konsulats übliche Generaldebatte über den Staat. In deren Verlauf wurde beschlossen, Caesar solle das Heer kurzfristig abgeben, anderenfalls handle er als Staatsfeind. Der Tribun Antonius legte Veto ein, und es wurde noch mehrere Tage im Senat und außerhalb verhandelt. Damals machte Cicero den erwähnten Vermittlungsvorschlag. Aber er scheiterte am Nein der Gegner, und so kam es denn am 7. Januar zum Senatus consultum ultimum, das den Belagerungszustand verhängte und die Stadt dem militärischen Kommando des Pompeius und der Konsuln unterstellte. Daraufhin flohen die caesarischen Tribunen zu Caesar und riefen seinen Schutz für ihre Rechte an. Das zielte auf das Senatus consultum ultimum, das eine übliche Maßregel im Fall eines Staatsnotstandes war. Diesen sah der Senat für gegeben an, weil ein Prokonsul sich weigerte, auf Befehl des Senats sein Kommando niederzulegen. Caesar hat die rechtliche Zulässigkeit des Beschlusses nicht angezweifelt, wohl aber bestritten, daß ausreichende Gründe für diesen Beschluß vorlagen.

DER BÜRGERKRIEG

So waren alle Versuche Caesars gescheitert, legal an die Spitze des Staates zu gelangen. Es blieb nur noch die Revolution. Er ist auch diesen Weg unbeirrt gegangen, als nichts anderes übrigblieb, hat aber immer wieder versucht, auf den Verhandlungsweg zurückzulenken. Die Wahl zum Konsul blieb allerdings für ihn unabdingbare Voraussetzung, und darauf ließen sich die Gegner nicht ein.

Zunächst führte er einen überraschenden Vorstoß nach Italien. Mit der Legion, die in Ravenna stand, überschritt er auf die Nachricht von der Flucht der Tribunen die Grenze der Provinz, die das Flüßchen Rubikon bildete, und besetzte Rimini. Hier traf er die Tribunen, stellte sie den Soldaten vor und rief diese auf, die Tribunen und ihn gegen Unrecht zu schützen. Die Soldaten stimmten begeistert zu.

Dieser Schritt über den Rubikon symbolisiert den gewaltsamen Übergang von der Republik zur Monarchie. Er hat deshalb die Phantasie der Späteren immer wieder gereizt. Da heißt es, am Fluß angekommen, habe Caesar einen Augenblick gezögert und überlegt, was alles auf dem Spiel stehe. Dann habe er sich zu den Umstehenden gewandt und gesagt: «Noch können wir zurück. Sind wir erst über diese Brücke, muß alles mit den Waffen getan werden.»[69] Während dieser Worte sei ein Zeichen geschehen. Ein großer, schöner Mann habe plötzlich in der Nähe gesessen und auf einer Flöte geblasen. Außer Hirten seien auch viele Soldaten hingelaufen, ihm zuzuhören, darunter auch Trompeter. Plötzlich habe er einem die Trompete entrissen, sei zum Fluß hinabgesprungen, habe aus Leibeskräften das Sturmsignal geblasen und sei ans andere Ufer hinübergegangen. Da habe Caesar gesagt: «So wollen wir gehen, wohin uns die Zeichen der Götter und die Ungerechtigkeit der Feinde rufen. Der Würfel ist gefallen.»[70] Ein Dichter schildert, wie Caesar und seinen Soldaten in stürmischer Nacht an dem hochgehenden Fluß die Göttin Roma mit allen Zeichen verzweifelter Trauer entgegentritt und unter Seufzen und Klagen fragt: «Wohin wollt ihr? Wohin tragt ihr meine Fahnen? Wenn ihr im Recht kommt als meine Bürger, so dürft ihr nicht weiter!» Da habe Caesar erschüttert und bebend alle Götter Roms und zuletzt Roma selbst angerufen und gebetet, sie möge sein Tun segnen. «Hier bin ich, Sieger zu Lande und auf dem Meere, aber wo ich bin, wenn ich es nur darf, und auch jetzt noch, bin ich dein Soldat. Der allein ist schuldig, der mich zu deinem Feinde gemacht hat.»[71] Das sind Ausschmückungen des wirklichen Vorgangs, der in seiner Einfachheit im Grunde viel eindrucksvoller ist. Caesar brach heimlich von Ravenna auf und folgte der Legion, die er vorausgeschickt hatte. Als er an den Rubikon kam, ließ er den Wagen halten und prüfte noch einmal schweigend die Lage, sprach auch mit seinen Freunden. Dann aber ließ er das Grübeln, wandte sich der Zukunft zu und sprach ein Wort, das damals üblich war bei denen, die sich auf ein gewagtes Abenteuer einlassen: *So soll der Würfel denn geworfen sein.* Er sagte das aber auf griechisch: *anerriphto ho kybos.*[72]

Der römische Kalender war damals in Unordnung. Das Datum des Kriegsbeginns, der 10. Januar 49, fiel tatsächlich in den Spätherbst auf den 23. November 50. Auch darin zeigt sich Caesars Selbständigkeit auf militärischem Gebiet, daß er die Operationen – wenigstens im Mittelmeerraum – aus der Abhängigkeit von der Jahreszeit löst. Die beiden Feldzüge des Bürgerkrieges beginnen im Winter. So erklärt sich auch die Unbekümmertheit des Pompeius. Der hatte den Senatoren prahlerisch erklärt, sie sollten sich wegen der Kriegsvorbereitung keine Sorge machen; wenn Caesar komme, brauche er nur auf den Boden zu stampfen, um Italien mit Soldaten zu füllen.[73] Er rechnete damit, daß der Winter ihm genügend Zeit lassen würde, um in Italien zu mobilisieren, zumal Labienus, der zum Senat übergegangen war, den Wert von Caesars Soldaten gering veranschlagte. Caesar schlug überraschend und mit größter Schnelligkeit zu, zuerst mit den wenigen Kohorten einer Legion. Erst während des Vormarsches verstärkte er seine Truppen durch die Legionen, die aus Gallien und aus dem Lande nachkamen. In dünner Linie demonstrierte Antonius mit fünf Kohorten über Arezzo gegen Etrurien und Rom, während Caesar auf der Küstenstraße an der Adria vorwärts eilte und dabei noch Truppen ins Innere detachierte, um den Gegner aus verschiedenen Orten zu vertreiben. Dieses rasche Vorgehen führte in Rom zur Panik, zumal Pompeius die Räumung der Stadt anordnete. Hals über Kopf flohen Senatoren und Beamte. Caesar erzählt als charakteristisches Beispiel, daß der Konsul Lentulus sich zur Staatskasse begab, um auf Senatsbeschluß für Pompeius Geld zu erheben, begleitet vom Quästor, der die Schlüssel führte. Dieser hatte gerade die innere Tür aufgeschlossen, als die Schreckensnachricht kam, Caesar nahe. Hals über Kopf floh der Konsul, ohne einen Heller mitzunehmen. Dem Quästor blieb nichts anderes übrig, als die Schatzkammer wieder zu schließen und seinem Konsul zu folgen, und Caesar konnte sich später der ganzen Staatskasse bemächtigen.

Zunächst kam er allerdings nicht nach Rom, sondern rückte an der Ostküste nach Süden. Durch dieses Vorgehen wollte er wirksam in die gegnerischen Rekrutierungsgebiete hineinstoßen und eine geregelte Mobilmachung verhindern, zugleich aber wünschte er, mit Pompeius Verbindung aufnehmen zu können und mit ihm selbst zu verhandeln. Dieser eilte südwärts. Auf Caesars Überraschungsvorstoß antwortete er mit dem einzig richtigen Entschluß, Italien zu räumen und unter Mitnahme möglichst vieler Truppen nach Griechenland überzusetzen. Von dort aus wollte er dann die Wieder-

Der Rubikon

eroberung Italiens in Angriff nehmen. Nicht allen leuchtete das ein. Lucius Domitius, der Caesars Nachfolger im jenseitigen Gallien werden sollte und jetzt in Mittelitalien Truppen aushob, entschloß sich vielmehr zum Widerstand und warf sich mit 32 Kohorten nach Corfinium (Abruzzen). Hier schloß ihn Caesar nebst einer Reihe von Beamten und Parteifreunden ein. Domitius' Hoffnung, Pompeius zum Entsatz zu zwingen und dadurch Caesar zwischen zwei Heere geraten zu lassen, erfüllte sich nicht. Caesar zwang ihn zur Kapitulation. Aber gegen alle Befürchtungen gab es kein Strafgericht. Caesar entließ alle unversehrt, auch die Konsuln. Caesar setzte Pompeius weiter nach und schloß ihn in Brindisi ein. Aber ehe er auch den Hafen sperren konnte, segelte Pompeius ab und folgte den Konsuln nach Griechenland. Diese hatten sich gleich nach ihrer Freilas-

sung wieder zu Pompeius begeben und waren noch vor ihm übergesetzt.

Während dieser ganzen Operationen ließ Caesar keine Gelegenheit ungenutzt, über Verhandlungen doch noch einen Ausgleich zu erreichen. Er hoffte, daß seine Erfolge den Gegner verhandlungswilliger machen würden. Die erste Gelegenheit bot das Erscheinen zweier Abgesandter des Senats, die ihm wahrscheinlich den Beschluß übermitteln sollten, er solle abdanken. Ihnen gegenüber begründet Caesar sein Vorgehen und macht neue Vorschläge. *Pompeius solle in seine Provinz gehen, beide sollten ihre Heere entlassen, Italien solle vollständig demobilisiert werden. So solle jeder Druck vom Staate schwinden, freie Wahlen sollten stattfinden und die Staatsführung wieder ganz dem Senat und dem Volk überlassen werden.*

*Saturntempel.
Forum Romanum.
Der Unterbau,
42 v. Chr. erneuert,
umschloß das
Aerarium Saturni,
die römische Staatskasse.*

CAESAI
Marsch vom Rubico bis
zum I.Buch des Bellum
Ausgabe v. Hofm
gezeichnet von
H.Kiepert.

Um auf dieser Grundlage zu einem Vertrag zu kommen, schlägt er ein Treffen mit Pompeius vor.[74] Die Antwort war enttäuschend. *Caesar solle nach Gallien zurückkehren, die besetzten Orte räumen, seine Heere entlassen. Erst wenn das geschehen sei, werde Pompeius nach Spanien gehen. Bis dahin, das heißt bis Caesar eine bindende Zusage gegeben habe, könnten Pompeius und die Konsuln die Mobilmachung nicht unterbrechen.*[75] Caesar resümiert: *Es war ungerecht, zu verlangen, daß Caesar die besetzten Orte räume und seine Truppen zurücknehme, Pompeius aber Provinz und Legionen behalte, noch dazu solche, die ihm gar nicht gehörten* – gemeint sind die Legionen, die Caesar abgegeben hatte –; *es sei ungerecht, daß Caesar sein Heer entlasse, die Gegner aber weiter mobil machten; daß Pompeius zwar in Aussicht stellte, nach Spanien zu gehen, aber keinen festen Termin nannte, so daß er ohne Bruch seines Versprechens sogar bis nach Caesars Konsulat in Latium bleiben konnte. Und daß er nicht einmal zu persönlichen Verhandlungen bereit war oder sie wenigstens in Aussicht stellte, ließ alle Hoffnung auf Frieden schwinden.*[76] Der zweite Versuch Caesars ist die milde Behandlung des Domitius und seiner Armee, die in Corfinium kapitulierte. *Alle Senatoren und ihre Angehörigen, alle Militärtribunen und Ritter läßt Caesar vor sich bringen. Es waren fünfzig – darunter beide Konsuln –; er schützt sie vor Übergriffen der Soldaten und entläßt sie unversehrt. Die 6 Millionen Sesterzen (etwa 1 Million Goldmark), die Domitius herbeigeschafft und in der Kasse von Corfinium deponiert hatte, übergab Caesar den Behörden von Corfinium, damit es nicht so aussehe, als halte er sich von Menschen mehr zurück als von Geld, obwohl es sich offenbar um Staatsgelder handelte, die ihm von Pompeius zur Soldzahlung gegeben waren.*[77] Caesar wollte durch Milde auf die Gegner versöhnend wirken. Er unterstrich diese Ab-

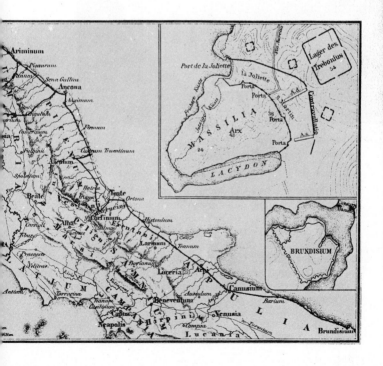

*Pompeius. Marmorbüste.
Kopenhagen, Ny Carlsberg Glyptothek*

sicht in Briefen an seine Agenten, die diese weiterverbreiteten: *Ich freue mich bei Gott, daß Ihr in Euren Briefen deutlich macht, wie sehr Ihr billigt, was bei Corfinium geschehen ist. Euren Rat befolge ich gern und das um so lieber, als ich schon von mir aus beschlossen hatte, Milde zu zeigen und mich um eine Aussöhnung mit Pompeius zu bemühen. Ich will versuchen, wenn möglich, auf diese Weise alle zu gewinnen und den Sieg dauerhaft zu machen. Denn die anderen konnten ihrer Grausamkeit wegen dem Haß nicht entgehen und den Sieg nicht länger festhalten mit einziger Ausnahme Sullas, der aber nicht mein Vorbild ist. Das sei die neue Methode zu siegen, daß ich mich durch Mitleid und Großmut sichere. Wie das möglich ist, darüber habe ich mir schon Gedanken gemacht, und es läßt sich si-*

cher noch manches finden. Denkt auch Ihr bitte darüber nach.[78] Er hoffte, die freigegebenen Konsuln würden sich vielleicht bereit finden, in Rom eine ordnungsgemäße Senatssitzung abzuhalten, durch die sich neue Verhandlungen ermöglichen ließen. Deshalb versprach er dem Konsul Lentulus insgeheim eine Provinz, wenn er nach Rom käme. Aber er wurde enttäuscht, denn die Entlassenen gingen sofort wieder zu Pompeius. Hatte Caesar sich bemüht, mit Pompeius persönlichen Kontakt aufzunehmen, um ihn möglicherweise von den Optimaten zu trennen, so erneuerte er diesen Versuch, als ein Pionieroffizier des Pompeius, Magius, in seine Hände fiel. *Numerius Magius, einen Offizier des Pompeius, habe ich gefangengenommen. Natürlich habe ich ihn meinen Grundsätzen entsprechend sofort freigegeben. Schon zwei pompeianische Offiziere sind in meine Hände gefallen, und ich habe sie freigelassen. Wenn sie dankbar sein wollen, müssen sie auf Pompeius einwirken, daß er lieber mein Freund ist als der Freund von Leuten, die immer seine und meine erbittertsten Gegner gewesen sind und deren Machenschaften es zu verdanken ist, daß der Staat in diese Lage geriet.*[79] Aber Pompeius benutzte den Magius nur, um Caesar, der bis zuletzt seinen Versuch nicht aufgab, durch Verhandlungen hinzuhalten. So schreibt er an Oppius und Balbus: *Am 9. März bin ich vor Brindisi angekommen. Vor der Mauer habe ich ein Lager bezogen. Pompeius ist in Brindisi. Er schickte an mich Numerius Magius wegen Friedensverhandlungen. Ich habe ihm geantwortet, was mir richtig schien. Wenn ich Hoffnung habe, irgendwie mit der Beilegung des Konfliktes weiterzukommen, erhaltet Ihr sofort Nachricht.*[80] Aber die Verhandlungsbereitschaft hindert ihn nicht an den nötigen militärischen Maßnahmen. *Pompeius hält sich in der Stadt, wir haben unser Lager vor den Toren. Wir haben eine große Arbeit vor uns, die wegen der Tiefe des Meeres viele Tage brauchen wird. Aber es gibt nichts Wichtigeres. Von den beiden Landzungen aus, die den Hafen bilden, treiben wir Dämme vor, um ihn entweder zu zwingen, möglichst bald mit allen Truppen, die er in Brindisi hat, überzusetzen, oder ihm die Ausfahrt zu sperren.*[81] Einen Tag später lichtete Pompeius die Anker und entzog sich der Umklammerung.

So scheiterten alle Versuche Caesars, durch Verhandlungen in normale Bahnen zurückzulenken. Immerhin war seine Milde nicht ohne Eindruck geblieben und hatte eine Reihe von Senatoren zur Rückkehr nach Rom veranlaßt. Caesar konnte hoffen, durch die Volkstribunen eine Senatssitzung zusammenzurufen und auf diese Weise die Staatsmaschine wieder in Gang zu setzen. Dabei mußte es ihm darauf ankommen, möglichst prominente Senatoren zur Teilnahme zu bewegen. Das galt besonders für Cicero, den angesehensten Senator, der noch in Italien war. Zuerst richtete Caesar an ihn einen vorastenden Brief: *Unsern Freund Furnius sah ich nur kurz, konnte ihm aber nichts sagen oder ihn in Ruhe anhören, denn ich habe keine Zeit und bin auf dem Marsch, die Legionen sind voraus. Doch kann ich die Gelegenheit nicht ungenutzt lassen, Dir zu schreiben, ihn Dir zu senden und Dir zu danken. Zwar tat ich das schon oft und werde es, glaube ich, noch öfter tun müssen. So sehr hast Du mich verpflichtet. Vor allem bitte ich Dich – denn ich werde bald vor Rom ankommen –, laß mich Dich dort treffen, damit ich Deinen Rat, Deinen Einfluß, Deine Stellung, Deine Hilfe in allem nutzen kann. Doch zurück zur Hauptsache: Entschuldige meine Eile und die Kürze des Briefes. Alles andere wirst Du von Furnius erfahren.*[82]

Zwischen diesem Brief und Ciceros Antwort lag die Kapitulation von Corfinium mit den überraschenden Beweisen von Caesars Milde. Cicero wich in seiner Antwort der Bitte Caesars, nach Rom zu kommen, aus. Er beruft sich auf seine Freundschaft mit Caesar u n d Pompeius, deutet den Konflikt an, den das für ihn bedeutet, und sucht Caesar zur Versöhnung mit Pompeius zu veranlassen. Am Schluß kommt er auf Corfinium zu sprechen und dankt aufs wärmste für die Begnadigung seines Freundes Lentulus, die er als persönliche Wohltat empfindet. An diesen Dank knüpft Caesars Antwort an, die ebenso fein wie dringend um Cicero wirbt: *Richtig deutest Du – denn Du kennst mich gut – mein Handeln dahin, daß mir nichts ferner liegt als Grausamkeit. Schöpfe ich schon aus der Sache an sich große Befriedigung, so macht mich Deine Billigung meines Tuns frohlocken. Das berührt mich nicht, daß es heißt, die, die ich freiließ, seien fortgegangen, um wieder gegen mich zu kämpfen. Denn ich wünsche nichts mehr, als daß ich mir gleich bleibe und sie sich. Du triff mich bitte vor Rom, damit ich in allem Deine Ratschläge und Deine Hilfe nutzen kann.*[83] Dieser Brief mit der Selbstdarstellung des Werbenden ist das persönlichste Dokument, das wir von Caesar besitzen, und läßt den Charme erkennen, den er ausstrahlte. Er ließ nur noch eine Steigerung zu, die unmittelbare persönliche Wirkung. Am zweiten Tag nach Eintreffen des Briefes ist Caesar selbst bei Cicero, um seine Bitte persönlich vorzubringen, und dieses Gespräch bringt die Entscheidung. Cicero hat selbst darüber berichtet[84]: «Ich habe so gesprochen, daß ich mehr Hochachtung als Dankbarkeit bei ihm erweckte, und bin dabei geblieben, nicht nach Rom zu kommen. Darin habe ich mich getäuscht, daß ich ihn für konziliant hielt. Weit gefehlt! *Damit,* sagte er, *spräche ich über ihn das Urteil; wenn ich nicht käme, würden die andern zögern.* Darauf ich: ‹Meine Lage ist anders.› Nach langem Hin und Her sagte Caesar: *So komm und sprich für den Frieden.* – ‹Wie ich will?› – *Meinst du, daß ich dir Vorschriften mache?* – ‹Ich werde dagegen sprechen, daß du nach Spanien gehst, daß Truppen nach Griechenland übergesetzt werden› [das heißt, er will gegen die Fortsetzung des Krieges sprechen]. ‹Und ich werde meinem Bedauern über Pompeius' Schicksal Ausdruck geben.›

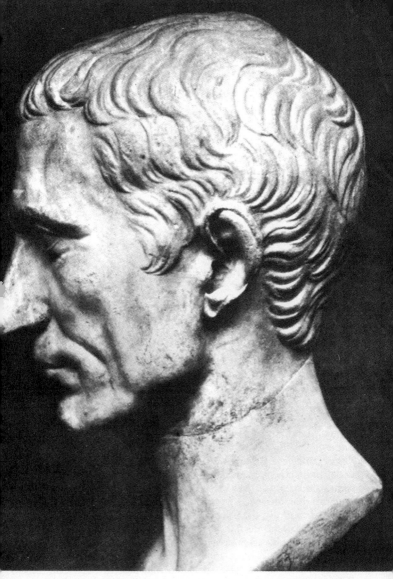

Caesar. Rom, Vatikan

Darauf Caesar: *Ich wünsche nicht, daß so etwas gesagt wird.* – ‹Das habe ich mir gedacht. Aber ich mache nicht mit, denn entweder muß ich so sprechen und manches sagen, was ich nicht verschweigen kann,

*Marcus Tullius Cicero.
Florenz, Uffizien*

wenn ich da bin, oder ich muß wegbleiben.»» Caesars Bitte, *sich die Sache noch einmal zu überlegen,* ist danach nur eine höfliche Form, das ergebnislose Gespräch zu beenden. Cicero schließt: «Ich glaube, er ist nicht mit mir zufrieden. Ich aber bin's, und das ist mir lange nicht passiert.»

Diese dramatische Begegnung der beiden bedeutendsten Männer ihrer Zeit enthüllt die Selbständigkeit beider Partner, läßt aber auch erkennen, daß mit der Machtergreifung Caesars sein Wille allein gilt und die Republik zu Ende ist. Wie sehr ihn diese Ablehnung seines Werbens, das er – nicht anders als in der Schlacht – bis zum persönlichen Einsatz steigerte, getroffen hat, läßt sich aus dem letzten Brief an Cicero ahnen, den er nach der Senatssitzung schrieb. Hier tritt an die Stelle der Werbung der Versuch, durch Gründe zu überreden. Um so deutlicher wird die Einsicht des Politikers, der die Niederlage erkennt, die Folgerungen zieht, aber doch versucht, den, den er nicht gewinnen konnte, wenigstens zur Neutralität zu bewegen: *Zwar glaube ich, daß Du nichts leichtfertig, nichts unvorsichtig tust, doch muß ich Dir angesichts des Geredes der Leute schreiben und Dich bei unserem freundschaftlichen Verhältnis bitten, jetzt, wo sich die Waagschale schon gesenkt hat, nicht einen Schritt zu tun, den Du ablehntest zu tun, als sie noch im Gleichgewicht stand. Denn Du verstößt gegen unsere Freundschaft und bist schlecht beraten, wenn es aussieht, als folgtest Du nicht der Entscheidung des Glücks – läßt sich doch alles für mich aufs beste an, für sie aber sehr schlecht –, als folgtest Du nicht der Rechtslage – denn die hat sich nicht geändert, seit Du es ablehntest, Dich mit ihren Absichten zu identifizieren –, sondern als verurteiltest Du irgend etwas, das ich tat. Schlimmeres kannst Du mir nicht antun. Tu es nicht, darum bitte ich Dich bei unserer Freundschaft! Und schließlich – was steht einem guten Mann, einem guten, ruhigen Bürger mehr an als Neutralität im Bürgerzwist? Manche wollten sich dafür entscheiden, konnten es aber nicht, weil es Gefahr brachte. Du prüfe das Zeugnis meines Lebens und höre auf das Urteil der Freundschaft, und Du wirst nichts finden, was sicherer und anständiger wäre als völlige Neutralität.*[85] Auch dieser Brief blieb ohne Erfolg; Cicero ging schließlich, wenn auch schweren Herzens, ins Lager des Pompeius.

Inzwischen hatte am 1. April die Sitzung des Rumpfsenats in Rom stattgefunden. Sie war wenig eindrucksvoll. Pompeius hatte erklärt, Rom sei da, wo die Konsuln seien, und in der Stadt zu bleiben, sei dasselbe wie der Anschluß an Caesar.[86] Das schüchterte die Senatoren, die noch in Italien waren, ein. Nicht alle kamen. Nur zwei frühere Konsuln nahmen teil. Caesar schilderte in seiner Rede noch einmal das Unrecht, das man ihm getan habe, und seine Bemühungen um Ausgleich. Dann fuhr er fort, *es müßten Gesandte zu Pompeius geschickt werden, um über die Beilegung des Konflikts zu verhandeln. Ihm mache es keine Sorge, daß Pompeius erklärt habe, an wen man Gesandte schicke, dem bescheinige man entscheidenden Einfluß und beweise die Angst derer, die Gesandte schickten. Das sei ein Zeugnis von weicher und schwacher Gesinnung. So wie er sich immer bemüht habe, in den Taten der erste zu sein, so wolle er auch in Gerechtigkeit und Billigkeit vorangehen.*[87] Der Senat stimmte für die Entsendung einer Gesandtschaft, aber wegen der Drohungen des Pompeius fand sich niemand, der gehen wollte. Außerdem versuchte der Volkstribun Metellus, alle Amtshandlungen durch sein Veto zu hindern. Verhandlungen mit ihm fruchteten nichts. Als er sich schließlich auch der Öffnung der Staatskasse widersetzte, mußte Caesar ihn zwingen, den Weg freizugeben. Er soll gesagt haben: *Die Stunde der Waffen ist nicht die Stunde der Gesetze. Wenn du mit meinem Vorgehen nicht einverstanden bist, so gehe! Denn der Krieg leidet keinen Widerspruch. Wenn Friede geschlossen ist und ich die Waffen ablege, magst du wiederkommen und Volksreden halten.*

Und mit solchen Worten vergebe ich mir eigentlich schon zuviel. Denn du bist in meiner Hand und alle, die ich hier im Widerstand gegen mich finde.[88] Als Metellus ihn weiter hindern wollte, drohte er ihm mit dem Tode und setzte hinzu: *Mein Junge, du weißt wohl, daß es mir schwerer fällt, das zu sagen, als es zu tun.* Das Schatzhaus wurde gewaltsam geöffnet und Caesar entnahm in Gold und Silber gegen 69 Millionen Goldmark.

All dieser Widerstand erbitterte Caesar. Es blieb nichts übrig, als wahr zu machen, was er in seiner Rede vor dem Senat angekündigt hatte. *Er hatte die Senatoren gebeten, die Leitung des Staates in die Hand zu nehmen und ihn mit ihm zusammen zu verwalten. Wenn sie sich aber aus Furcht dem entzögen, werde er ihnen nicht weiter lästig fallen und von sich aus – per se – den Staat leiten.*[89] Wohl nirgends hat Caesar klarer ausgesprochen, worauf sein Anspruch auf die Herrschaft im Staat beruht. Es ist das Gesetz in seiner Brust, das ihn zu seiner Aufgabe, die Welt neu zu ordnen, beruft. Als die Gegner es ihm unmöglich machen, diese Berufung und Aufgabe auf legalem Weg zu erfüllen, ist er den Weg des Revolutionärs gegangen. Er kannte die Gefahr, die das bedeutete. Er ging ihn trotzdem – bis zum bitteren Ende.

Zunächst sprachen nun wieder die Waffen. Das Gesetz des Handelns lag bei Caesar. Zwei Gesichtspunkte bestimmten sein Vorgehen. Durch die Eroberung Italiens stand er auf der inneren Linie und konnte sich nach Wahl gegen Spanien wenden oder gegen den Balkan. In Spanien stand ein fertig gerüstetes Heer des Pompeius unter seinen Legaten Afranius und Petronius, im Osten waren Pompeius und der Senat, aber eine Armee mußte erst aufgestellt werden. Das brauchte Zeit. So wandte sich Caesar nach Spanien. *Jetzt ziehe ich gegen ein Heer ohne Führer, wenn ich wiederkehre, gegen einen Führer ohne Heer,* äußerte er in kleinem Kreise.[90] Zur Sicherung gegen Osten genügten zwei Legionen in Illyrien. Außerdem wurden Dolabella und Quintus Hortensius beauftragt, Kriegsschiffe zusammenzubringen, die Italien zur See schützen sollten und später den Transport der Truppen nach dem Balkan übernehmen konnten. Denn zur See war Pompeius überlegen. Italien war aber in der Verpflegung Zuschußgebiet, vor allem die Hauptstadt war von überseeischem Korn abhängig. Deshalb setzte Caesar schon vor der Senatssitzung Truppen in Bewegung, die die Inseln Sizilien, Sardinien und Korsika besetzten. Aber wichtiger war Africa als Getreideproduzent. Deshalb sollte Curio, der zunächst Sizilien besetzte, von dort über das Meer gehen und auch diese Provinz in Besitz nehmen.

Bei seinem Aufbruch überließ Caesar die Zivilverwaltung dem Prätor Marcus Lepidus, während Antonius das militärische Kommando in Italien übernahm. Caesar selbst wählte den Landweg nach

Spanien. Da erklärte sich die Griechenkolonie Massilia (Marseille) für neutral und schloß vor dem Anrückenden die Tore, nahm aber dann pompeianische Offiziere in die Stadt als Kommandanten. Caesar begann sofort mit der Belagerung, übergab sie aber dann dem Legaten Trebonius, um nach Spanien zu eilen. Hier hatten inzwischen Caesars Legionen unter dem Legaten Fabius die Pyrenäen überschritten und waren nördlich des Ebro bei Ilerda (Lérida) auf die Truppen des Petronius und Afranius gestoßen. Fabius wartete auf Caesars Ankunft. Nun begann ein langwieriger Positionskrieg. Einmal schien eine Katastrophe über Caesars Heer hereinzubrechen; ein Hochwasser riß die Brücke weg, über die die Verpflegung gebracht wurde. Auf die Nachricht von der schwierigen Lage Caesars gab es in Rom Sympathiekundgebungen für Afranius vor seinem Hause, und mancher Angehörige der Nobilität beeilte sich, noch rechtzeitig ins Lager des Pompeius zu kommen. Aber wieder einmal meisterte Caesar die Lage. Er schlug eine neue Brücke, und als sein Admiral Decimus Brutus vor Massilia einen Seesieg errang, trat eine Reihe größerer Gemeinden nördlich des Ebro zu ihm über. Das veranlaßte Afranius und Petronius, nach Süden in pompeiusfreundlichere Gebiete auszuweichen. Der Aufbruch aus ihren Stellungen gab Caesar Gelegenheit, sie durch Marschieren und Manövrieren in ein wasserloses Gebiet zu drängen, wo sie schließlich aus Durst kapitulieren mußten. Ohne einen Blutstropfen zu verlieren, gewann Caesar einen großen Sieg. Gegen den Willen seiner Soldaten hatte er diese von der aussichtsreichen Schlacht zurückgehalten. Denn *ihn rührte Mitleid mit den Bürgern, deren Tod er voraussah*[91]. Mit diesen Worten zeigt Caesar, daß der schon beim Kampf um die Herrschaft sich als der Herrscher fühlt, der für alle römischen Bürger, auch für die Gegner, verantwortlich ist. Nach der Kapitulation wurde kaum Beute gemacht; keiner der pompeianischen Soldaten wurde gegen seinen Willen gezwungen, in Caesars Heer zu dienen.

Danach machte es keine Schwierigkeiten, das restliche Spanien in Besitz zu nehmen. Teilweise unterwarf es sich freiwillig. Caesars Anhänger in Spanien wurden belohnt. Balbus' Heimat Cádiz, das freiwillig die Tore geöffnet hatte, wurde geehrt und erhielt bald darauf das Bürgerrecht. Dann kehrte Caesar nach Italien zurück, wieder zu Lande. Denn er hatte erfahren, daß Massilia, nach langer Belagerung durch Hunger und Seuchen geschwächt, sich ihm ergeben wollte. Im Oktober traf er dort ein und nahm die Übergabe entgegen. Die Bedingungen waren so hart, daß die Stadt große Einbußen an ihrer wirtschaftlichen und militärischen Bedeutung hinnehmen mußte.

Caesar war noch in Massilia, als die Nachricht eintraf, die vorausgeschickte IX. Legion habe beim Durchmarsch durch Piacenza den Gehorsam verweigert und verlangt, im eigenen Land plündern zu dürfen. Unzufriedenheit mit der geringen spanischen Beute war der Grund. Hier, in der Provinz, also im Reichsgebiet, hatten sie nicht die Freiheiten erhalten, die Caesar ihnen im feindlichen Ausland Gallien zugestanden hatte. Dazu kam die Ungewißheit, was für Strapazen in fernen Landen der Truppe bevorstanden, die seit 58 v. Chr. im Kampf stand und an allen größeren Unternehmungen teilgenommen hatte. Caesar erschien selbst und griff durch. Es war das erste Mal, seit sich vor einem Jahrzehnt in Besançon etwas Ähnliches abgespielt hatte. Er erklärte, *er werde jeden zehnten Mann nach Kriegsrecht hinrichten lassen und die übrigen entlassen. Sie sollten ruhig zu Pompeius gehen, wie sie gedroht hätten. Es könne ihm nur lieb sein, wenn dieser Soldaten mit solchen Begriffen von Disziplin hätte.* Das wirkte. Erschrocken baten sie, Caesars Soldaten bleiben zu dürfen. Caesar genehmigte es, verlangte aber, daß ihm 120 Rädelsführer namhaft gemacht wurden, aus denen das Los 12 zur Hinrichtung auswählte. Als sich herausstellte, daß einer der Ausgelosten von seinem Hauptmann zu Unrecht gemeldet war – er besaß ein handfestes Alibi –, wurde der falsche Angeber an seiner Stelle hingerichtet.[92] Zu dieser Zeit ernannte der Prätor Lepidus Caesar zum Diktator. Das war eine seltene, aber rechtlich zulässige Maßnahme. Durch sie wurden wieder gesetzliche Verhältnisse geschaffen. Denn als Diktator konnte Caesar Wahlen abhalten. Für das folgende Jahr 48 wurden er selbst und Publius Servilius Isauricus Konsuln. Caesar benutzte außerdem die Diktatur zum Erlaß mehrerer Gesetze, von denen einige das Wirtschaftsleben wieder in Gang bringen sollten, das immer mehr zurückging und zu stagnieren drohte. Die allgemeine Unsicherheit verlockte zum Geldhorten; infolgedessen ließ der Geldumlauf nach; das führte zu einer Senkung der Bodenpreise. Infolgedessen zahlten die Schuldner meist in Grundstücken, was weiter zur Verlangsamung des Geldumlaufs beitrug, ein wahrer circulus vitiosus. In solcher Lage hörte man natürlich Vorschläge, die in einer völligen Schuldentilgung das Heilmittel sahen. Das wäre der Weg der wirtschaftlichen Revolution gewesen, wie ihn einst Catilina hatte gehen wollen. Caesar lehnte das ab. Die neuen Gesetze bestimmten, daß bei der Schuldentilgung durch Grundstücke der Vorkriegswert zugrunde zu legen sei – Zinsen konnten bis zu einem bestimmten Grade abgezogen werden – und setzte für private Gelddepots eine Höchstgrenze fest. Eine weitere Bestimmung rief einen großen Teil der Verbannten zurück, vor allem Anhänger Caesars. Die Nachkommen der Bürger, die Sulla geächtet hatte, durften sich jetzt wieder um Ämter bewerben. Endlich erhielten die Transpadaner und die Einwohner von Cádiz das Bürgerrecht. Diese Bestimmungen Caesars wurden durch ein Gesetz ergänzt, das der Tribun Rubrius beantragte. Es setzte für die Gemeinden diesseits und jenseits des Po eine einheitliche Gerichtsordnung fest, ein weiterer Schritt auf dem Wege, der zu einer einheitlichen Gemeindeorganisation Italiens führen sollte. So wurde die Sorge, ein siegreicher Caesar werde die blutigen Wege eines Marius und Sulla gehen, durch Tatsachen widerlegt. Es floß kein Blut, und keine «Neuen Tafeln» änderten gewaltsam die Besitzverhältnisse.

Allerdings brachte dies Jahr 49 neben den Erfolgen für Caesar auch Rückschläge. Der schwerste war der Untergang Curios in Africa. Es war ihm gelungen, von Sizilien dorthin überzusetzen. Aber hier stellte sich Juba, der einheimische König der Numider (Berber), auf die Seite des Senats, wandte sich gegen Curio und vernichtete ihn und seine Truppen kurz nach Caesars Sieg bei Ilerda. Africa war wieder verloren und blieb für Jahre eine Hochburg der Optimaten. Auch die Legionen in Illyrien erlitten eine Niederlage. Von den Seestreitkräften Caesars, die an sich schon schwach waren, gingen 40 Schiffe verloren. Das Ergebnis der Kämpfe im Jahre 49 war also: Caesar verfügte über Italien, Gallien, Spanien, Sizilien, Sardinien und Korsika, während sich Pompeius auf die anderen Teile des Reiches stützte und auf die Klientelfürsten im Orient. Caesars Hauptrekrutierungsgebiet blieb Gallien. Jetzt erst wurde die Bedeutung dieser Eroberung ganz deutlich. Sie hatte eine erhebliche Ausdehnung der indogermanisch-europäischen Reichshälfte bedeutet und so zu den Eroberungen des Pompeius im Osten ein Gegengewicht geschaffen. Jetzt stützte sich Caesar auf die europäische Hälfte des Reiches, Pompeius auf die orientalische. Damit nahm der Kampf der nächsten Jahre den Charakter einer Auseinandersetzung zwischen Westen und Osten an. Caesar hat seinen Entscheidungskampf mit Pompeius in diesem Sinne verstanden. Das zeigt die Beschreibung von dessen Heer, die er der Schilderung des Feldzuges voranschickt. *Pompeius hatte 9 Legionen aus römischen Bürgern aufgestellt, 5 aus Italien, 1 Veteranenlegion aus Kilikien ... eine Veteranenlegion aus Kreta und Makedonien ... zwei aus Asien, die der Konsul Lentulus ausgehoben hatte. Außerdem hatte er diese Legionen mit einer großen Zahl Soldaten aus Thessalien, Böotien, Achaia und Epirus aufgefüllt. Dazu erwartete er 2 Legionen unter Scipio aus Syrien. Bogenschützen hatte er aus Kreta, Lakedämon, Pontus, Syrien und den übrigen Staaten 3000, Schleuderer 2 Kohorten zu 600 Mann, Kavallerie 7000. Davon hatte Deiotarus aus Galatien 600 herangeführt, Ariobarzanes aus Kappadokien 500. Ebenso viele hatte Kotus aus Thrakien gestellt und unter seinem Sohn Sadalas geschickt. Aus Makedonien stammten 200 unter Rhaskypolis, 500 führte der junge Pompeius auf der Flotte heran, Gallier und Germanen, die Gabinius als Leibwache für den König Ptolemaios zurückgelassen hatte. 800 hatte Pompeius aus seinen Sklaven und Hirten aufgestellt. 300 hatten Tarcondarius Castor und Domnilaus aus*

Gallo-Gräcien gestellt, 200 schickte Antiochus von Kommagene aus Syrien, den Pompeius hoch belohnte, davon die meisten berittene Schützen. Dazu fügte er Dardaner, Besser... Makedonen, Thessaler und die anderen, bis die Zahl voll war. Als Verpflegungsbasis dienten Thessalien, Asien, Ägypten, Kreta und Tripolis.[93] Die Sätze erwecken den Eindruck, als habe das Heer des Pompeius überwiegend aus Orientalen bestanden. Die Aufzählung der Hilfsvölker aus den östlichen Teilen des Reiches und den verbündeten orientalischen Fürstentümern ist fünfmal so lang wie die der römischen Legionen, und die Häufung nichtrömischer Namen verstärkt diesen Eindruck. Rechnet man aber nach, so ergibt sich das umgekehrte Verhältnis. Die Zahl der römischen Bürger in den Legionen ist mit 40 000 fast das Vierfache der östlichen Hilfsvölker (11 200). So macht Caesar deutlich, daß sich Pompeius auf die nichteuropäischen Teile des Reiches stützt. Daß Caesar der Unterschied zwischen den beiden Teilen des Reiches bewußt war, beweist auch seine Bevölkerungspolitik, von der noch die Rede sein wird. Daß nicht ihm allein die Armee des Pompeius diesen Eindruck machte, ergeben Äußerungen Ciceros, der über Pompeius' enge Verbindung mit den Fremdvölkern klagt und es kritisiert, daß «Horden von Geten, Armeniern und Kolchern» gegen Rom geführt werden.[94]

Auch diesen Feldzug eröffnete Caesar zu Beginn des Winters. Am 4. Januar 48 (in Wirklichkeit 26. Oktober 49) stach er mit dem größten Teil der Truppen von Brindisi in See und landete in Epirus (Albanien). Wieder gelang die Überraschung. Obwohl die pompeianische Flotte unter Bibulus die See beherrschte, konnte Caesar ungehindert die Adria passieren, gegen deren Küste Pompeius gerade erst vorzurücken begonnen hatte. Zu dieser Jahreszeit hatte niemand mit einem solchen Unternehmen gerechnet, und mehrere Küstenstädte fielen in Caesars Hand. Wieder veranlaßte dieser günstige Anfang Caesar, die Hand zu Friedensverhandlungen zu bieten. Als Vermittler diente ihm der gefangene Pompeianer Vibullius Rufus. *Um die Friedensbedingungen solle man in Rom Senat und Volk bitten. Das liege im Interesse beider Parteien und müsse beider Beifall finden. Wenn beide sich durch einen öffentlichen Eid verpflichteten, innerhalb der nächsten drei Tage das Heer zu entlassen, und wenn sie die Waffen ablegten und die Hilfstruppen nach Hause schickten, auf die sie jetzt bauten, so würden beide Parteien sich notwendigerweise mit der Entscheidung von Senat und Volk begnügen.*[95] Das bedeutete ein weites Entgegenkommen, aber Caesar durfte als Konsul mit seinem Einfluß auf dem Forum rechnen. Pompeius, der sich gemütlich nach Westen bewegte, um vor Beginn des Frühlings die Küstenstädte an der Adria zu besetzen, erfuhr überhaupt erst durch Vibullius, daß Caesar schon in Epirus war. *Vibullius verbot er, von Frieden zu sprechen. Er wolle sein Leben und die Heim-*

kehr nach Italien nicht Caesar verdanken.[96] Wohl aber eilte er jetzt in Gewaltmärschen Caesar entgegen.

Es war Bibulus mit seiner Flotte noch gelungen, von den Transportschiffen, die Caesar nach Brindisi zurückschickte, um den Rest der Truppen zu holen, dreißig zu versenken. Jetzt führte er, durch Erfahrung gewitzigt, die Blockade der Adria streng durch und trennte Caesar von seinen Legionen in Italien. Andererseits verwehrte Caesar der Flotte das Anlaufen der Küstenhäfen; sie war gezwungen, Verpflegung und Wasser weither zu holen, in erster Linie von Korfu. Da griff Bibulus zu einer List und suchte durch Vermittler Verhandlungen über einen Waffenstillstand. Caesar ging eifrig darauf ein, hoffte er doch auf eine Antwort auf sein Angebot an Pompeius. Doch mußte er bald erkennen, daß Bibulus zu Verhandlungen weder ermächtigt war noch die ernstliche Absicht dazu hatte. Er hatte nur durch diesen Trick leichter Verpflegung und Wasser fassen wollen. Die Strapazen des Blockadedienstes setzten von neuem ein. Es kam vor, daß die Matrosen ihren Durst mit aufgefangenem Tau stillen mußten. Die Anstrengungen waren so groß, daß Bibulus ihnen nach kurzer Zeit erlag. Von da an war die Flotte ohne Kommandanten.

Zu Lande ging es zunächst um die stärkste Festung und den Hauptverpflegungsplatz an der Küste, Dyrrhachium (Durazzo). Die Entscheidung brachte nicht der Kampf, sondern die Marschleistung. Den Sieg im Wettmarsch zwischen Caesar, der von Süden, und Pompeius, der von Osten kam, beide in tief durchfurchtem, schwierigem Gelände, gewann Pompeius mit knappem Vorsprung. Caesar ging nach Süden zurück, und beide Armeen lagen wochenlang am Flusse Apsus untätig einander gegenüber. Pompeius rechnete damit, Caesar durch Blockade und die Trennung von Italien zu zermürben, dieser wartete darauf, daß der Rest seiner Truppen aus Italien käme. In seiner Ungeduld versuchte er selbst einmal in einem kleinen Schiff die Überfahrt über die Adria, um sie zu holen. Als den Schiffer Furcht vor Meer und Wellen befiel, gab er sich zu erkennen: *Vorwärts, Freund, Mut und keine Furcht! Du fährst Caesar, und sein Glück fährt mit!*[97] Aber die Naturgewalten waren stärker. Schließlich gelangte ein Brief hinüber, und nach einer Zwischenzeit von fast drei Monaten setzte Antonius mit den restlichen Legionen über. Zwar trug der Wind die Schiffe weit nördlich von Dyrrhachium, aber trotz aller Gegenmaßnahmen des Pompeius gelang Caesar die Vereinigung mit Antonius. Jetzt konnte er, der über 34 000 Mann und 1400 Reiter verfügte, und damit in der Reiterei gegenüber Pompeius (8000 Reiter) unterlegen blieb, nicht nur Truppen nach Osten detachieren, die ihn sichern und für Proviant sorgen sollten, er blieb auch dann noch stark genug, um Pompeius die Schlacht anzubieten, der sich dieser aber entzog. Ein Versuch, Dyrrhachium zu erobern, scheiterte. Zwar konnte Caesar sich zwischen Pompeius und die Stadt schieben, aber dieser beherrschte die See, und so ergab sich wohl eine Erschwerung, aber keine Unterbrechung einer Verbindung mit Stadt und Hafen. Nun faßte Caesar einen kühnen Plan: Er begann den ersten ausgesprochenen Stellungskrieg, von dem wir wissen. Indem er die Methoden der Belagerungstechnik in das offene Gelände übertrug, schloß er den Gegner auf einem Raum von 56 Quadratkilometern ein. Eine zusammenhängende Feldbefestigung mit Wall und Graben reichte in einem Halbkreis von mehr als 25 Kilometern von der Küste durch die Berge bis wieder zur Küste. In regelmäßigen Abständen waren Schanzen errichtet, hinter der Stellung befanden sich Lager für die Einsatzreserven, um die ganze Stellung wurde eine Gürtelstraße gebaut, die rasche Verbindung nach allen Punkten der Stellung ermöglichte. Caesars Soldaten leiteten oder gruben alle Wasserläufe zu den Eingeschlossenen ab und suchten sie durch Verpflegungsschwierigkeiten, vor allem durch Wasser- und Futtermangel, zu bezwingen. Sie selbst litten in dem ausgesogenen, armen Land Not, hatten aber Fleisch und Wasser genug und blieben gesund. Die Erinnerung an frühere Strapazen erhielt sie aufrecht, sie aßen alles, was ihnen geliefert wurde, und buken schließlich sogar ein Ersatzbrot. *Die Soldaten fanden eine Wurzelart, die in den Tälern wuchs und chara heißt* (albanisch kelkas [Aronstab]) *und die, mit Milch gemischt, den Mangel linderte. Daraus buken sie eine Art Brot. Davon gab es genügend* und: *Wenn die Pompeianer ihnen zuriefen und ihren Hunger vorhielten, warfen sie solche Brote hinüber, um ihre Hoffnung zu schmälern. Auch äußerten sie häufig, sie wollten lieber von Baumrinde leben als Pompeius laufenlassen.*[98] Pompeius aber meinte, er habe es ja mit wilden Tieren zu tun und ließ die Ersatzbrote schnell entfernen und niemandem zeigen, damit nicht Ausdauer und Hartnäckigkeit der Feinde den Mut seiner Leute brächen.[99] Da die Soldaten des Pompeius Gegenstellungen bauten, ergaben sich Kampfmethoden, die denen im Ersten Weltkrieg überraschend ähnelten: Einbruch, Abriegelung, Gegenstoß aus den Reservestellungen ganz so, wie es Teilnehmer des Ersten Weltkriegs aus den Kämpfen an der Westfront kennen. Die Schwierigkeiten der Eingeschlossenen wuchsen, besonders nach dem Mißlingen eines großen Durchbruchversuchs, aber schließlich gelang es Pompeius, Caesars Stellungen da, wo sie am Südende aufs Meer trafen, dank seiner Überlegenheit zur See zugleich zu umgehen und zu durchbrechen. Der Gegenstoß blieb im unübersichtlichen Gelände stecken, und Caesar wurde geschlagen. *Alles war voll Verwirrung, Furcht, Flucht. Als Caesar die Feldzeichen der Fliehenden ergriff und ihnen Halt gebot, ritten die einen im Galopp weiter, andere ließen aus Furcht sogar die Feldzeichen im Stich und waren nicht zum Stehn zu bringen.*[100] Aber Pompeius zögerte mit der Verfolgung und brachte sich so um den vollen Erfolg. Caesar urteilte darüber: *Heute hätten die Feinde gesiegt, wenn sie einen Feldherrn gehabt hätten, der weiß, wie man siegt.*[101] So konnte er sich vom Feinde lösen und die Stellungen ungehindert räumen. Noch um 1920 waren ihre Spuren im Gelände sichtbar.

Es war die zweite Niederlage Caesars. Wie nach der Schlacht bei Gergovia zeigt sich auch hier seine ganze Größe als Feldherr. Wieder erhob er sich rasch und wandelte den Rückzug in neuen Angriff. Wieder ging er vorwärts ins Feindesland hinein, um – wie damals mit Labienus – jetzt mit den nach Thessalien vorgeschobenen Truppen sich zu vereinigen. Er zog sie an sich und unterdrückte Widerstandsgelüste der Griechenstädte, indem er Gomphi, das die Tore vor ihm schloß, schwer strafte. Es wurde den ausgehungerten Soldaten zur Plünderung ausgeliefert; er wollte ein Exempel statuieren. Dann ging er weiter nach Thessalien hinein. Pompeius war ihm gefolgt. In der thessalischen Ebene trat Caesar ihm in der Entscheidungsschlacht von Pharsalus entgegen (9. August 48) und schlug den doppelt so starken Feind in offener Feldschlacht. Pompeius hätte einen Zusammenstoß gern noch länger zu vermeiden gesucht, überzeugt, daß die Zeit für ihn arbeite. Aber seine optimatischen Anhänger konnten seit dem Sieg bei Dyrrhachium die Fortsetzung nicht erwarten, es verlangte sie nach Hause, und ehe er erlegt war, hatten sie das Fell des Bären schon geteilt. Sie zankten sich um künftige Ämter und bestimmten auf Jahre hinaus die Konsuln, gierten nach den Häusern und Besitztümern der Cäsarianer und überlegten bis ins Einzelne, wie sie

Petra (Skam), südlich von Durazzo. Ort des Lagers des Pompeius

den Sieg persönlich ausnutzen wollten, an dem niemand mehr zweifelte. Unablässig drängten sie zur Schlacht. Schon war Caesar bereit, weiterzumarschieren, als Pompeius seinen Anhängern nachgab und die Schlacht anbot, die Caesar sofort annahm. *Der ersehnte Tag ist gekommen, an dem wir mit Männern, und nicht mit Hunger und Mangel kämpfen.*[102] Die größere Feldherrnkunst Caesars und die größere Tüchtigkeit seiner Soldaten entschieden den Kampf. Pompeius wollte seine Überlegenheit ausnutzen, Caesars Schlachtreihe überrennen und auf einem Flügel umfassend angreifen. Demgegenüber schied Caesar wieder eine bewegliche Reserve aus und setzte sie im entscheidenden Moment gegen den feindlichen Angriffsflügel ein. Ferner befahl Pompeius seiner Truppe, den Angriff stehend zu erwarten, in der Hoffnung, die Verdopplung der Strecke, die die Angreifer im Sturmschritt zurücklegen mußten, werde ihre Kraft für das Gefecht schwächen. Aber Caesars alterfahrene Krieger wußten sich zu helfen. Auf halbem Wege hielten sie an, benutzten die Pause zum Schleudern ihrer Wurfspeere und vermieden so die Überanstrengung. Caesar erklärte die Anordnung des Pompeius für falsch, und das aus psychologischen Gründen: *In allen schlummert eine Anlage zu lebhafter Begeisterung, die durch den Wunsch, zum Kampf zu kommen, entzündet wird. Die sollen die Feldherrn nicht dämpfen, sondern steigern. Nicht ohne Grund hat man es schon seit alters so eingerichtet, daß auf allen Seiten Signale ertönen und allgemein ein Kampfgeschrei erhoben wird. Dadurch werden die Feinde in Schrecken versetzt, die eigenen Leute in Begeisterung.*[103]

Ehe Caesar den Angriffsbefehl gab, hielt er eine kurze Ansprache, in der er die Soldaten zu Zeugen für seine immer wieder erneuerten Bemühungen um den Frieden aufrief. *Niemals habe er das Blut der Soldaten mißbrauchen, sondern immer beide Heere für den Staat erhalten wollen.*[104] Seinen Soldaten hat er ein Denkmal gesetzt in der Schilderung jenes «Kapitulanten» Gaius Crastinus, der nach abgelegter Dienstzeit wieder eingerückt war. *Im vorigen Jahr hatte er bei der X. Legion die erste Manipel (Rotte) geführt und war ein besonders mutiger Mann. Als das Angriffssignal ertönte, rief er: «Folgt mir, die ihr unter mir gedient habt, und kämpft für euren Feldherrn, wie ihr es gewohnt seid. Nur diese Schlacht ist noch übrig. Wenn sie geschlagen ist, wird er seine Ehre und wir unsere Freiheit wiederhaben.» Dann blickte er auf Caesar und rief ihm zu: «Mein General, heute werde ich dafür sorgen, daß du mir dankbar bist, ich lebe nun oder falle!» Mit diesen Worten stürmte er als erster aus dem rechten Flügel vor, und ungefähr 120 auserlesene Soldaten schlossen sich ihm freiwillig an.*[105]

Das Zusammenwirken solcher Soldaten und solcher Führung entschied die Schlacht. Pompeius wich rechtzeitig ins Lager, zögerte noch etwas in seinem Zelt, legte die Rangabzeichen ab und floh.

Caesars Soldaten stürmten das Lager, verfolgten die weichenden Pompeianer und zwangen sie zur Kapitulation. *Im ganzen kapitulierten mehr als 24000 ... 180 erbeutete Feldzeichen und 9 Legionsadler wurden zu Caesar gebracht. Die Zahl der gefallenen Pompeianer betrug 15 000.*[106] *Caesar vermißte nicht mehr als 200 Soldaten und verlor ungefähr 30 Offiziere, alles tapfere Männer. Im tapferen Kampf fiel auch Crastinus, von einem Schwerthieb gerade ins Gesicht getroffen. So machte er wahr, was er gesagt hatte, als er zum Kampf antrat. Caesar war überzeugt, daß in dieser Schlacht Crastinus den Preis der höchsten Tapferkeit verdient und daß sich niemand größere Verdienste um ihn erworben hätte.*[107]

Pompeius' Flucht ging an die Nordküste des Ägäischen Meeres, dann zur See über Lesbos, wo er seine Gattin Cornelia an Bord nahm, an die Südküste von Kleinasien und nach Zypern. Von da fuhr er nach Ägypten, um Asyl zu suchen. Bei der Landung in der Nähe von Pelusium an der Grenze nach Syrien wurde er auf Befehl des Pothinus, des Erziehers und Hofmeisters des unmündigen Königs Ptolemaios XIV., vor den Augen seiner Frau von einem römischen Centurio, der unter ihm gegen die Seeräuber gekämpft hatte, ermordet.

Caesar war ihm rasch gefolgt. *Er glaubte, Pompeius unter Hintansetzung alles anderen verfolgen zu müssen, in welcher Richtung er auch auf seiner Flucht zurückwich, damit er sich nicht wieder andere Truppen verschaffen und den Krieg wiederaufnehmen konnte.*[108] Aber darüber hinaus hatte er ein lebhaftes Interesse, Pompeius für eine Aussöhnung zu gewinnen. Eine nach außen gemeinsame Herrschaft, bei der Pompeius allerdings nur eine dekorative Rolle gespielt hätte, das war jetzt, nach dem Scheitern aller früheren Versuche, die einzige Möglichkeit, auf den Weg der Legalität zurückzukehren. Wie ernst es Caesar mit dieser Absicht war, zeigt die Angst, die Pompeius – gegenüber Vibullius – vor solcher Zukunft geäußert hatte.[109] Von hier aus läßt sich erst ganz ermessen, welchen Schlag der Tod des Pompeius für Caesar bedeutete. Als er in Alexandria ankam, wurden ihm das abgeschlagene Haupt des Pompeius und sein Siegelring, auf dem ein Löwe mit einem Schwert in der Tatze eingraviert war, gebracht. Von dem Haupt wandte sich Caesar entsetzt ab, auf den Ring fielen seine Tränen. Hier war nicht nur einer der größten und besten Römer auf Wunsch eines Barbaren von einem römischen Verräter gemeuchelt worden, er hatte nicht nur den Mann der geliebten Tochter, den Kampfgenossen so mancher Jahre verloren, ihm zerbrach auch die letzte Hoffnung, das Odium des Revolutionärs abzulegen und seine Herrschaft an die überkommenen Formen der Gesetzmäßigkeit anzuknüpfen, wie sie Pompeius vertreten hatte. Den Ring sandte Caesar als Beweisstück nach Rom, den Kopf ließ er in einem kleinen, zu diesem Zweck erbauten Tempel der Rachegöttin Nemesis beisetzen.

Die Verfolgung hatte Caesar an der Nordküste des Ägäischen Meeres entlang bis zum Hellespont (Dardanellen) geführt, den er auf kleinen Schiffen überquerte. Dabei begegneten ihm zehn Schiffe der pompeianischen Flotte, die Lucius Cassius – nicht der spätere Caesar-Mörder – kommandierte. Trotz dessen Überlegenheit fuhr Caesar stracks auf das Flaggschiff zu und forderte Cassius zur Übergabe auf. Cassius ergab sich. War das die Wirkung der überlegenen Persönlichkeit und Haltung Caesars, vergleichbar dem «Bon soir, messieurs!» Friedrichs in Lissa, oder ergriff Cassius die Gelegenheit, sich auf die Seite des Siegers zu schlagen? Die antiken Berichte [110] geben nur seine Furcht vor Caesar als Motiv an. In Kleinasien angekommen, besuchte Caesar die Stätte Trojas, der Heimat seiner Vorfahren. Dann fand er noch Zeit, die Verhältnisse der Provinz Asia zu ordnen und ihre Steuergelder an sich zu nehmen. Unterdessen waren zwei schwache Legionen zu ihm gestoßen. Als er mit dieser bescheidenen Macht – 3200 Mann, etwa 10 Kriegsschiffe –, nach Alexandria kam, entschloß er sich, die Gelegenheit auszunutzen und eine alte Schuld Ägyptens aus den Tagen des Auletes einzuziehen. Denn er brauchte Geld für Soldzahlungen. Auch vermutete er nach der Ermordung des Pompeius, daß Ägypten sich auf seine Seite stellen wollte. Als er deshalb nicht als Heerführer, sondern als römischer Beamter, als Konsul, mit seinen Liktoren Alexandria betrat, erweckte er den Unwillen des Großstadtpöbels, der sich noch steigerte, als er den Streit der königlichen Geschwister Ptolemaios XIV. und Cleopatra als Schiedsrichter schlichten wollte. Diesen seinen ältesten Kindern, die nach ägyptischer Sitte zugleich verheiratet waren, hatte Ptolemaios Auletes sein Reich zur gemeinsamen Herrschaft hinterlassen. Aber der dreizehnjährige Ptolemaios war nur ein Werkzeug des Eunuchen Pothinus und hatte seine ältere Schwester vertrieben. Mit wenigen Truppen hatte sie sich an die syrische Grenze zurückgezogen. Mit Caesar hatte sie schon korrespondiert; als er jetzt nach Alexandria kam, ließ sie sich, in einen Teppich gewickelt, in den Palast schmuggeln und gewann ihn für sich. Am nächsten Tag fand sich Ptolemaios beim Empfang der verhaßten Schwester gegenüber. Da rief er das Volk zu Hilfe, und es gab Aufläufe. Caesar brachte das Testament des Auletes zur Verlesung und wollte den Streit der Geschwister schlichten. Sie sollten gemeinsam herrschen, die jüngeren Geschwister Ptolemaios XV. und Arsinoe sollten in Zypern Könige werden, eine Rücksicht auf das ägyptische Nationalgefühl, da die Insel bis vor zehn Jahren ägyptisch gewesen war. Danach hätte Cleopatra als die Ältere, Überlegene, die zudem Rom hinter sich hatte, tatsächlich die Herrschaft in den Händen gehabt. Deshalb leistete Pothinus Widerstand. Er suchte Caesar unter Hinweis auf die Aufgaben anderswo zur Abfahrt zu bewegen; später werde man ihm dann mit Dank die Schuld bezahlen, erhielt aber nur die kurze Antwort: *Ägypter sind*

Cleopatra (?). Rom, Vatikan

die letzten, von denen ich einen Rat brauche.[111] Nun rief Pothinus die ägyptische Armee unter Achillas in die Stadt. Von der Bevölkerung unterstützt, schloß er Caesar in dem Viertel um den Palast am Hafen ein und belagerte ihn. Wieder stand Caesar vor einer neuen militärischen Aufgabe, dem Kampf um Straßen und Häuser. Die Römer verteidigten sich geschickt, aber wirkliche Hilfe konnte nur von außen kommen. Um so wichtiger war es, die Verbindung zur See offen zu halten. Deshalb verbrannte Caesar zu Beginn der Belagerung alle ägyptischen Schiffe im Hafen und auf den Werften. Das Feuer ergriff auch die berühmte Bibliothek, in der alle Schätze der griechischen Literatur versammelt waren, und ließ sie in Flammen aufgehen. Aus demselben Grund besetzte Caesar den Leuchtturm Pharos. Er lag auf der gleichnamigen, dem Festland vorgelagerten Insel, die den Hafen von Alexandria bildete, und beherrschte die Einfahrt. Mit seinem weithin sichtbaren Leuchtfeuer galt der vier Stockwerke hohe Leuchtturm als eines der sieben Weltwunder.

In dem jungen Ptolemaios und Pothinus, die sich unter Bewachung im Palast aufhielten, besaß Caesar Geiseln, die ihm aber auch den Verrat ins Haus trugen. Denn Pothinus hielt die Verbindung mit Achillas aufrecht. Er versuchte auch mehrfach Giftanschläge auf Caesar bei den Gastereien, die dieser für Cleopatra gab. Als Caesar Pothinus schließlich als Verräter hinrichten ließ, steigerte sich die Erbitterung der Alexandriner noch. Ebenso führte die Flucht der Arsinoe, die mit ihrem Kammerherrn, dem Eunuchen Ganymedes, aus dem Palast entkam, zu neuen Unruhen. Allerdings begann gleich ein neues Intrigenspiel: Ganymedes setzte Achillas ab und übernahm selbst das Kommando über die Armee.

Als etwas Nachschub über See gekommen war, versuchte Caesar vom Leuchtturm aus die ganze Insel, vor allem das Dorf Pharos, zu besetzen und auch das Heptastadion, den Damm, der Insel und Festland verband. Das Unternehmen verlief erst glücklich, führte dann aber zu einem schweren Rückschlag. Mit einem Teil der kämpfenden Truppen wurde Caesar auf dem Damm abgeschnitten, und nur durch Schwimmen und Tauchen rettete er sich auf ein Schiff. Seinen roten Feldherrnmantel, Ziel feindlicher Pfeile, ließ er im Wasser, die Alexandriner konnten ihn bergen, und am Tage darauf krönte er das Siegeszeichen, das sie auf dem Damm errichteten. Auch der Versuch, durch Freigabe des Ptolemaios zu Friedensverhandlungen zu kommen, schlug fehl. Er scheint aber zur Kaltstellung der Arsinoe und des Ganymedes geführt zu haben.

Jetzt nahte entscheidende Hilfe von außen. Mithridates von Pergamon, Roms Verbündeter, den Caesar zum Entsatz herbeigerufen hatte, rückte auf dem Landweg heran. In seinem Heer diente auch eine jüdische Truppe unter Antipater, dem Vater Herodes' des Großen. Sein Einfluß wirkte bei den zahlreichen Juden in Ägypten für Caesar. Das Entsatzheer eroberte Pelusium und zog um das Nildelta herum nach Alexandria. Ptolemaios, von altgedienten Offizieren beraten, führte ihm sein Heer zu Schiff auf dem Nil entgegen. Aber auch Caesar fuhr aus Alexandria aus, landete westlich der Stadt und vereinigte sich mit Mithridates. Die Schlacht am Nil südlich von Alexandria endete nach anfänglich schweren Verlusten mit einem glänzenden Sieg der Römer. Ptolemaios ertrank auf der Flucht im Nil, das ägyptische Lager wurde erstürmt. Caesar marschierte gegen Alexandria, das am 27. März 47 fiel. Nun regelte er die Verhältnisse des Landes. Cleopatra und ihr Bruder Ptolemaios XV. erhielten die gemeinsame Königsherrschaft, Arsinoe mußte in Rom Wohnung nehmen. Drei Legionen blieben in Ägypten, zugleich als Schutz des Landes wie als Garanten für das Verhalten der Könige. Römischer Kommandant wurde der Sohn eines Freigelassenen; das gegen Angriffe gut gesicherte, für die Ernährung Italiens wichtige Land in den Händen eines Angehörigen der Nobilität hätte eine große Gefahr bedeutet. Eine weitere Sicherung Ägyptens stellte die persönliche Beziehung zwischen Caesar und Cleopatra dar. Über sie beherrschte er das Land.

In die Zeit dieser Neuordnung fällt auch jene berühmte Reise, die die Königin mit ihm auf der Prachtbarke Thalameges, von zahlreichen Schiffen gefolgt, nilaufwärts unternahm, um ihrem Gast die Wunder des sagenhaften alten Landes zu zeigen. Caesars Aufenthalt in Ägypten diente aber neben der Ordnung der dortigen Verhältnisse auch schon der Planung und Vorbereitung kommender Unternehmungen, deren rascher Ablauf sonst kaum möglich gewesen wäre.

Drei Vierteljahre hatte Caesar sich in Ägypten aufgehalten, zeitweise von jeder Verbindung abgeschnitten. Das hatte zu Schwierigkeiten und Unordnung auf militärischem Gebiet und in der Verwaltung geführt. Bevor er Caesar nach Pharsalus folgte, hatte Pompeius einen Teil seiner Truppen an der adriatischen Küste zurückgelassen. Mit ihnen war Cato nach Tripolis gesegelt, um sie Pompeius wieder zuzuführen. Als er von dessen Ermordung erfuhr, führte er die Legionen auf einem schwierigen Wüstenmarsch in die Provinz Africa, die seit Curios Niederlage fest in senatorischer Hand war und in der die Optimaten auf Unterstützung durch Juba von Numidien rechnen konnten. Auch konnten sie von hier den Pompeianern in Spanien die Hand reichen. Denn hier hatten Mißgriffe der Statthalter Caesars den Pompeianern neuen Auftrieb gegeben. Auch Scipio, der Schwiegervater des Pompeius, kam nach Africa. Er übernahm das Kommando über die hier stehenden Legionen.

Aber auch im Osten gab es neue Gefahren. Pharnakes, Sohn und Nachfolger des Mithridates von Pontus, glaubte in dem römischen Bürgerkrieg und in Caesars Schwierigkeiten in Ägypten den richtigen Augenblick zu erkennen, das väterliche Reich wiederherzustellen. Er zog deshalb von der Krim um das Schwarze Meer herum, erobernd und plündernd, drang in Kleinasien ein, schlug Caesars Legaten Calvinus und den verbündeten Galaterfürsten Deiotarus bei Nikopolis, eroberte Pontus und Bithynien und drang in die Provinz Asia ein. Als Caesar die ägyptischen Angelegenheiten bereinigt hatte, entschloß er sich, trotz mancher Zeichen für eine kritische Lage im Innern, zunächst den Orient zur Ruhe zu bringen. Im Juni (April) 47 v. Chr. verließ er Alexandria mit einer schwachen Legion zur See. Fast vom Schiff aus ordnete er die Verhältnisse in Judäa im Sinne des Antipater und seiner Familie – so durften die Mauern von Jerusalem, die Pompeius hatte schleifen lassen, wiederaufgerichtet werden – und in Syrien, wo er nur in der Stadt Antiochia einige Tage zubrachte und ihr Bauten und Statuen stiftete. In Tarsus in Kilikien landete er (9. Juli = 26. April) und marschierte nach Norden. In Galatien unterwarf sich Deiotarus, der auf seiten des Pompeius gekämpft hatte, er mußte Truppen stellen. Pharnakes versuchte, Caesar durch Verhandlungen einen günstigen Frieden abzugewinnen. Aber dieser benutzte die Zeit, um seine Truppen an der Grenze von Pontus zu konzentrieren, bei Zela, wo Pharnakes ein festes Lager bezogen hatte. Es lag auf einem Berg, den ein Siegeszeichen seines Vaters schmückte. Es gelang Caesar, den Feind zum Angriff zu verlocken. Nach vierstündigem Ringen wurde Pharnakes geschlagen (2. August = 20. Mai) und seine Truppen in einer Talmulde zusammengedrängt und vernichtet. Pharnakes entkam, fiel aber daheim durch Mörderhand. Caesar zerstörte das Siegeszeichen des Mithridates nicht, sondern stellte das eigene daneben. Sechs Wochen nach der Abfahrt von Alexandria war der Feind erledigt, und Caesar konnte einem Freund in Rom schreiben: *Veni, vidi, vici!* [Ich kam, sah, siegte!] [112] Während des Vormarsches und nach der Schlacht ordnete Caesar in dieser kurzen Zeit noch dazu die Verhältnisse in Kleinasien neu. Die Anhänger wurden belohnt, die Pompeianer bekamen zu fühlen, daß sie falsch gewählt hatten. So erhielt Mithridates von Pergamon, ein natürlicher Sohn des großen Mithridates, die von Pharnakes eroberten Lande seines Vaters zurück, Deiotarus wurde in seiner Macht beschnitten. Gegenüber den Angehörigen der Nobilität, die sich der Gegenpartei angeschlossen hatten und jetzt in Asia und Griechenland waren, zeigte Caesar Milde. Er lud viele ein, nach Rom zu kommen, wohin er selbst eile, und mancher nahm das an. Die Rückreise führte über Griechenland. Den Athenern trug er ihren Anschluß an Pompeius nicht nach, mahnte sie allerdings in Erinnerung an ihre Begnadigung durch Sulla: *Müßt ihr denn immer euren Untergang verdienen und die Rettung immer der Erinnerung an eure Vorfahren verdanken?* [113]

In Rom war Caesars lange Abwesenheit nicht ohne Folgen geblieben. Er selbst war im November 48 v. Chr. erneut zum Diktator ernannt worden und Antonius zu seinem Adjutanten. Als solcher führte er die Pharsalus-Sieger nach Italien und übernahm hier die Leitung. Rom beschloß hohe Ehrungen für Caesar, fast alle Wahlen und wichtigen Entscheidungen wurden bis nach seiner Rückkehr vertagt. Aber noch immer lasteten wirtschaftliche Schwierigkeiten auf dem Land. Schon 48 hatte der Prätor Caelius versucht, einen völligen Schuldenerlaß und eine Mieterabsetzung durchzusetzen, was nur mühsam unterbunden wurde. 47 erneuerte der Volkstribun Publius Dolabella, Ciceros Schwiegersohn, den Versuch; es kam zu Unruhen, und Antonius mußte mit Gewalt die Ordnung wiederherstellen. Aber nicht nur die Massen der Hauptstadt, auch Caesars Soldaten, die in Kampanien lagen, wurden unruhig.

Ehe Caesar zu neuem Kampf mit den letzten Republikanern auszog, mußten diese Dinge bereinigt werden. Wieder zeigte sich sein Verantwortungsbewußtsein für die Gesamtheit und seine Milde. Den Briefwechsel des Pompeius, der bei Pharsalus erbeutet war, ließ er ungelesen verbrennen, *damit er nicht durch seine Kenntnis gezwungen würde Leid zuzufügen*...[114] «Denn er hielt es für die schönste Art der Verzeihung, nicht zu wissen, was jeder verfehlt hatte.»[115] Alle, die sich an ihn wandten, durften in voller Freiheit nach Rom zurückkehren mit Ausnahme derer, die, schon einmal begnadigt, sich wieder der Gegenseite angeschlossen hatten. Unmittelbar nach Pharsalus machte Brutus, der spätere Caesar-Mörder, davon Gebrauch und stellte sich Caesar schon in Larissa, der Hauptstadt Thessaliens. Caesar zog ihn sofort in seine Nähe. Als Caesar Ende September 47 in Tarent gelandet war, «reiste Cicero ihm entgegen, nicht ohne Hoffnung, aber es war ihm peinlich, in Gegenwart vieler Leute dem Feinde bittend zu nahen. Aber er brauchte nichts Demütigendes zu tun oder zu sagen. Denn kaum sah ihn Caesar weit vor seinen Begleitern herankommen, da stieg er ab, begrüßte ihn freundlich und unterhielt sich mit ihm allein, indem sie einen Weg von mehreren Kilometern zurücklegten. Und seitdem hörte er nicht auf, ihn freundlich und achtungsvoll zu behandeln.»[116]

In Rom lehnte Caesar wie früher völlige Schuldentilgung ab. Da er selbst wieder erhebliche Summen hatte aufnehmen müssen, konnte er darauf verweisen, *daß er selbst den größten Vorteil aus einer solchen Maßregel ziehen würde*[117]. Doch versuchte er wenigstens bei den Mieten für Erleichterung zu sorgen. Für 46 v. Chr. wurde Caesar zum Konsul gewählt. Sein Amtsgenosse war Lepidus, der ihn schon während des Spanienfeldzuges in Rom vertreten hatte.

Die größte Gefahr bedeuteten aber die Unruhen bei den Legionen. Durch die lange Trennung von Caesar war die Disziplin so gelockert, daß die Soldaten seine Beauftragten mit Prügeln und Steinwürfen empfingen, sogar zwei Senatoren töteten und sich schließlich zum Marsch auf Rom aufmachten, wo sie auf dem Marsfeld lagerten. Wieder brachte das persönliche Eintreten Caesars die Entscheidung. Nur mit einem Schwert gegürtet, erschien er unter den Meuterern. Und als sie auf seine Frage, was sie wünschten, die Entlassung forderten – natürlich um für weitere Dienste belohnt zu werden –, begann er seine Antwort mit der Anrede *Quirites* (Bürger) statt *Commilitones* (Kameraden) [118] und sprach so die Entlassung aus. *Die Versprechungen, die er ihnen gemacht habe, werde er erfüllen, aber erst nach dem Feldzug, wenn er mit den anderen Soldaten triumphiert habe.*[119] Das brach den Trotz. Flehentlich baten die Aufständischen, mit ins Feld genommen zu werden, boten freiwillig als Strafe die Dezimierung an und erlangten schließlich die Begnadigung. Doch entließ Caesar die Hauptschuldigen während des kommenden Feldzuges oder schickte sie auf Himmelfahrtskommandos, anderen wurde der Beuteanteil gekürzt.

Auch diesen Feldzug begann er im Herbst. Er konzentrierte die Truppen an der Westspitze von Sizilien, und am 25. Dezember (1. Oktober) 47 verließ der erste Transport die Insel, 6 Legionen, 2000 Reiter und möglichst wenig Train. Stürmisches Wetter trennte die Transportflotte, deren Teile einzeln nacheinander Africa erreichten. Caesar landete im Süden der Provinz, die etwa dem heutigen Tunis entsprach. Als er an Land ging, stolperte er und stürzte. Aber geistesgegenwärtig verwandelte er das Unglückszeichen in ein Glückszeichen, indem er in die Erde griff und rief: *Ich halte dich fest, Africa!* [120] Da weitere Truppen nur langsam übersetzten, kam es zu einem längeren Positionskrieg, der den Soldaten manche Entbehrung brachte. Die Pferde mußten zeitweise mit gewaschenem Tang gefüttert werden, der mit Gras vermischt wurde. Scipio wich immer wieder der Entscheidung aus. Schließlich gelang es Caesar, ihn zum Kampf zu zwingen, indem er die wichtige Stadt Thapsus angriff. Scheinbar ließ er sich auf einer Landzunge zwischen der Stadt und dem Entsatzheer einschließen. Tatsächlich zwang er Scipio so zum Kampf auf einem Gelände, das ihm die volle Entfaltung verbot. Infolgedessen konnten Jubas Elefanten – Thapsus war die letzte Schlacht, in der diese Verwendung fanden – nicht auf, sondern mußten vor den Flügeln aufgestellt werden. Von Caesars Leichtbewaffneten gereizt und vertrieben, stampften sie in die eigenen Linien und brachen ins eigene Lager. Die Erbitterung der Soldaten Caesars und ihr Wunsch, endlich allen Feldzügen ein Ende zu machen, waren so groß, daß sie sich nicht mehr bändigen ließen. Die Soldaten der X. Legion zwangen gegen den Befehl Caesars, der einen günstigeren Moment abwarten wollte, und gegen den Wunsch ihrer Offiziere den Trompeter, das Angriffssignal zu blasen. Die Lücke, die die fliehenden Elefanten in die Reihen der Republikaner brachen, ermöglichte den Durchbruch und die Einschließung der Feinde. Caesars erbitterte Krieger machten sie alle nieder. Nur die Reiter entkamen. Die Republikaner verloren 50 000 Mann, während Caesar 50 Tote und einige hundert Verwundete zählte. Caesar zog nun gegen die Provinzhauptstadt Utica, deren Kommandant Cato war. Durch den Freitod, den er auf die Nachricht von der Katastrophe bei Thapsus wählte, bekundete er, daß die Republik endgültig verloren war. Caesar erkannte die Bedeutung dieses Selbstopfers auf dem Grab der Republik sofort: *Diesen Tod gönne ich dir nicht, Cato; denn auch du hast mir deine Rettung nicht gegönnt.* [121] Er wußte, was ein Märtyrer bedeutet. Wenn er den Toten noch schriftlich angriff, so geschah das aus diesem Wissen um die Hypothek, mit der Catos Ende seine Herrschaft belastete. Gleich nach dem Tod hatte Cicero in seinem

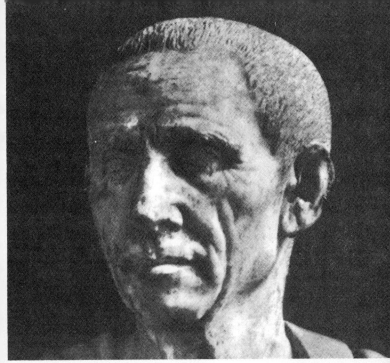

Cato. Rom, Vatikan

«Cato» dem Verstorbenen ein literarisches Denkmal gesetzt. «Verständlicherweise fand dieses Buch begeisterte Leser, hatte es doch ein großer Künstler des Wortes über einen würdigen Gegenstand geschrieben. Das wurmte Caesar, denn er empfand das Lob des Mannes, der seinetwegen gestorben war, als Anklage gegen sich. Deshalb schrieb er eine Gegenschrift, in der er viele Vorwürfe gegen Cato zusammenstellte. Der Titel des Buches ist *Anti-Cato*.»[122] Caesar schrieb also nicht aus Haß, sondern aus politischen Gründen. Cicero und Cato gegenüber ließ er es an Achtung nicht fehlen. Jener bekam das Lob: *Man darf nicht die Worte eines Soldaten mit der Sprachgewalt eines geborenen Redners vergleichen, der noch dazu reichlich Zeit hat.*[123] Er zählte wohl alle negativen Seiten Catos auf, darunter auch seine Neigung zum Wein. Dabei erzählte er aber auch, *daß Leute, die dem Betrunkenen begegneten, als sie ihm ins Gesicht sahen, errötet seien* und fügte hinzu: *Man hätte glauben können, nicht Cato sei von ihnen, sondern sie von Cato ertappt.*[124] So widerspricht der *Anti-Cato* nicht den Worten Caesars an Catos Leichnam. Entscheidend ist für Caesar nicht das persönliche Gefühl, sondern die politische Notwendigkeit. Sie forderte den Versuch, propagandistischen Wirkungen dieses Todes entgegenzutreten, die Caesar nur zu gut und richtig voraussah. Für Jahrhunderte ist Cato durch seinen Tod das Symbol einer Haltung geworden, die den Tod einem Leben in Unfreiheit unter einem Tyrannen vorzieht.

Auch Juba und andere Anhänger der Senatspartei starben freiwillig, andere wurden gefangen und auf Caesars Befehl hingerichtet. Wie seine Soldaten wollte auch er das Ende der ewigen Kämpfe zwischen Römern. Auch hier folgte die Neuordnung der Provinz. Römische Bürgerkolonien wurden gegründet und nahmen einen Teil der Veteranen Caesars auf. Aus Jubas Königreich wurde die Provinz Africa Nova gebildet. Teile aus Jubas Besitz wurden eingeborenen Fürsten überlassen, die Caesar beigestanden hatten, wie die Könige Bocchus und Bogud von Mauretanien.

Von Africa begab sich Caesar nach Sardinien, um auch diese Provinz zu ordnen. Am 25. Juli 46 traf er wieder in Rom ein. Jetzt war er allein der Beherrscher des Imperiums, denn durch den Feldzug in Africa war sein Kampf mit der Republik entschieden. Wenn er doch noch einmal zu den Waffen greifen mußte, so handelte es sich nicht mehr um die Wiederherstellung der Republik, sondern um einen Aufstand der Söhne des Pompeius, sozusagen um einen persönlichen Konflikt Caesars mit den Nachkommen seines größten Gegners.

In Spanien gab es immer noch viele Anhänger des Pompeius. Als die Republikaner sich nun in Africa konzentrierten, nahmen sie mit diesen Verbindung auf. Gnaeus Pompeius ging mit einer Flotte in die spanischen Gewässer. Nach Thapsus kamen Sextus Pompeius, Varius und Labienus nach Spanien; dort gelang noch einmal die Bildung einer ansehnlichen pompeianischen Macht. Die Legaten, die Caesar sandte, errangen zwar eine Seesieg, vermochten aber zu Lande gegen die Übermacht nicht viel. So mußte Caesar, der inzwischen seinen Triumph gefeiert hatte, selbst eingreifen. Während in Rom ihn wieder Lepidus vertrat, begab er sich mit großer Schnelligkeit auf den Kriegsschauplatz (November 46), fand aber unterwegs noch Zeit, die Reise in einem Gedicht *Iter* (Die Reise) zu beschreiben.[125] Anfang Dezember war er in Spanien. Wieder begann ein Winterfeldzug. Aber die Gegner wichen zunächst aus. Caesars erster größerer Erfolg war die Einnahme der Bergfestung Ategua südlich des Guadalquivir. Sextus Pompeius, der Córdoba noch vor der Bedrohung durch Caesar hatte retten können, mißlang der Entsatz, und Caesar folgte ihm nun nach Munda (heute Montilla südlich Córdoba), wo er sich zur Schlacht stellte. Als Sextus Pompeius von den Höhen etwas herabrückte, befahl Caesar den Angriff, obwohl seine Truppen hügelaufwärts stürmen mußten. Es gab ein erbittertes Ringen, und die Pompeianer, für die die Niederlage den sicheren Untergang bedeutete, wehrten sich hartnäckig, vom Gelände begünstigt. Noch einmal mußte Caesar durch persönliches Eingreifen die Entscheidung erzwingen. *Oft habe ich um den Sieg gekämpft, heute zum erstenmal um das Leben,* sagte er nach der Schlacht. Der Fünfundfünfzigjährige sprang vom Pferd, und ohne Helm, damit jeder ihn erkenne, eilte er in das erste Glied der X. Legion. *Dies ist mein letzter Tag und für euch der letzte Tag des Feldzuges. Wollt ihr euren Feldherrn Knaben in die Hände liefern? Merkt euch den Ort, wo ihr euren Imperator im Stiche ließet.* Mit solchen Zurufen griff er an und riß wie an der Sambre seine Legionäre mit. Die Feinde wankten, Sextus Pompeius suchte hinter der Front vom anderen Flügel Verstärkung heranzuziehen. Zugleich ließ Labienus einige Kohorten auf das Lager, das Caesars Reiter bedrohten, zurückgehen. Kaum gewahrte Caesar diese Bewegungen, als er laut rief: *Sie fliehen!* Durch diesen Zuruf befeuerte er die Seinen und veranlaßte den Feind zur Mißdeutung der Bewegungen. Die Pompeianer wandten sich, und die Schlacht, die den ganzen Tag gedauert hatte, endete mit einem vollständigen Sieg Caesars.[126] 30 000 Pompeianer fielen, unter ihnen Varius und Labienus, während Gnaeus Pompeius auf der Flucht umkam. Sein Haupt wurde Caesar gebracht, der es als Dokument des Sieges öffentlich aufstellte.

Der Rest der spanischen Provinzen wurde rasch unterworfen. Ein Vierteljahr noch blieb Caesar und ordnete die Verwaltung. Die Zentren des Widerstandes, wie Córdoba und Sevilla, erfuhren fühlbare Strafen. Die Stellung der spanischen Gemeinden wurde neu geregelt, dabei spielte ihre Parteinahme im Krieg eine Rolle. Die Anlage von römischen Bürgerkolonien trug zur Romanisierung des Landes bei. Auf der Rückreise nach Rom organisierte Caesar auch die Provincia Narbonensis neu, gründete auch hier römische Bürgerkolonien und siedelte Veteranen an. Die griechischen Kolonien im Land wurden durch die Entsendung von Bürgerkolonien latinisiert. Anfang September 45 war Caesar wieder in Rom.

Der spanische Krieg war nur eine Unterbrechung des großen Friedenswerkes, das Caesar nach seinem Sieg in Africa begonnen hatte. Als er von dort nach Hause gekommen war, machte er in einer Rede vor dem Volk die Größe seiner Erfolge klar. *Die eroberten Gebiete seien so groß, daß die Staatskasse davon in jedem Jahr 200 000 attische Scheffel* (fast 12 Millionen Liter) *Getreide und 3 Millionen Pfund* (fast eine Million Kilogramm) *Öl erhalten würde.*[127] Danach feierte er im August (Juni) 46 einen vierfachen Triumph über Gallien, Ägypten, Pontus und Africa. Angetan mit dem altertümlichen, prunkvollen Gewand des Triumphators, der Tracht der alten Könige von Rom und des Jupiter auf dem Kapitol, stand Caesar im Viergespann und fuhr im feierlichen Zuge des siegreichen Heeres zum Kapitol hinauf. Und während hinter ihm ein Sklave stand, dessen Zuruf ihn an die Vergänglichkeit aller menschlichen Dinge erinnerte, sangen seine Soldaten nach altem Triumphalbrauch Verse, in denen sie alle seine Schwächen verspotteten und allen Klatsch aufwärmten, zum Beispiel

> Römer, hütet eure Fraun, den Buhlen Kahlkopf bringen wir.
> Dein Geld verhurtest du in Gallien, neues pumptest du dir hier [128]

oder

> Caesar unterwarf sich Gallien, Caesarn Nikomedes. Seht,
> Jetzt darf Caesar triumphieren, weil er Gallien bezwang,
> Aber Nikomedes darf nicht, der doch Caesarn selbst bezwang [129].

Darstellungen der besiegten Länder und der getöteten Gegner wurden im Zuge mitgeführt, darunter eine Wiederholung der berühmten Depesche *Veni, vidi, vici*. Riesige Beute wurde gezeigt, an Gold allein 65 000 Talente (über 300 Millionen Goldmark) und 2822 goldene Kronen, die 20 414 Pfund wogen (fast 7100 Kilogramm). In dreien der Triumphe schritt ein prominenter Gefangener mit: Vercingetorix, der gleich nach dem Triumph hingerichtet wurde, Cleopatras Schwester Arsinoe und der Sohn Jubas. Auf Pharsalus wurde nicht angespielt. Der Krieg in Africa galt als auswärtiger Krieg gegen Juba und seine römischen Verbündeten dementsprechend als Hochverräter. Große Volksfeste schlossen sich an den Triumph an, mit dessen Feier Caesar die versprochenen Leichenspiele für seine Tochter Julia verband. Nach der Feier des vierten Tages gab es ein Essen für das Volk an 22 000 Dreiertischen, also für 66 000 Personen, bei dem auch Delikatessen aufgetischt wurden. Offiziere und Soldaten erhielten Beutegeld, der Mann 5000, der Zenturio 10 000, die Militärtribunen 20 000 Denare. Den Getreideempfängern löste Caesar das Versprechen ein, das er am Anfang des Bürgerkrieges gegeben hatte. Jeder erhielt 75 Denare, dazu 25 Denare Zinsen, außerdem je 10 Scheffel Getreide und 10 Pfund Öl. Den ärmsten Mietern wurden die Mieten für ein Jahr erlassen.

Auch nach Munda wurde ein Triumph gefeiert (Anfang Oktober 45). Er galt als Triumph über die spanischen Völkerschaften. Caesar sah auch in den Pompeius-Söhnen Hochverräter, aber mancher empfand es bitter, daß in Wirklichkeit ein Triumph über Römer gefeiert wurde, und gab dem auch Ausdruck. Der Triumph war weniger prächtig als der des Jahres zuvor, das Volk monierte die weniger gute Bewirtung, und so fügte Caesar nach vier Tagen noch ein öffentliches Frühstück hinzu.

Caesars Sieg und die Tatsache seiner Alleinherrschaft wurden durch Ehrungen unterstrichen, die Senat und Volk beschlossen und von denen nur die wichtigsten aufgeführt werden können. Lebenslängliche Diktatur, der Titel Imperator als vererbbarer Bestandteil des Namens, Rechte eines Volkstribunen und Sitz auf deren Bank, ständiger Sitz auf dem elfenbeinernen kurulischen Stuhl, der den höchsten Beamten zukam, Aufsicht über die Sitten, das Recht, für die Beamtenwahlen verbindliche Vorschläge zu machen, waren Ehrungen mit politischem Gehalt. Daneben ein vierzigtägiges Dankfest nach dem Sieg in Africa, Erhöhung der Liktorenzahl auf 72, Aufstellung der Statue Caesars auf dem Kapitol im Tempel des Jupiter. Die Inschrift, die ihn als Halbgott bezeichnete, ließ Caesar entfernen. Bei allen öffentlichen Anlässen durfte er im Gewand des Triumphators erscheinen, und stets durfte er einen Lorbeerkranz tragen. Bei Zirkusspielen sollte seine Statue im Zuge der Götterbilder mitgeführt werden. Im Tempel des Quirinus, des unter die Götter entrückten Stadtgründers Romulus, sollte eine Statue Caesars aufgestellt werden mit der Inschrift «Dem unbesiegten Gott», ein anderes Standbild sollte auf dem Kapitol neben den Statuen der Könige und des Befreiers Brutus stehen. Nicht all diese Ehrungen fanden allgemein Zustimmung, manche scheiterten an Caesars Widerspruch. Sie alle beweisen, daß von jetzt an – Sommer 46 v. Chr. – in Rom nur noch ein Wille galt.

CAESAR

Damit stand Caesar an der Stelle, an die ihn das eigene Wollen, seine Gaben, das Bewußtsein der gestellten Aufgabe und das geschichtliche Gebot der Stunde gleichermaßen geführt hatten. 54 Jahre war er alt und blickte auf mehr als drei Jahrzehnte politischer Tätigkeit zurück; sie hatte ihn zu diesem Ziel geführt nicht auf geradem Wege, der von vornherein geplant war, sondern indem er, das Ziel unverrückbar vor Augen und seinem Wesen treu, aus der jeweiligen Situation immer neue Mittel und Wege entwickelte. Er war der Sproß einer der ältesten Adelsfamilien Roms, und mit der edlen Abstammung paarte sich eine seltene Begabung. Ihre Vielseitigkeit ist ebenso einzigartig wie ihre Leistungsfähigkeit. Er war Staatsmann, Gesetzgeber, Jurist, Redner und Geschichtsschreiber, er dichtete und schrieb ein grammatisches Werk, er betätigte sich als Mathematiker, als Techniker und als Architekt und zog stets die geeigneten Leute zur Hilfe heran. Er konnte sechs verschiedene Briefe auf einmal diktieren, er selbst zu Pferde, während um ihn die Schreiber in Sänften getragen wurden. Mit dieser Begabung paarte sich eine Spannkraft, mit der er sich und anderen das Äußerste abverlangte. Sie wurde sichtbar in der Schnelligkeit seines Handelns, vor allem seiner militärischen Bewegungen. Bei dem Marsch von Gergovia den Häduern entgegen, die abzufallen drohten, legte er mit vier Legionen ohne Gepäck in 28 Stunden 75 Kilometer zurück, eine Entfernung, für die die preußische Felddienstordnung normalerweise drei Tage rechnete. Sein geringes Schlafbedürfnis erlaubte ihm, der Zeitersparnis halber seine Reisen nachts zu machen, im Wagen oder in der Sänfte. Solche Eigenschaften setzen einen Körper voraus, der allen Anforderungen gewachsen ist. Er war groß und schlank, die schwarzen Augen blickten lebhaft, und oft leuchteten Heiterkeit und Wohlwollen auf seinen Zügen. Was er im Reiten (Ritt ins aufständische Gallien 58), Schwimmen (Alexandria), Marschieren (Cevennen 58), Fechten (Nliviersclacht, Munda) mit seinen Soldaten wetteifernd leistete, stellt diesem Körper ein ebenso gutes Zeugnis aus wie dem Manne, der ihn durch regelmäßiges Training fit erhielt. Die Nachrichten über seltene epileptische Anfälle – zwei in den letzten Lebensjahren – hält die heutige Medizin für glaubwürdig. Seine Nüchternheit trug dazu bei, ihn gesund zu erhalten. Ohne Spielverderber zu sein, mied er alkoholische Exzesse, so daß sein Gegner Cato – der hierin ganz anders war – sagen konnte, als einziger von allen sei Caesar nüchtern an den Umsturz des Staates gegangen.[130] Wenn es aber sein mußte, wie in Alexandria, «hielt er nachts beim Becher aus, um sich gegen Anschläge auf sein Leben zu sichern»[131]. Die Sorgfalt, die schon der Jüngling auf die Pflege seines Äußeren verwandte, blieb bis ins Alter. Hier wirkte ein Streben nach Vollkommenheit, das ihm eigentümlich war. Es ließ ihn zum Beispiel eine neuerbaute Villa, die seinen Anforderungen nicht entsprach, abreißen und ganz neu bauen, ebenso, wie er sich von der Gattin schied, auf deren Ruf ein Schatten fiel. Es machte ihn zum Schöpfer vollkommenster lateinischer Prosa wie zum Meister der Strategie und spricht aus vielen Einzelzügen, die schon erzählt wurden. Aus diesem Streben erwächst das, was als Ehrgeiz zu eng umschrieben wird, das Bewußtsein, daß er nur als Herr des Reichs seine Aufgabe erfüllen konnte, und das Wissen um die Bedeutung der Macht, das den echten Politiker ebenso ausmacht wie die Fähigkeit, jeder Situation die richtigen Möglichkeiten des Handelns abzugewinnen. Aber dieses Streben erstarrt nie zum Doktrinarismus unabänderlicher Forderungen, sondern paart sich mit Beweglichkeit und Unabhängigkeit des Geistes, die immer wieder die Gegner überraschte, zum Beispiel bei der Lösung der militärischen Operationen von der Jahreszeit. Am eindrucksvollsten zeigt sie sich aber da, wo sie sich scheinbar gegen ihn selbst wendet, wenn er an Grenzen stößt, sie erkennt und aus dieser Erkenntnis handelt. Am Rhein beendet er die Eroberungen freiwillig an einer solchen Grenze, der er aber doch von sich aus eine neue Form gibt. Als er bei dem Versuch, Cato verhaften zu lassen, den ganzen Senat gegen sich sieht, gibt er auf, und als Cicero sich seinem Werben versagt, gibt er ihm den Weg frei. Die Erkenntnis gerade dieses Mißerfolges muß schmerzlich gewesen sein. Hatte er doch hier sein persönliches Engagement aufs höchste gesteigert. Der Zauber, den er auf andere ausübte, war groß. Er erwuchs aus einer von Herzen kommenden, angeborenen Höflichkeit. Als ein Gastgeber einmal altes statt frischen Öls anbot, bat er, während andere ablehnten, um mehr, damit es nicht aussehe, als zeihe er den Gastgeber der Gleichgültigkeit oder Unbildung. Dieselbe Höflichkeit bezeigte er Cicero, als dieser sich ihm ergab und er ihm jede Demütigung ersparte. Ein weiterer Beweis ist ein Besuch Caesars bei Cicero. Als er 45 v. Chr. Cicero mit großem Gefolge aufsuchte, war dieser gar nicht sehr entzückt. Er schreibt dann aber: «Was für ein unsympathischer Gast! Und doch tut es mir nicht leid: er war nämlich sehr nett... Er kam am Strand. Nach 2 Uhr ging er ins Bad. Dabei Audienzen... dann ließ er sich salben und nahm am Tisch Platz. Er hatte vor, ein Vomitiv zu nehmen. Deshalb aß er und trank, ohne sich zu zieren und mit Appetit. Es war auch ein glänzendes, gepflegtes Essen und nicht nur das, sondern auch ‹gut gekocht und gut gewürzt, von guten Reden begleitet› und, wenn Du's wissen willst, behaglich... Er hatte sein Vergnügen und fühlte sich behaglich... Da hast Du den Verlauf des Besuches oder der Einquartierung, mir, wie gesagt, zuwider, aber nicht unwillkommen.»[132]

Caesars Kunst der Menschenbehandlung zeigt sich deutlich im Verhältnis zu seinen Soldaten. Durch den Zauber seiner Persönlichkeit, durch die Genialität seiner Kriegführung und durch die enge

Verbindung mit seinen Soldaten entstand eine Menschenführung, die die ganze Armee bis zum letzten Mann in Caesars Hand gab und ihr eine Stärke verlieh, *daß sie den Himmel einreißen könnten* [133]. Wenn die Strategie, mit der Caesar aus den Niederlagen bei Gergovia und Dyrrhachium den Sieg wachsen läßt, Beweis genialen Feldherrntums ist, so ist die psychagogische Leistung nicht minder groß, mit der er der geschlagenen Truppe neuen Mut einflößt. Er beschönigt nichts, er tadelt, ja bestraft sie, er gibt eine offene, klare Analyse der Lage und überzeugt dadurch die Soldaten, daß die Niederlage vermeidbar war und ausgeglichen werden kann. Niemals hat er durch Verneblung der Lage und falsche Parolen die Soldaten zu höherer Leistung zu bringen gesucht. Er wußte, daß sich das auf die Dauer nicht auszahlt und daß nur Offenheit, die Vertrauen weckt, zur äußersten Leistung anfeuert. Eine Bekanntmachung vor dem Anrücken Jubas im afrikanischen Krieg lautete: *Seid euch über folgendes klar. In ganz wenigen Tagen wird der König da sein mit 10 Legionen, 30 000 Reitern, 100 000 Leichtbewaffneten und 300 Elefanten. Gewisse Leute sollen also mit weiteren Nachforschungen und Vermutungen aufhören und mir glauben, der ich genau unterrichtet bin. Andernfalls werde ich sie auf das älteste Schiff setzen und mit einem beliebigen Wind in beliebige Ländern segeln lassen.*[134] Die Bindung zu seinen Soldaten pflegte Caesar eifrig. Er trat nicht nur in notbedingten Ausnahmefällen als Kämpfer in ihre Reihen, immer war er bei ihnen. Auf anstrengenden Märschen geht er ihnen voran, barhaupt den Strahlen der Sonne ausgesetzt, immer ist er zur Stelle, um ungewöhnliche Leistungen anzuerkennen und auszuzeichnen durch die Verleihung von kostbaren Waffen und Orden. Er verschmäht es nicht, in bestimmten Fällen die Ausbildung der Soldaten selbst in die Hand zu nehmen und sie zu drillen «wie ein Fechtmeister die neuen Gladiatoren»[135]. Zahllos sind die Stellen in seinen Schriften, an denen er von den Taten seiner Soldaten berichtet, von ihrem Mut, ihrer Erfindungsgabe, ihrem Witz, dem er sich selbst beim Triumph ausgesetzt sah. Er reizte ihn auch von sich aus. Als im afrikanischen Krieg eine Prophezeiung umlief, in Africa werde immer ein Scipio siegen, las er einen heruntergekommenen Sproß der Familie auf und ließ ihn dem Heere voranmarschieren. Alte Soldaten richten unaufgefordert das Wort an ihren General wie Crastinus bei Pharsalus. Aber niemals bekommt dies Vertrauensverhältnis den Ton falscher Anbiederung und geht nie auf Kosten der Disziplin. Bei Fahnenflucht und Meuterei ein strenger Richter, konnte er sonst auch ein Auge zudrücken, besonders nach schweren Kämpfen und Siegen: *Meine Soldaten verstehen sich zu schlagen, auch wenn sie nach Parfum duften.*[136] Man weiß nicht, was erstaunlicher ist: die wenigen Fälle von Insubordination während der mehr als zehn Jahre strapaziöser Feldzüge – in Besançon unzufriedenes Murren,

*Ordensplaketten (phalerae) eines römischen Offiziers.
Ehem. Berlin, Antiquarium der königl. Museen*

Meuterei in Piacenza und vor dem Feldzug in Africa – oder die Schnelligkeit, Souveränität und psychologische Meisterschaft, mit der Caesar ihrer Herr wird. Bei anderen Gelegenheiten äußert die Truppe ihre Unzufriedenheit, weil sie sich zu wenig gefordert fühlt – bei Ilerda und Thapsus. So kann Caesar von seinen Legionen Großes verlangen, und Großes haben sie geleistet, nicht nur in Ausnahmefällen, sondern auch im Alltag. *Er ließ vom Genfer See bis zum Jura über 19 römische Meilen eine Mauer in Höhe von 16 Fuß (1,80 m) und einen Graben ziehen*[137], das bedeutet den Ausbau einer gesicherten Stellung über 28 Kilometer, durch wenig mehr als eine Legion. Caesars Heer ist das Instrument, das sein Wille lenkt. *Befiehl, was du willst; alles, was du befiehlst, werden wir mit Gleichmut ausführen.*[138]

Ähnlich wußte er das Volk zu bezaubern und seine Herzen zu gewinnen, besonders im ersten Abschnitt seiner politischen Wirksamkeit, als er sich im wesentlichen innenpolitisch und propagandistisch betätigte. Nach Thapsus setzt sich das noch stärker fort. Zu den rasch vorüberrauschenden Festen und Volksbelustigungen traten die Bauten, mit denen er die Stadt verschönte – darunter die Basilica Julia – oder zu verschönen plante. Das von ihm gebaute Forum blieb ein dauerndes Zeugnis seiner Gebefreudigkeit. Seit 54 v. Chr. ließ er durch Cicero und andere Freunde östlich des Forum Romanum Privathäuser ankaufen und gewann so den Grund und Boden für die Anlage eines Marktes, der außerhalb des Lärms und Getümmels des alten Forums der Gerichtsbarkeit und anderen öffentlichen Angelegenheiten dienen sollte. Auf diesem Forum Julium wurde ein Tempel der Stammutter der Julier, der Venus Genetrix, erbaut, den er vor der Schlacht von Pharsalus zu errichten gelobt hatte. Der Tempel wurde eine Sammelstätte bedeutender Kunstwerke. Vor ihm stand ein Standbild von Caesars Lieblingspferd. Das war in seinem eigenen Stall geboren und hatte merkwürdige, menschenähnliche Füße, deren Hufe wie Zehen gespalten waren. Seher hatten darin ein Vorzeichen künftiger Weltherrschaft gesehen. Caesar hatte es sorgfältig aufziehen lassen, und es hatte nie einen anderen Reiter als Caesar getragen.[139] Aber wie beim Heer blieb Caesar auch dem Volk gegenüber der Herr, der ihm seine Grenzen wies. Nachdem die Fürsorgeempfänger noch bei der großen Triumphfeier reichlich beschenkt worden waren, ließ er den Kreis der Berechtigten überprüfen. Auf Grund einer Zählung der Einwohner Roms wurde die Zahl der Bürger, denen Gratisempfang von Getreide zustand, von 320 000 auf 150 000 herabgesetzt. Das war eine feste Höchstzahl, die Ergänzung erfolgte jährlich durch Auslosung unter den Bedürftigen. Beliebtheit und Vertrauen auf seine Leistung antworteten Caesar auf den Straßen Roms und auf dem Forum wie im Lager der Legionen.

Ein Mann solcher Ausstrahlung machte auch auf Frauen tiefen Eindruck. Seine Liebesabenteuer waren in aller Mund. Mommsen hat gesagt, wie bei allen denen, die in der Jugend der volle Glanz der Frauenliebe umstrahlt hat, sei ein Schimmer davon unvergänglich auf ihm ruhen geblieben. Diese Seite von Caesars Wesen lebt nicht nur in Shaws Komödie, sondern auch noch in Operettenschlagern unserer Tage fort. Und doch ist es falsch – gerade Shaw macht das deutlich –, die Rolle der Frauen in Caesars Leben nur unter dem Gesichtspunkt der Erotik zu sehen. Mindestens zwei dieser Frauen haben damit nichts zu tun, die Mutter Aurelia und die Tochter Julia. Unter den Eltern war die Mutter zweifellos der überragende Teil, und der frühe Tod des Vaters hob ihre Bedeutung. Tacitus zählt sie zu den römischen Matronen, deren Ruhm es war, das Haus zu bewahren und den Kindern zu dienen, und die nicht nur dem Lernen

Basilica Julia. Forum Romanum

und den Beschäftigungen ihrer Söhne, sondern auch ihren Erholungen und ihrem Spiel das rechte Maß gaben.[140] Ihre Verwandten erwirkten bei Sulla die Begnadigung des jungen Proskribierten. Sie wachte über ihre leichtsinnige Schwiegertochter Pompeia, sie entdeckte bei dem Frauenfest deren Liebschaft mit Clodius, sie stellte den Eindringling und legte zusammen mit einer Tochter vor Gericht Zeugnis gegen ihn ab. Sie arbeitete damit auf die Scheidung Caesars von Pompeia hin, und ebenso hatte sie bei der nächsten Vermählung Caesars mit Calpurnia, deren Mutter mit ihr verwandt war, die Hand im Spiel. Die Kinderlosigkeit der zweiten Ehe Caesars empfahl diesen Wechsel, der aber keine Abhilfe brachte. Hinter die-

Tempel der Venus Genetrix. Rom, Forum Julium

Forum Julium. Rom

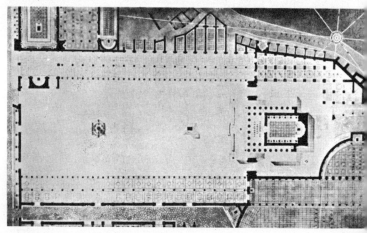

sen Äußerlichkeiten, die allein überliefert sind, erkennt man die Fürsorge der Mutter. Auch Caesar sah in ihr den guten Geist und wußte sich ihr verbunden. Das zeigen seine Abschiedsworte vor der Wahl zum Pontifex Maximus. Neben ihr steht ihre Schwägerin Julia, die Gattin des Marius. Sie hatte die Hand im Spiel bei Caesars Hochzeit mit Cinnas Tochter Cornelia, die seine Verbindung zur Volkspartei festigte. Aber trotz des politischen Hintergrundes war das eine Liebesheirat. Es ist das erste Beispiel in Caesars Leben für den Bund, den bei ihm Politik und Liebe immer wieder eingehen. Den stärksten Beweis dieser Liebe erbrachte er, als er sich gegen Sullas Befehl nicht von Cornelia schied. Daß er ihr und seiner Tante Julia entgegen dem Brauch feierliche Leichenreden hielt, bezeugt seine Verehrung und ist auch nicht nur um der Propaganda willen geschehen, wirkte aber zugleich in dieser Richtung und zeigt, wie alles, was Caesar tut, politisch wirksam wird – seinem Wesen nach und nicht aus Berechnung. Die Liebe zu Cornelia übertrug sich auf seine Tochter Julia. Sie wurde 59 v. Chr. Gattin des um 23 Jahre älteren Pompeius. Auf beiden Seiten war es echte Liebe, und solange sie lebte, hatte der Bund ihres Vaters mit ihrem Gatten Bestand. 55 war es zu Unruhen und Blutvergießen auf dem Forum gekommen; Pompeius' Toga wurde mit Blut bespritzt, und er mußte sie wechseln. Als Sklaven das blutige Gewand ins Haus brachten, fiel Julia bei dem Anblick in Ohnmacht und erlitt eine Fehlgeburt. Im September des nächsten Jahres brachte sie wieder ein Kind zur Welt. Aber die Geburt kostete Mutter und Kind das Leben. Das Volk erzwang, daß sie ehrenvoll auf dem Marsfeld verbrannt und beigesetzt wurde, aus Verehrung für die Tote, aber auch, um dem Vater seine Anhänglichkeit zu zeigen, den innerhalb eines Monats der zweite schwere Schlag traf. So lang war es her, daß er die Mutter verloren hatte. Er selbst war fern in Gallien und konnte keiner der beiden Frauen die letzte Ehre erweisen. Cicero bezeugt die mannhafte Würde, die er in seinem tiefen Schmerz zeigte.[141]

Aurelia und die beiden Julien sind Frauen, die in Caesars Leben eine Rolle spielten, ohne daß Erotik im Spiel war. Mutter und Tante haben über seiner Jugend gewacht. Bei der Tochter wie bei der ersten Frau standen Zuneigung und Politik im Einklang. Diese Erfahrungen sind für Caesars Stellung zu den Frauen bestimmend geworden.

Männer, über deren Jugend das Bild einer guten, geliebten Mutter gestanden hat, suchen – das bekannteste Beispiel ist Goethe – in ihrem Leben immer wieder die Ergänzung durch die Frau in den verschiedensten Formen. So auch Caesar: zu seinem Wesen gehört ebenso wie der Wille zur Macht und Herrschaft, ebenso wie der Zauber, mit denen er um die Soldaten und das Volk wie um einzelne wirbt und sie gewinnt, auch die Anziehung, die das weibliche Geschlecht auf ihn und er auf die Frauen ausübt. Diese Beziehungen, vor allem

Cleopatra. Münze

die Ehen, hatten in Rom schon von Haus aus politischen Akzent. Wir hören kaum von einem Verhältnis zu Frauen, das nichts mit Politik zu tun hätte. Wie die erste Ehe, so sind auch die weiteren politisch bedingt. Pompeia heiratete er um der Beziehungen zu Pompeius willen. Auch die dritte Ehe mit Calpurnia zeigt diesen Charakter. Im selben Jahr wie die Ehe des Pompeius mit Julia geschlossen, stellte sie eine verwandtschaftliche Verbindung zu ihrem Vater Lucius Calpurnius Piso her, der zu den maßgebenden Popularen gehörte. Calpurnia war rund 20 Jahre jünger als Caesar, die Ehe blieb trotzdem kinderlos. Caesars lange Abwesenheit im Felde machte ein dauerndes Zusammenleben unmöglich. Aber die Befürchtungen um Caesars Sicherheit vor der Ermordung lassen doch ein engeres Verhältnis wenigstens von ihrer Seite erkennen. Fast wäre auch diese Ehe der Politik zum Opfer gefallen. Nach Julias Tod trug Caesar Pompeius die Hand der Octavia, der Enkelin seiner Schwester, an und warb selbst um eine Tochter des Pompeius, auch sie ein zwanzigjähriges Mädchen. Ein Scheidungsgrund wäre leicht in Calpurnias Kinderlosigkeit zu finden gewesen. Aber der Versuch, so den politischen Bund mit Pompeius zu erneuern, schlug fehl.

Auch die außerehelichen Verbindungen Caesars mit Frauen stehen meist in Zusammenhang mit der Politik. Es ist allerdings kaum mehr möglich, festzustellen, was von diesen Nachrichten den Tatsachen entspricht und was Klatsch überliefert. Die erste Frau, die Caesar außerhalb der Ehe geliebt haben soll, war Catos Schwester Servilia, die Mutter des Caesar-Mörders Brutus. Ihre Leidenschaft für Caesar ging so weit, daß sie ihm ein besorgtes Billet schickte, als er im Senat an den Beratungen über die Verurteilung der Catilinarier teilnahm. Cato sah das und rief empört, Caesar empfange Geheimnachrichten von den Staatsfeinden. Als Caesar ihm den Brief zuwarf, war er der blamierte.[142] Servilias Liebe war stadtbekannt, und der Klatsch wucherte üppig. Es hieß, Caesar habe ihr während seines Konsulats eine Perle im Wert von 6 Millionen Sesterzen (1,2 Millionen Goldmark) geschenkt und ihr noch im Bürgerkrieg billig Grundstücke zugeschanzt, auch habe sie noch als alte Frau ihm ihre Tochter zugeführt. Daß der Mörder Brutus ein Sproß dieser Liebe gewesen sei, ist eine sentimentale, nachweislich falsche Erfindung. Dies ist das einzige Verhältnis Caesars, das keinen politischen Hintergrund erkennen läßt. Als weitere Geliebte Caesars werden genannt: Postumia, die Gattin des bedeutenden Juristen Servius Sulpicius Rufus, der unter ihrem Einfluß seinen Widerstand gegen Caesars Politik aufgab und im Bürgerkrieg sich nicht Pompeius anschloß; Lollia, die Frau des Popularen Aulus Gabinius, auf dessen Antrag Pompeius der Seeräuberkrieg übertragen wurde und der 66 bis 63 Legat des Pompeius war; die Verbindung zu den Popularen liegt zutage. Auch zu den Liebhabern, die Mucia, Pompeius' zweite Gattin, während seiner Abwesenheit in Kleinasien um sich sammelte und derentwegen sich Pompeius nach der Rückkehr von ihr schied, soll Caesar gehört haben. Und bei der Annäherung Caesars an Crassus half dessen Gattin Tertullia. Auch hier war Caesar nicht der einzige, dem sie ihre Gunst schenkte. Bei diesen Verbindungen, von denen wir kaum mehr als den Namen der Frau wissen, fällt eine Übereinstimmung auf: in allen Fällen tut das Verhältnis der engen politischen Zusammenarbeit der angeblich hintergangenen Gatten mit Caesar keinen Abbruch, ein Hinweis, daß die Politik den Vorrang vor dem Eros hatte. Das gilt auch für die Verbindung mit Nichtrömerinnen. Hier wird Eunoe genannt, die Gattin des Königs Bogud von Mauretanien, der im Africakrieg Caesars Verbündeter war, hierher gehört Cleopatra. Die Begegnung der beiden ist schon erzählt. Kein Zweifel, daß Caesar von der Erscheinung der jungen Ägypterkönigin zutiefst ge-

Caesar. Das einzige zeitgenössische Original. Schloß Aglié bei Turin
(Seitenansicht und Vorderansicht)

troffen wurde und jenen Stachel empfand, von dem Plutarch spricht. Er beschreibt Cleopatra bei der ersten Begegnung mit Antonius, sieben Jahre später: «Ihre Schönheit war an sich nicht so unvergleichlich und nicht so, daß, wer sie sah, betroffen war, doch beim Zusammensein übte sie eine unwiderstehliche Anziehungskraft aus, und zusammen mit der fesselnden Unterhaltung und dem reizenden Sichgeben im Gespräch drückte ihre Schönheit gleichsam einen Stachel in die Seele. Der Klang ihrer Stimme machte glücklich. Ihre Stimme glich einem vielsaitigen Instrument, das sie leicht in jeder Sprache, die sie wollte, handhabte. So verkehrte sie überhaupt nur mit wenigen Nichtgriechen durch Dolmetscher, den meisten von ihnen konnte sie selbst antworten, ob es sich nun um Aethiopen, Troglodyten [am Roten Meer], Hebräer, Araber, Syrer, Meder [Iran] oder Parther handelte. Sie soll auch noch viele andere Sprachen gelernt haben, während die Könige vor ihr es nicht einmal über sich gewannen, Ägyptisch zu lernen, und sogar das Makedonische [die Sprache der Heimat ihrer Dynastie] vernachlässigten.»[143]

Eine solche Schönheit, die sich erst im Gespräch und im geistigen Austausch entfaltete, konnte in der Ruhe des Porträts nur schwer festgehalten werden. Hier fallen ihre lange Nase und ihr großer Mund auf. Natürlich verfügte sie über alle Geheimnisse der Toilettenkunst. Unter ihrem Namen kursierten Schriften über Schönheitspflege, in denen zum Beispiel gegen Kahlheit und Haarausfall empfohlen wurden: gebrannte Hausmäuse, gebrannte Pferdezähne, Bienenfett und Eichenharz. Ihre Aufmachung und Umgebung hatten die Aura einer fremdartigen, geheimnisvollen Kultur von ehrwürdigem Alter. Noch einmal empfand der mehr als fünfzigjährige Caesar die Macht der Liebe, wahrscheinlich stärker als je seit dem Tod der ersten Gattin. Aber die Leidenschaft übermannte ihn nicht wie später den Antonius, der Staatsmann in ihm behielt auch hier die Leitung. Der Bund mit der Königin garantierte ihm den Besitz Ägyptens. Das bedeutet weder, daß Caesar Cleopatra aus Berechnung genommen hat, noch daß der politische Effekt rein zufällig ihm zufiel. In Caesar fügt sich auch die Liebe dem Staatsmann. Alles Handeln ist dem politischen Wollen organisch eingeordnet. Alles, was er tut, kommt aus der Wurzel eines ganz und gar politischen Wesens. Daraus ergibt sich die Harmonie seiner Persönlichkeit. Ihr fügt sich auch sein Verhältnis zu den Frauen ein.

Die Verbindung mit der Ägypterin bestand weiter, nachdem er Ägypten verlassen hatte. Cleopatra besuchte Caesar in Rom, wo sie vom September 46 bis zum April 44 blieb, bis nach Caesars Ermordung. Mit ihrem Hofstaat nahm sie Wohnsitz in Caesars Gärten jenseits des Tiber, außerhalb der Stadt, in der Gegend der heutigen Villa Farnesina. Caesar besuchte sie dort öfters. Sie blieb, als er von November 46 bis zum Oktober 45 in Spanien war, und machte auch keine Anstalten aufzubrechen, als er einen mehrjährigen Feldzug im Osten vorbereitete. Man hat daher vermutet, daß Caesar sie nach Rom holte, um sie unter Kontrolle zu haben und eigenmächtige Schritte zu verhindern. Aber Caesar ließ ihr Standbild unter den Kunstwerken im Tempel der Venus Genetrix aufstellen. Durchschlingen sich auch hier wieder Liebe und Politik? Viele Römer nahmen an dieser ausländischen Hofhaltung Anstoß, bei der Cleopatra als Mittelpunkt geistreicher Cercles glänzte. Um so mehr verwundert es, daß – abgesehen von einer mehrdeutigen Cicero-Stelle – bei den Zeitgenossen von einem Sohn der Cleopatra nicht die Rede ist, der nach ihrer Angabe von Caesar stammte; sie nannte ihn Ptolemaios Caesar, die Alexandriner scherzhaft Kaisarion, das Cäsarlein. Antonius behauptete später vor dem Senat, Caesar habe ihn anerkannt, und berief sich neben anderen auf Oppius als Zeugen. Der antwortete aber mit einer Schrift, die nachwies, Caesar sei nicht der Vater. War Caesars Vaterschaft schon im Altertum umstritten, so haben auch moderne Gelehrte ihre Zweifel geäußert: aus politischen Gründen hätten Antonius und Cleopatra erst nach Caesars Tod die falsche Behauptung aufgestellt.[144] Der Knabe wurde später auf Be-

Gladiatorenkampf. Rom, Galerie Borghese

Tempel der Clementia Caesaris. Münze

fehl von Caesars Erben Octavian umgebracht. Seine Existenz hat keine politischen Folgen gehabt. Tatsache ist dagegen, daß Caesar seinen Neffen Gaius Octavius adoptierte – Octavian, der spätere Kaiser Augustus – und ihn in seinem Testament vom September 45 zum Haupterben machte. Man wird sich an diese Tatsachen halten müssen. Mag auch Cleopatra an ihren Aufenthalt in Rom ehrgeizige Pläne geknüpft haben, nichts deutet darauf hin, daß Caesar geneigt war, darauf einzugehen.

Caesars Wesen tritt vielleicht am schönsten zutage im Verhältnis zu seinen Gegnern. Auf die Nobilität, die zum größten Teil zu Pompeius gestanden hatte, suchte er durch Entgegenkommen und Milde zu wirken. Die Befürchtungen, er werde den Sieg wie Marius, Cinna und Sulla benutzen, waren unbegründet, er wies diese Vorbilder von sich.[145] Es gab keine Proskriptionen unter seinem Namen. Für den römischen Bürger auf der Gegenseite fühlte er sich ebenso verantwortlich wie für die Seinen. In seinem Leben reiht sich ein Beweis der Milde an den anderen, es sei nur an die Begnadigung der in Corfinium Gefangenen oder an die Behandlung Ciceros erinnert. Nach dessen Worten vergaß er nichts außer Beleidigungen.[146] Seit Caesars Zeit und nach seinem Vorbild gehört die clementia, die Milde, zu den positiven Eigenschaften, die einem abendländischen Herrscher nicht fehlen dürfen. Man hat gefragt, ob es sich um eine Eigenschaft handelt, die zu Caesars Wesen gehört, oder ob er aus politischer Berechnung so gehandelt hat. Es spricht für die erste Annahme, daß er Milde auch da zeigt, wo politische Erwägungen nicht mitsprechen. Um sie vor den Qualen des Kreuzestodes zu bewahren, läßt er die Seeräuber vor der Kreuzigung erdrosseln, das Leben seiner Gladiatoren schonte er gern und gab das Zeichen zum Abbruch des Fechtens, ehe der Besiegte den Todesstoß empfangen hatte. Im Grunde ist die Frage müßig und die Alternative falsch, Milde war eine Charaktereigenschaft Caesars, aber wenn er sie betätigt, wirkt sie sich politisch aus. Ebenso hat er sie auch aus politischen Gründen unterdrückt. Er konnte Härte entwickeln. Als die mildere Form des Protektorats in Gallien nicht die Ruhe und Sicherheit brachte, die er für seine Politik brauchte, hat er sie mit größter Strenge erzwungen. Er schied zwischen dem Empörer, den die ganze Härte der Strafe trifft – die Seeräuber, Dumnorix, Vercingetorix, aber auch die Pompeianer, die sich Juba unterstellten, und die Pompeius-Söhne –, und dem irregeleiteten Mitbürger, der Römer ist und Römer bleibt und Milde findet. Immer hat er es zu vermeiden gesucht, Märtyrer zu schaffen. Deshalb war er für milde Behandlung der Catilinarier, deshalb bedauerte er, daß er Cato nicht retten durfte. Einige Reden Ciceros aus dieser Zeit, wie die für Marcellus und für Ligarius, beweisen den Eindruck, den Caesars clementia machte. Diese stellt die Verteidigung ganz auf die Tatsache von Caesars clementia, die erste dankt für die Begnadigung des erbitterten Gegners – es handelte sich um den Konsul von 51 v. Chr. – und schöpft daraus die Hoffnung, Caesar werde den Staat auf neue Grundlagen stellen. Der Senat erhob die Clementia Caesaris zur Göttin und ließ ihr einen Tempel errichten. Aber aus den Begnadigten rekrutierte sich auch die Großzahl der Mörder. Erbitterte Anhänger sagten deshalb nach Caesars Tod, seine Milde habe ihm Unglück gebracht. Hätte er die nicht gezeigt, so wäre ihm nichts Derartiges geschehen.[147]

DAS ENDE

Dieser Mann war nach der Schlacht bei Thapsus der Gebieter des römischen Weltreiches. Dessen Neuordnung nahm er in Angriff während der wenig mehr als zwei Jahre, die ihm noch blieben und von denen ein großer Teil durch den Feldzug in Spanien in Anspruch genommen war. Die anschließende Neuordnung der Provinzen in Spanien und Gallien war nur ein Teil eines größeren Programms, das auch Africa und Sizilien einbezog. In Sizilien wurden wie in der Provence die alten griechischen Städte durch römische Kolonien romanisiert. Caesar hat auch vereinzelt Kolonien in die östliche Hälfte des Reiches geschickt, so nach Korinth, das aus den Trümmern von 146 wiederaufgebaut wurde. Aber die meisten Kolonien gingen in die westliche Reichshälfte, die auch bei Bürgerrechtsverleihungen bevorzugt wurde. Caesar hat dem griechisch-hellenistischen Einfluß im westlichen Mittelmeerbecken ein Ende gemacht. Seitdem spricht man dort nur Lateinisch. In dieser Sprache wurden die Gesetze für das ganze Imperium abgefaßt, für die östliche Reichshälfte kam eine Übersetzung ins Griechische hinzu. Das zeigt an, welcher Reichshälfte Caesar die Führung im Reich zugedacht hatte. Diese Führung wurde noch einmal bedroht und endgültig gesichert, als eineinhalb Jahrzehnte später die beiden Reichshälften unter Octavian (Augustus) und Antonius und Cleopatra zusammenstießen. Die Grenzen der Gegner hat Caesar abgesteckt und den Führungsanspruch des Westens begründet. Die Neuordnung der Provinzen ist vielleicht die wichtigste Aufgabe, die Caesar löste. Wie kein Römer vor ihm hat er die Interessen des Reichs, der Provinzen, im Auge gehabt, die wohl auch keiner so genau aus eigener Anschauung kannte. Er hatte gesehen, daß die Formen der Republik, für einen Gemeindestaat geschaffen, für die Verwaltung der Welt nicht ausreichten, er hatte erkannt, daß hier der Grund für das Versagen der Senatsherrschaft lag, und er zog die Konsequenzen.

Nicht minder wichtig waren die Aufgaben in Rom und Italien, voran die Versorgung der Veteranen. Ein großer Teil von ihnen erhielt in den außeritalischen Kolonien Land. Aber es blieben noch genug, die in Italien untergebracht werden mußten. Caesars Absicht war, die Veteranen nicht wie Sulla in geschlossenen Militärkolonien anzusiedeln. Er strebte nach Einzelansiedlung. Das Land sollte nicht enteignet, sondern aus öffentlichen Mitteln oder aus Caesars Privatschatulle gekauft werden. Die Legaten mit proprätorischer Vollmacht, denen die Durchführung zufiel, konnten allerdings nicht ganz auf geschlossene Veteranenansiedlungen verzichten. Sie führten das Werk über Caesars Tod hinaus fort. Diese Ansiedlung ist die Fortsetzung dessen, was mit dem Ackergesetz 59 v. Chr. begonnen hatte und durch andere Gesetze der fünfziger Jahre weitergeführt war. Die

Marcellustheater. Rom

Krönung des Ganzen war das Gemeindegesetz Caesars, die Lex Julia municipalis; sie regelte die Selbstverwaltung der Gemeinden in Italien und in den Provinzen. Das große Ansiedlungswerk schuf auch die Voraussetzungen für die Verminderung der Fürsorgeempfänger in Rom.

Diese Ansiedlung von Veteranen in und außerhalb Italiens verringerte den Gegensatz zwischen Italien und den Provinzen. Dem entsprachen Bürgerrechtsverleihungen an Provinziale, die besonders in den rasch latinisierten keltischen Gebieten vorgenommen wurden, und die Berufung auswärtiger Bürger in den Senat, dessen Mitgliederzahl auf 900 erhöht wurde. Das erregte bei den altsenatorischen Familien Ärgernis und rief bittere Worte hervor wie den Vorschlag, kein Römer solle einem neuernannten Senator den Weg zum Sitzungslokal zeigen [148] – als Stadtfremder wußte er den nicht. Das Gerichtswesen war während der ganzen Revolution ein Spielball der parteipolitischen und wirtschaftlichen Interessen gewesen. Caesar regelte es endgültig, und zwar in konservativem Sinn, indem er die besitzenden Klassen, Senatoren und Ritter, die Geschworenen stellen ließ.

Eine der folgenreichsten Maßnahmen war die Reform des Kalenders. Dessen Überwachung lag Caesar als Pontifex Maximus ob. Bisher hatte man nach den ziemlich ungenauen Mondjahren gerechnet, die rein empirisch durch Einfügung von Schaltmonaten korrigiert wurden. Zu Caesars Zeit war der Kalender allmählich so in Unordnung geraten, daß die Differenz zum Sonnenjahr rund zwei Monate betrug. Für die Neuordnung stützte sich Caesar wahrscheinlich auf den griechischen Astronomen Sosigenes. Im Übergangsjahr 46

Caesar mit dem etruskischen Kranz. Münze

wurde die Differenz durch die Einfügung von zwei Schaltmonaten beseitigt. Als Jahr diente nunmehr das Sonnenjahr von 365 ¼ Tagen, das heißt von 365 Tagen mit einem Schalttag in jedem vierten Jahr (29. Februar). Dieses Jahr ist bekanntlich ein wenig zu lang, ein Fehler, den Papst Gregor XIII. 1582 beseitigte. Caesars sogenannter Julianischer Kalender blieb im Bereich der Ostkirche bis in unsere Tage in Übung, in Rußland bis zur bolschewistischen Revolution.

Dazu kam eine Reihe von Plänen, die der Tod durchkreuzte: Bauten wie ein neues Sitzungshaus des Senats, ein Tempel des Mars auf dem Marsfeld, ein Theater an der Stelle, wo unter Augustus das Marcellustheater errichtet wurde. Auch die Einrichtung einer öffentlichen Bibliothek plante Caesar. Andere Projekte griffen weiter und wurden zum Teil erst Jahrhunderte, ja Jahrtausende später verwirklicht wie die Kodifikation des geltenden Rechts, die erst Justinian 533 n. Chr. im Corpus iuris vornahm, die Durchstechung der Landenge von Korinth – ausgeführt 1881 bis 1893 – und die Trockenlegung der Pontinischen Sümpfe, die erst in den zwanziger Jahren unseres Jahrhunderts vollendet wurde.

Die wichtigste Entscheidung für die Zukunft war die Neuorganisation des gesamten Staatswesens. Welche endgültige staatsrechtliche Form Caesar seiner Herrschaft geben wollte, ist eine Frage, die der Tod offen ließ, der allen Plänen ein plötzliches Ende setzte. Bis heute hat die Geschichtswissenschaft keine einheitliche Antwort gefunden. Was wir über diese Pläne erfahren oder erschließen können, ist eine Reihe von Versuchen und Ansätzen, die nach verschiedenen Richtungen weisen oder verschiedene Auslegungen zulassen. Viele nehmen heute an, Caesar habe dem Imperium Romanum die Form geben wollen, die sich unter Alexander dem Großen und seinen Nachfolgern in den hellenistischen Großreichen des Ostens herausgebildet hatte. Hier herrschte der König, der Gott war, unbeschränkt und niemandem verantwortlich über Untertanen verschiedener Herkunft. Dementsprechend sei es Caesars Absicht gewesen, die Unterschiede zwischen den einzelnen Reichsteilen zu verwischen und die Untertanen zu einer gleichförmigen Masse zu machen, über die er als Instanz, mit der nichts zu vergleichen war, als Gott absolut gebot. Als äußeres Zeichen dieser Machtfülle habe das Diadem der hellenistischen Herrscher dienen sollen. Die Ausführung dieser Pläne habe der Tod im letzten Augenblick verhindert. Caesar stehe damit im Gegensatz zu der römischen Form der Prinzipats, wie ihn Augustus durchgeführt hat, indem er an die Machtfülle anknüpfte, die Pompeius Ende der fünfziger Jahre tatsächlich innehatte. Der Prinzipat beruhe auf römischen Anschauungen, bediene sich römischer Formen und seine Theorie habe Cicero entwickelt. Deshalb sei der geistige Erbe Caesars auch nicht Augustus, sondern Antonius, der in Alexandria residierte und als Gatte der ägyptischen Königin über die östliche Reichshälfte als Gottkönig gebot, aber bei Actium 31 v. Chr. dem Westreich, das von Octavian (Augustus) geführt wurde, erlag.[149]

Dagegen gibt es Einwände. Die propagandistische Nutzung des Gegensatzes zwischen beiden Reichshälften spricht ebenso gegen eine beabsichtigte Nivellierung wie die Tatsache, daß Caesar der westlichen Reichshälfte mit ihrer Latinisierung die politisch führende Stellung zuwies. Viele Maßnahmen, Beschlüsse und Vorschläge, die man im Sinne eines Gottkönigtums verstehen wollte, hat entweder Caesar abgelehnt oder Augustus, als sie für ihn wiederholt wurden, unbedenklich angenommen. Sie sind also kein Beweismittel für einen

*Marcus Brutus.
Münze*

*Unten: Rückseite eines Denars
des Brutus mit der Freiheitsmütze zwischen zwei Dolchen.
Inschrift: Iden des März*

Gegensatz der staatsrechtlichen Konzeption der beiden. Hierher gehört zum Beispiel der Schwur beim Schutzgott des Herrschers, seinem Genius. Auch die Vergöttlichung einer der Eigenschaften Caesars wie der clementia kommt ganz aus römischem Empfinden. Den Schritt vom Menschen zu Gott, für römisches Gefühl bei einem Lebenden ebenso unmöglich wie für den Griechen vollziehbar, hat Caesar ebensowenig getan wie Augustus. In der östlichen Reichshälfte war die Vergottung des Menschen, oder richtiger das Sichtbarwerden eines Gottes, seine Epiphanie im Leib eines Menschen selbstverständlich. Hier kann Caesar deshalb bezeichnet werden als «der von Ares und Aphrodite stammende, sichtbar gewordene Gott und Heiland der Menschen»[150]. Aber derartiges findet sich fast nur im Osten. Natürlich gibt es auch in Rom und in der westlichen Reichshälfte Versuche von Schmeichlern, die ähnliches anstreben. Caesar wies sie zurück, und beim Publikum fanden sie keinen Anklang. Das Diadem, das ihm Antonius am Lupercalienfest 44 (15. Februar) reichen wollte, hat er unmißverständlich zurückgewiesen und die Ablehnung protokollarisch festhalten lassen. Daß er dazu durch das Murren des Volkes veranlaßt wurde, ist eine Interpretation, welche die Tatsache entwerten will, die sie nicht aus der Welt schaffen kann. Es kann sich auch um einen der Versuche handeln, mit denen die Stimmung demoskopisch abgetastet wurde. Daß dabei auch die Einstellung zur östlichen Form der Monarchie getestet wurde, ist durchaus möglich. Der Kranz, den Caesar auf den Münzen der Zeit trägt, ist nicht, wie man früher glaubte, der Lorbeerkranz, sondern zeigt die Form des alten etruskischen Goldkranzes, der corona aurea, die auch die römischen Könige und die Triumphatoren trugen. Zusammen mit dem Purpurgewand der Könige blieb er beim Triumph immer in Gebrauch. Wenn Caesar auf Senatsbeschluß diese Triumphatorentracht auch außerhalb der Triumphe tragen konnte, so greifen seine Insignien eindeutig auf den altitalischen Vorstellungsbereich zurück, nicht auf die hellenistische Welt des Ostens. Welcher Titel dieser Stellung Ausdruck geben sollte, wissen wir nicht. Gewiß nicht der verfemte Titel des Königs (rex). Ihn lehnte Caesar ab. Als ihm einmal aus der Menge der Zuruf «Rex» entgegenschallte, wies er das schlagfertig zurück: *Ich heiße nicht Rex, sondern Caesar*[151], eine Anspielung auf den Beinamen der Familie Marcius Rex, der seine Großmutter entstammte. Es ist durchaus möglich, daß er sich mit den Titeln Imperator und Diktator begnügen wollte. Beides waren altrömische Bezeichnungen und Diktator als oberster Beamter in manchen italischen Städten üblich. Auch der Plan, Caesar in seiner letzten Senatssitzung den Königstitel für die Länder außerhalb Italiens zu verleihen, knüpft an römische, nicht an hellenistische Vorstellungen an. Das römische Staatsrecht unterscheidet zwischen den Reichsteilen, die von römischen Bürgern bewohnt sind und in den

153

Lepidus. Münze

Formen der römischen Republik verwaltet werden – das ist der Bezirk domi (= zu Hause), der damals Rom und Italien umfaßte – und den Provinzen des Reichs, die von Untertanen bewohnt sind und in denen das römische Volk durch seine Beamten die absolute Herrschaft ausübt – der Bezirk militiae (ursprünglich «im Felde»). Das geplante Königtum Caesars sollte nur militiae gelten und ihm die legale Gewalt in allen Provinzen sichern, deren er für einen geplanten Krieg gegen die Parther bedurfte. Dieselbe Scheidung liegt der Staatskonzeption des Augustus zugrunde. Seine Stellung domi bediente sich überkommener republikanischer Formen. Militiae hatte auch er die höchste Gewalt, nicht in der Form des Königtums, sondern in der vorsichtigeren Form der «höheren prokonsularischen Befehlsgewalt», durch die er allen Provinzialbeamten übergeordnet war. Caesar war domi Diktator und hatte die Rechte eines Volkstribunen, seine Stellung war selbstherrlicher als die des Augustus. Aber auch sie kleidete sich in Formen, die die römische Republik kannte.

Der Partherkrieg, den Caesar in den letzten Wochen seines Lebens vorbereitete, sollte der Bedrohung ein Ende machen, die seit der Niederlage des Crassus bei Carrhae von diesem Volk ausging. Durch

Volksbeschluß wurde Caesar die Führung des Krieges übertragen und das Recht gegeben, für die nächsten drei Jahre die Beamten zu bestimmen. So lange rechnete er für die Dauer des Feldzuges, der, wie es hieß, auch die Nordgrenze des Reiches sichern sollte. Der bevorstehende Aufbruch machte die Spannung zwischen Caesar und den alten Familien akut, zwischen dem Herrscher Roms und denen, denen er die Herrschaft entwunden hatte. Denn sie konnten ihre Aufgabe nicht im Dienst unter einem Monarchen sehen, der nicht mehr war als sie selber. Mancher hoffte, der Diktator werde von dem geplanten Feldzug nicht zurückkehren. Kam er aber als Sieger heim, so konnte man nicht mehr gegen ihn auftreten. Wollte man noch etwas unternehmen, so mußte es jetzt sein. So fanden sich über sechzig Mitglieder der Nobilität, fast alles Senatoren, zu einer Verschwörung zusammen, um den zu beseitigen, dessen Herrschaft sie als Tyrannis empfanden. Die Leitung hatten Marcus Brutus und Gaius Cassius. Wie viele Verschworene waren sie frühere Gegner Caesars, die seine clementia erfahren hatten, und beide standen bei ihm in Gunst. Viele Verschworene spielten unter Caesar eine politische Rolle. Sicher wurden die Anführer und viele Teilnehmer der Verschwörung von reinen Motiven getrieben. Brutus setzte durch, daß man sich auf die Beseitigung Caesars beschränkte und Antonius schonte. Dadurch sollte die Berechtigung der Tat als Staatsnotwehr deutlich werden. Als nun auf die Tagesordnung der Senatssitzung, die für die Iden des März (15. März) 44 v. Chr. in den Saal des Pompeiustheaters einberufen war, die letzte Beschlußfassung für den Partherkrieg gesetzt wurde, bestimmten die Verschworenen diese Sitzung für die Tat. Denn Caesar wollte am 18. März zur Armee gehen. Eine Leibwache hatte er schon früher abgelehnt mit der Begründung, *es gebe nichts Elenderes als dauernde Bewachung, die zeige, daß man in beständiger Furcht lebt*[152]. Ein andermal hatte er gesagt, *er wünsche sich einen schnellen und plötzlichen Tod*[153]. Am Abend des 14. März war er bei Lepidus eingeladen. Im Gespräch tauchte die Frage auf, welches Lebensende das beste sei, und Caesar sagte: ... *das plötzliche und unerwartete*[154]. Viele Unglückszeichen sollen dem Mordtag vorangegangen sein, auch Warnungen wurden versucht, erreichten aber nicht ihr Ziel. Calpurnia ahnte wohl Schlimmes, in der Nacht beunruhigten sie Träume, und ihre Bitten bestimmten Caesar, die Senatssitzung abzusagen. Aber Decimus Brutus, einer der Verschworenen, der Caesar nahestand, begab sich in sein Haus und stimmte ihn um. Um 11 Uhr traf er im Sitzungssaal ein, und nun verlief alles nach dem Plan der Verschwörer. Einer von ihnen hielt Antonius im Vorzimmer fest. Kaum hatte Caesar sich gesetzt, da drängten sich die Mörder um ihn, um persönliche Anliegen und Bitten vorzubringen. «Sogleich trat Tillius Cimber, der die Eröffnung übernommen hatte, näher heran, wie um Caesar eine Bitte

Antonius. Münze

vorzutragen. Als Caesar ihn durch eine Handbewegung auf später vertröstete, faßte er seine Toga an beiden Schultern. Caesar rief: *Das ist ja Gewalt!*, da traf ihn einer der Brüder Casca von hinten mit dem Dolch direkt unter der Kehle. Caesar ergriff seinen Arm und durchbohrte ihn mit dem Schreibgriffel, versuchte vorzuspringen, wurde aber durch eine zweite Verwundung gehindert. Als er sah, daß er von allen Seiten mit gezückten Dolchen angegriffen wurde, verhüllte er das Haupt mit der Toga und zog zugleich mit der Linken deren Bausch bis zu den Unterschenkeln hinab, damit er anständig falle, mit bedecktem Unterkörper. So wurde er von dreiundzwanzig Stichen getroffen, gab aber nur beim ersten ein Seufzen ohne ein Wort von sich ... Als er das Leben ausgehaucht hatte, flohen alle auseinander. Eine Zeitlang lag er allein, dann legten ihn drei Sklaven auf eine Bahre und trugen ihn, während der eine Arm herabhing, nach Hause.»[155]

Die nicht beteiligten Senatoren waren sofort geflohen. Die Hoffnung der Verschwörer, der Senat werde gleich wieder die Macht ergreifen, erfüllte sich nicht. Statt dessen gab es Straßentumulte; Antonius und Lepidus, die auch über einige Truppen bei der Stadt verfügten, begannen gegen die Mörder Stimmung zu machen. Dazu diente besonders die Verlesung von Caesars Testament, in dem er dem Volk seine Gärten am anderen Tiberufer und jedem 300 Sesterzen (60 Goldmark) vermachte. Statt der Erneuerung der Republik begannen eineinhalb Jahrzehnte blutiger Bürgerkriege, wie es Caesar vorausgesehen hatte: *Nicht so sehr meinetwegen als im Interesse des Staates ist es wichtig, daß ich gesund bleibe. Schon lange genug habe ich Macht und Ruhm erreicht. Aber wenn mir etwas zustößt, wird der Staat keine Ruhe haben und Bürgerkriege unter erheblich schlechteren Bedingungen durchmachen müssen.*[156] Am Ende der neuen Bürgerkriege stand aber wieder die Leitung des Staates durch einen Mann. Dieser Mann war Caesars Erbe und leitete seinen Herrschaftsanspruch aus dieser Tatsache her, wenn er auch Caesars politische Formen nur teilweise übernahm und mehr an die Formen der Republik anknüpfte.

Diese Entwicklung enthüllt die Tat der Caesar-Mörder als politischen Fehler, als Ergebnis eines Irrtums. Sie wollten die Herrschaft des einen Mannes Caesar treffen, aber sie trafen nur Caesar; die Herrschaft überlebte ihn. Denn das ist das eigentümliche der Erscheinung Caesars, daß er eine neue Art der Herrschaft in die Welt bringt. Die großen Herrscher vor ihm, die Könige der orientalischen Weltreiche wie Alexander und seine Nachfolger, waren für ihre Zeitgenossen Götter und regierten als Götter die Welt. Das bedeutet, daß den Mitlebenden die Weltherrschaft als eine Aufgabe erschien, die zu schwer war, um von einem Menschen getragen zu werden. Nur das Sichtbarwerden, die Epiphanie, die Verleibung des Gottes im Herrscher konnte das Phänomen der Weltherrschaft verständlich machen. Caesar ist der erste, der – wenigstens in den Augen der Römer seiner Zeit und der Bewohner der westlichen Reichshälfte – die Welt als Mensch beherrscht hat kraft der Größe, Würde und Leistung des Menschen. So hat sein Erscheinen den Bereich dessen, was dem Menschen möglich ist, unendlich erweitert und das Bild des Menschen gehoben. Es liegt in dem Wesen der neuen Art der Herrschaft, daß es nicht theoretisch verkündigt, nicht in Paragraphen gefaßt werden konnte. Es mußte gelebt werden. Caesar lehrte nicht das Neue, er war es. Die Sprache, dieser feine Zeiger dessen, was ist, macht das deutlich: die Träger solcher Herrschaft heißen fortan nach seinem Namen Kaiser.

Von hier aus erklärt sich der Irrtum der Caesar-Mörder. Da die neue Herrschaft als der Mensch Caesar in die Welt kam, glaubten sie, jene beseitigen zu können, wenn sie diesen töteten. Erst die Folgen der Tat enthüllten den Irrtum. Erst im Tode Caesars löste sich die neue Herrschaft von ihrem ersten Verkörperer und enthüllte ihr Wesen, ihre Unabhängigkeit von ihrem ersten Träger, zeigte sich als Idee, die nun, von ihrer ersten Verkörperung gelöst, weitergegeben und immer wieder verwirklicht werden konnte. Auch Caesars Tod noch hatte politischen Sinn. Wie kaum je ein Mensch hat Caesar das Wesen des Staatsmannes verwirklicht. Der Primat der Politik, der dies Wesen ausmacht, zeigt sich auch in seiner letzten Stunde. Nicht nur in seinem Leben, in seinem Handeln, in seinen Reden und Schriften, in seiner Liebe, auch im Sterben noch ist er Staatsmann.

Antonius gestaltete das Begräbnis zu einer großen Demonstra-

Tempel des Antoninus Pius und der Faustina.
Davor Reste des Caesartempels mit der Altarnische an der Stelle,
an der Caesars Leiche verbrannt wurde.

tion. «Neben dem Grab der Tochter Julia auf dem Marsfeld wurde ein Scheiterhaufen errichtet, auf dem Forum aber vor der Rednertribüne ein vergoldetes Modell des Tempels der Venus Genetrix. Darin stand eine elfenbeinerne Bahre mit goldgestickten Purpurdecken und am Kopfende ein Ständer mit dem blutbefleckten, durchlöcherten Gewand, in dem er ermordet war. Da ein Tag für alle, die im Leichenzuge Totengaben mittragen wollten, nicht ausreichte, durfte man sie auf beliebigem Wege zum Marsfeld bringen. Während der Leichenspiele wurde aus Dichtungen vorgetragen, die Mitleid und Grimm wecken sollten, zum Beispiel aus der Tragödie ‹Der Streit um die Waffen› von Pacuvius der Vers

Hab ich sie gerettet, damit sich Leute finden, die mich umbringen?

Statt einer Leichenrede ließ Antonius durch einen Herold den Beschluß des Senats verlesen, worin er Caesar alle göttlichen und menschlichen Ehren verlieh. Ebenso den Eid, in dem sich alle Senatoren verpflichtet hatten, über Caesars Sicherheit zu wachen. Er selbst fügte nur einige Worte hinzu. Das Totenbett trugen amtierende und gewesene Beamte zur Rednerbühne auf das Forum.» Da riß die Menge, das Volk, für das er und das von ihm gelebt hatte, seine alten und jungen Soldaten, die in die Stadt gekommen waren, das Gesetz des Handelns an sich. «Während man noch schwankte, ob man die Leiche im Tempel des Jupiter Capitolinus oder in der Kurie des Pompeius verbrennen sollte, legten plötzlich zwei Unbekannte, die mit Schwertern gegürtet waren und Speere in den Händen hielten, mit brennenden Wachsfackeln Feuer an das Gerüst, und sofort häufte die Menge trockenes Reisig, Bänke von den Gerichtsplätzen und was an Totengeschenken vorhanden war, darauf. Schauspieler und Flötenbläser legten die Kostüme, die sie von den Triumphzügen her besaßen und zum heutigen Tage angelegt hatten, sowie ihre Instrumente ab und warfen sie in die Flammen; die Soldaten taten das gleiche mit ihren Waffen, in deren Schmuck sie an der Leichenfeier teilnahmen, die Frauen mit ihren Schmuckstücken und den Amuletten und Kleidern ihrer Kinder.» In der tumultuarisch-enthusiastischen Trauerkundgebung der Menge ging so, was an Caesar vergänglich war, in Flammen auf.[157]

Caesar. Rom, Museo Torlonia

ANMERKUNGEN

Die Zitate sind vom Autor für diese Monographie eigens übersetzt worden

1 Aelius Spartianus, Verus 1
2 Vergil, Aeneis 2,6
3 Suet(on, Julius) 56,7
4 Suet 77
5 Suet 74; Plut(arch,) Käs(ar) 1,3
6 Suet 45,3
7 Suet 1,3; Plut Cäs 1,2
8 Gellius 5,13,6 [Im Druck ist versucht, durch Sperrungen den Aufbau deutlich zu machen.]
9 Valerius Maximus 8,9,3
10 Plut Cäs 1,4–2,4; Suet 74
11 Gellius 13,3,5
12 Spanischer Krieg 42,1
13 Suet 7,1; vgl Plut. Cäs 11,3
14 Plut Cäs 7,2
15 Plut Cäs 7,2; vgl. Suet 13
16 Plut Cäs 11,2
17 Span. Krieg 42,2
18 Suet 16
19 Plut Cäs 5,2; Suet 6,1
20 Suet 6,1
21 Cicero, Brutus 258
22 Suet 10,1
23 Plut Cäs 4,2
24 Über die komplizierten rechtlichen Probleme des Rabirius-Prozesses, in dem Cicero mit einer erhaltenen Rede als Verteidiger auftrat, s. J. Lengle: «Die staatsrechtliche Form der Klage gegen C. Rabirius» in: «Hermes» 68 (1933), S. 328
25 Cicero, Über die Pflichten 8,82; Suet 30,5
26 Sallust, Catilina 51
27 Cicero, Gegen Catilina 4,10
28 Plut Cicero 21,4
29 Suet 14,2
30 Suet 17
31 Plut Cäs 10
32 App(ian, Bürgerkrieg) 2,9
33 App 2,10; vgl. Suet 20
34 Dio (Cassius) 38,1,5
35 Dio 38,1,7
36 Dio 38,2,1
37 Dio 38,3
38 Suet 20,2
39 Vgl. H. Rudolph: «Stadt und Staat im römischen Italien». 1935
40 Suet 20,3
41 Suet 22
42 Suet 23,1
43 Cäs(ar,) G(allischer) K(rieg) 1,40
44 Cäs GK 1,43
45 Cäs GK 1,44
46 Cäs GK 1,45
47 Cäs GK 2,18–27
48 Cäs GK 3,16,4
49 Cäs GK 2,35,1
50 Cäs GK 4,14,4
51 Cäs GK 4,18,1
52 Catull 11,10–13
53 Cäs GK 5,2–3
54 Polyän, Strategemata 8,23,6
55 Cäs GK 6,4,3
56 Cäs GK 6,34,8
57 Cäs GK 6,2
58 Cäs GK 6,11–28
59 Cäs GK 6,21–28
60 Cäs GK 7, 6,3–4
61 Plut Cäs 26,4
62 Cäs GK 7,88,2–4
63 Plut Cäs 27,5
64 Plut Cäs 29,2; App 2,26
65 Hirtius GK 8,54,3
66 Cäs B(ürger-)K(rieg) 1,9,2
67 Suet 30,4; Plut Cäs 46,1
68 Suet 29,2; App 2,32; Plut Cäs 31,1; Pompejus 59,3–4
69 Suet 31,2
70 Suet 32
71 Lucan, Pharsalia 1,185–203
72 Plut Cäs 32; App 2,35
73 Plut Cäs 33,4
74 Cäs BK 1,9,5–6
75 Cäs BK 1,10,3–4
76 Cäs BK 1,11,1–3
77 Cäs BK 1,23

78 Cic(ero) (Briefe an) Att(icus) 9, 7 C, 1
79 Cic Att 9, 7 C, 2
80 Cic Att 9, 13 A
81 Cic Att 9,14,1
82 Cic Att 9, 6 A
83 Cic Att 9,16,1
84 Cic Att 9,18,1
85 Cic Att 10, 8 B
86 Cäs BK 1,33,2; Cic Att 11,6,6
87 Cäs BK 1,32,7
88 Plut Cäs 36,3
89 Cäs BK 1,32,7
90 Suet 34,2
91 Cäs BK 1,72,3
92 Dio 41,26–35; App 2,47; vgl. Suet 69
93 Cäs BK 3,4,1–5,1
94 Cic Att 9,10,3
95 Cäs BK 3,10,8–9
96 Cäs BK 3,18,3–4
97 Plut Cäs 38,3; ähnl. App 2,57; Florus 2,13,37 überliefert die knappere Fassung «quid times? Caesarem vehis!» [Was fürchtest du? Du fährst Cäsar!] Doch sprach Caesar hier wohl Griechisch.
98 Cäs BK 3,48–49,2
99 Suet 68,2
100 Cäs BK 3,69,4
101 Plut Cäs 39,5
102 Plut Pompejus 68,4, vgl. Cäs 44,1
103 Cäs BK 3,92,3; vgl. Plut Cäs 44,4
104 Cäs BK 3,90,3
105 Cäs BK 3,91
106 Cäs BK 3,99,3–4
107 Cäs BK 3,99,1–2
108 Cäs BK 3,102,1
109 Cäs BK 3,18,4
110 Suet 63; App 2,88; Dio 42,6,2
111 Plut Cäs 48,5
112 Plut Cäs 50,2; Suet 37
113 App 2,88; vgl. Dio 42,14,2
114 Dio 41,63,6
115 Seneca, Über den Zorn 2,23,4
116 Plut Cicero 39,3–4
117 Dio 52,50,4
118 Plut Cäs 51,1
119 App 2,93
120 Suet 59
121 Plut Cäs 54,1
122 Plut Cäs 54,2–3
123 Plut Cäs 3,2
124 Plinius d. J., Briefe 3,12,2
125 Suet 56,5
126 Plut Cäs 56,3; App 204; Velleius Paterculus 2,55,3; Dio 43,38; Florus 2,13,84
127 Plut Cäs 48,3
128 Suet 51
129 Suet 50
130 Suet 53
131 Plut Cäs 48,3
132 Cic Att 13,52
133 Spanischer Krieg 42,7
134 Suet 66
135 Africanischer Krieg 71,1
136 Suet 67,1
137 Cäs GK 1,8,1
138 Cäs BK 3,6,2
139 Suet 61
140 Tacitus, Dialog vom Redner 28
141 Cicero, Briefe an den Bruder Quintus 3,8,3
142 Plut Cato d. J. 24
143 Plut Antonius 27,2–4
144 J. P. V. D. Balsdon in: «Historia» 7 (1958), S. 85 f; dt.: «Die Iden des März» in: «Das Staatsdenken der Römer». Darmstadt 1966. S. 606 f
145 Cic Att 9, 7 C
146 Cic Rede für Ligarius 35
147 Nikolaus v. Damaskus 19; Dio 44,49,2
148 Suet 80,2
149 Ed. Meyer: «Cäsars Monarchie und das Principat des Pompejus». 1918 – 3. Aufl. 1922
150 Inschrift aus Ephesos. Dittenberger Sylloge inscriptionum Graecarum 2 (3. Aufl.) 760
151 Suet 79,2; vgl. Plut Cäs 60,2;

Dio 44,10,1 [Die Übertragung ins Griechische zerstört das Wortspiel und tötet damit die Pointe.]
152 App 2,109
153 Plut Cäs 57,4
154 Suet 87; Plut Cäs 63,4
155 Suet 82
156 Suet 86,2
157 Suet 84

ZEITTAFEL

v. Chr.
100	13. Juli: Caesar geboren
85	Caesar erhält die Toga virilis. Sein Vater stirbt
84	Heirat mit Cinnas Tochter Cornelia
83	Caesars Tochter Julia geboren
82	1. November: Sulla, aus dem Orient zurückgekehrt, erobert Rom. Proskriptionen – Caesar weigert sich, sich von Cornelia scheiden zu lassen
81–78	Caesar im Osten. Kriegsdienst unter Thermus. Bei Nikomedes von Bithynien
78	Sulla gestorben – Caesar kehrt nach Rom zurück
77	Caesar verklagt Dolabella
76	Caesar verklagt Antonius
75	Caesar wieder im Orient. Abenteuer mit den Seeräubern
74	Caesar zum Pontifex gewählt. Rückkehr nach Rom
73	Caesar Militärtribun
70	Konsulat des Pompeius und Crassus – Wiederherstellung der Volksrechte
68	Caesars Gattin Cornelia und Tante Julia gestorben – Caesar Quästor in Spanien
67	Pompeius gegen die Seeräuber – Caesar heiratet Pompeia
66	Pompeius gegen Mithridates
65	Caesar kurulischer Ädil
64	Caesar iudex quaestorius
63	Caesar zum Pontifex Maximus gewählt – Cicero Konsul – Prozeß des Rabirius – Catilinarische Verschwörung
62	Caesar Prätor. Caesar scheidet sich von Pompeia
61	Caesar Proprätor in Spanien
60	Caesar, Pompeius und Crassus schließen das erste Triumvirat
59	Caesar Konsul – Ackergesetz – Caesars Tochter Julia heiratet Pompeius, Caesar Calpurnia
58–50	Caesar in Gallien
58	Krieg gegen die Helvetier und gegen Ariovist
57	Krieg gegen die Belger
56	Konferenz in Lucca – Krieg gegen die Küstenvölker – Der junge Crassus unterwirft Aquitanien
55	Vernichtung der Usipeter und Tenctherer – Erster Rheinübergang – Erste Expedition nach Britannien
54	Zweite britannische Expedition – Tod von Caesars Mutter und seiner Tochter Julia
53	Nordgallischer Aufstand und seine Unterdrückung – Zweiter Rheinübergang – Crassus fällt bei Carrhae
52	Clodius erschlagen – Pompeius alleiniger Konsul – Gesamtgallischer Aufstand unter Vercingetorix, nach schweren Kämpfen unterdrückt

51	Vollständige Befriedung Galliens – Veröffentlichung des *Bellum Gallicum*
50	Diplomatische Auseinandersetzungen über Caesars Kommandoniederlegung und Konsulwahl
49	Ausbruch des Bürgerkriegs – Caesar überschreitet den Rubikon, erobert Italien – Senatssitzung in Rom – Sizilien, Sardinien und Korsika erobert – Curio fällt in Africa – Caesar erobert Spanien – Massilia ergibt sich nach Belagerung – Meuterei in Piacenza
48	Übergang nach Epirus. Schlacht bei Dyrrhachium – Pompeius bei Pharsalus besiegt, flieht, wird in Ägypten ermordet – Caesar landet in Alexandria. Beginn des alexandrinischen Krieges – Begegnung mit Cleopatra
47	Alexandrinischer Krieg siegreich beendet. Krieg gegen Pharnakes. Rückkehr nach Rom. Meuterei der X. und XII. Legion
46	Feldzug in Africa. Sieg bei Thapsus. Rückkehr nach Rom. Triumph. Im Herbst Aufbruch nach Spanien
45	Spanischer Krieg gegen die Pompeius-Söhne. Sieg bei Munda. Rückkehr nach Rom. Triumph
44	15. März: Caesar ermordet

ZEUGNISSE

Johannes von Müller

Seine in der ersten Jugend schwächliche Gesundheit hatte er durch unaufhörliche Leibesübungen so gestärkt, daß sie alle Jahreszeiten und jedes Klima ertrug. In jeder Unternehmung, wodurch er sich zum Rang des Ersten in Rom und in der Welt erheben wollte, begleitete ihn das Glück, weil, indes er sich alles erlaubte, er die Herrschaft über sich selbst behielt. Ohne von seiner Beharrlichkeit, von der Kraft und Höhe seines vielumfassenden Geistes zu sprechen, darf jene ihm eigene Lebensfülle, jene blitzschnelle Behendigkeit nicht übergangen werden. Wir sind auf den Mann gekommen, welcher in vierzehn Jahren das ganze, von Streitbaren stark bewohnte Gallien und zweimal Spanien unterwarf, Teutschland und Britannien betrat, mit einem Heer Italien siegreich durchzog, die Macht Pompejus des Großen stürzte, Ägypten zum Gehorsam brachte, den Sohn Mithridats Pharnaces sah und schlug, in Afrika den großen Namen Catons und die Waffen des Juba besiegte... bei dem allem nach Cicero der größte Redner, für Geschichtsschreiber ein unübertroffenes Muster, gelehrt auch über Grammatik und Auspizien schrieb und große Pläne der Gesetzgebung und Ausdehnung des Reichs bei beschleunigtem Tode wenigstens im Andenken zurückließ. So wahr ists, daß den Menschen die Zeit nicht fehlt, sondern der Wille sie zu benutzen. Cäsar hatte jene scheinbare Erhabenheit kalter Menschen über Leidenschaften, wofür sie keinen Sinn haben; er kannte ihre Macht, genoß der Lust und ward nicht ihr Sklav. Im Krieg zeigte sich keine Schwierigkeit, deren Gegenmittel ihm nicht eingefallen wäre, keine Kriegslist, welche er nicht vermittelst unerwarteter Wendungen zu vereiteln gewußt hätte. Seine Kriegsmaximen waren einfach und entscheidend... Dieser seinen Plänen alles aufopfernde Mann, sobald er gesiegt, war die Güte selbst; gleichviel ob nach dem Hang seiner Natur, oder weil er den edlen Sinn hatte, die größte Klugheit hierin zu erkennen.
Vierundzwanzig Bücher allgemeiner Geschichte. 1797

Napoleon I.

Caesar herrschte als lebenslänglicher Diktator über die ganze römische Welt; nur ein Scheinbild vom Senat stand ihm zur Seite: nach den Proskriptionen des Marius und Sulla, nach der Verletzung der Gesetze durch Pompeius, nach fünfjährigem Bürgerkrieg, bei der Menge der in Italien angesiedelten, ihrem Feldherrn ergebenen alten Soldaten, die von einzelnen hochstehenden Männern alles, von der

Republik nichts erwarteten, konnte dem nicht anders sein. Unter solchen Umständen konnten jene beratenden Körperschaften nicht mehr regieren; an Caesars Person knüpfte sich somit die Bürgschaft der Oberherrlichkeit Roms über die Welt; in ihr fanden die Bürger aller Parteien Schutz: seine Gewalt war daher eine rechtmäßige... Brutus... wollte nicht einsehen, daß Caesars Gewalt eine rechtmäßige war, weil sie eine notwendige, eine schützende war, weil sie das Interesse Roms in seinem ganzen Umfange wahrte, weil sie aus der öffentlichen Meinung und dem Volkswillen floß.

Übersicht der Kriege Caesars. 1836

THEODOR MOMMSEN

Caesar war Monarch; aber nie hat ihn der Tyrannenschwindel erfaßt. Er ist vielleicht der einzige unter den Gewaltigen des Herrn, welcher im Großen wie im Kleinen nie nach Neigung oder Laune, sondern ohne Ausnahme nach seiner Regentenpflicht gehandelt hat und der, wenn er auf sein Leben zurücksah, wohl falsche Berechnungen zu bedauern, aber keinen Fehltritt der Leidenschaft zu bereuen fand... Er ist endlich vielleicht der Einzige unter jenen Gewaltigen, der den staatsmännischen Takt für das Mögliche und Unmögliche bis an das Ende seiner Laufbahn sich bewahrt hat und nicht gescheitert ist an derjenigen Aufgabe, die für großartig angelegte Naturen von allen die schwerste ist, an der Aufgabe auf der Zinne des Erfolgs dessen natürliche Schranken zu erkennen. Was möglich war hat er geleistet und nie um des unmöglichen Besseren willen das mögliche Gute unterlassen, nie es verschmäht unheilbare Übel durch Palliative wenigstens zu lindern. Aber wo er erkannte, daß das Schicksal gesprochen, hat er immer gehorcht... So war dieser einzige Mann, den zu schildern so leicht scheint und doch so unendlich schwer ist. Seine ganze Natur ist durchsichtige Klarheit; und die Überlieferung bewahrt über ihn ausgiebigere und lebendigere Kunde als über irgend einen seiner Pairs in der antiken Welt. Eine solche Persönlichkeit konnte wohl flacher oder tiefer, aber nicht eigentlich verschieden aufgefaßt werden; jedem nicht ganz verkehrten Forscher ist das hohe Bild mit denselben wesentlichen Zügen erschienen, und doch ist dasselbe anschaulich wiederzugeben noch keinem gelungen. Das Geheimniß liegt in dessen Vollendung. Menschlich wie geschichtlich steht Caesar in dem Gleichungspunct, in welchem die großen Gegensätze des Daseins sich in einander aufheben. Von gewaltigster Schöpferkraft und doch zugleich vom durchdringendsten Verstande; nicht mehr Jüngling und noch nicht Greis; vom höchsten Wollen und vom höchsten Vollbringen; erfüllt von republikanischen Idealen und zugleich geboren zum König; ein Römer im tiefsten Kern seines Wesens, und wieder berufen die römische und die hellenische Entwicklung in sich wie nach außen hin zu versöhnen und zu vermählen, ist Caesar der ganze und vollständige Mann. Darum fehlt es denn auch bei ihm mehr als bei irgend einer anderen geschichtlichen Persönlichkeit an den sogenannten charakteristischen Zügen, welche ja doch nichts anderes sind als Abweichungen von der naturgemäßen menschlichen Entwicklung. Was dem ersten oberflächlichen Blick dafür gilt, zeigt sich bei näherer Betrachtung nicht als Individualität, sondern als Eigenthümlichkeit der Culturepoche oder der Nation; wie denn seine Jugendabenteuer ihm mit allen gleichgestellten begabteren Zeitgenossen gemein sind, sein unpoetisches, aber energisch logisches Naturell das Naturell der Römer überhaupt ist. Es gehört dies mit zu Caesars voller Menschlichkeit, daß er im höchsten Grade durch Zeit und Ort bedingt ward; denn eine Menschlichkeit an sich giebt es nicht, sondern der lebendige Mensch kann eben nicht anders als in einer gegebenen Volkseigenthümlichkeit und in einem bestimmten Culturzug stehen. Nur dadurch war Caesar ein voller Mann, weil er wie kein anderer mitten in die Strömungen seiner Zeit sich gestellt hatte und weil er die kernige Eigenthümlichkeit der römischen Nation, die reale bürgerliche Tüchtigkeit vollendet wie kein anderer in sich trug; wie denn auch sein Hellenismus nur der mit der italischen Nationalität längst innig verwachsene war. Aber eben hierin liegt auch die Schwierigkeit, man darf vielleicht sagen die Unmöglichkeit Caesar anschaulich zu schildern. Wie der Künstler alles malen kann, nur nicht die vollendete Schönheit, so kann auch der Geschichtschreiber, wo ihm alle tausend Jahre einmal das Vollkommene begegnet, nur darüber schweigen. Denn es läßt die Regel wohl sich aussprechen, aber sie giebt uns nur die negative Vorstellung von der Abwesenheit des Mangels; das Geheimniß der Natur, in ihren vollendetsten Offenbarungen Normalität und Individualität mit einander zu verbinden, ist unaussprechlich. Uns bleibt nichts als diejenigen glücklich zu preisen, die dieses Vollkommene schauten, und eine Ahnung desselben aus dem Abglanz zu gewinnen, der auf den von dieser großen Natur geschaffenen Werken unvergänglich ruht.

Römische Geschichte, Bd. 3. 1856

JOHANN JAKOB BACHOFEN

Rom hat etwas durchaus Neues in die Welt eingeführt. Mit Stolz durfte es auf die Ebene am Ida zurückblicken, denn in dem troischen Ursprung seiner ältesten Geschlechter lag kein Wahn. Aber nicht Troia, nicht das assyrische Heraklidentum war am Tiberufer wiedererstanden... vielmehr aus den Trümmern der Ostwelt der neue abendländische Staatsgedanke hervorgegangen. Verständnislos urteilen alle jene, welche dem großen Julier die Absicht der Rückkehr nach dem Ausgangspunkte beilegen. Wohl hatte die Wiege seines Geschlechtes in Asien gestanden, aber aus dem Sohn der orientalischen Aphrodite war der Vollender und Herr des abendländischen Reichs geworden. Cäsar ist vorzugsweise der okzidentalische Held, das von ihm gegründete kaiserliche Rom ganz auf das Abendland gebaut und daher auf zwei Jahrtausende mit ihm vereinigt geblieben. Nicht die abermalige Überlieferung der Menschheit an ein überwundenes Lebensprinzip, sondern die Sicherstellung und Kräftigung des neuen gegen die mächtig vordringende, durch die Hellenisierung des Orient doppelt gefährdete Reaktion der östlichen Gedankenwelt ist fortan die Aufgabe Roms.

Die Sage von Tanaquil. 1869

LEOPOLD VON RANKE

Über allen diesen Anhäufungen magistratischer Befugnisse und der Ausübung der damit verbundenen Gewalten schwebte noch eine andere Idee, die, aus den Siegen entsprungen, einen höchst umfassenden persönlichen Anspruch in sich schloß... Man sah in seinen Siegen und der aus denselben hervorgegangenen Gewalt bereits etwas Übermenschliches... In dem Sieger, von dem alles abhing, erkannte man etwas an die Gottheit Streifendes, über die Grenzen des Menschlichen Hinausgehendes an, dem man sich unterordnete... Die höchste Gewalt, die jetzt zum erstenmal in einer Hand konzentriert, gegen welche eine legale Opposition in Rom selbst unmöglich war, widmete ihre Tätigkeit universalen Zwecken; sie setzte sich große Ziele, welche den ganzen Umkreis der unterworfenen Völker umfaßte. Nicht mehr die Hauptstadt mit ihren inneren Umtrieben und Entzweiungen, sondern der Gedanke eines Mannes, der diesen ein Ende gemacht hatte, sollte das Szepter führen... Das wichtigste vielleicht von allem was Cäsar geleistet hat, ist seine Ausbreitung des lateinischen Namens in der westlichen Welt.

Weltgeschichte. 1881

CHARLES-AUGUSTIN SAINTE-BEUVE

Es gibt zwei Arten Cäsaren, die von Natur und Genie und die aus Vorsatz: die ersten, deren Urbild der große Julius ist, sind das Genie selbst in all seiner Weite und Vielfalt, die Menschheit selbst in ihren Flügen, Größen, glückhaften Wagnissen, in ihrem Glanz und Reiz, in ihrer Gewandtheit und geschmeidigen Fülle, in ihren Ränken und Lastern. Alles, was man jeweils wissen muß, Caesar weiß es. Alles, was man leisten und tun muß, Caesar tut es genau. Er spricht, er diktiert, er handelt, und immer mit derselben leichten Hoheit, anmutig, beredt, verschwenderisch. Der erste am Markt oder bei Tisch, künftiger König der Welt oder König der Geselligkeit, hat er den Geist des Alkibiades, doch verbunden mit einem stetigen Ehrgeiz, der dem Alkibiades fehlt. Langsamer als Alexander beginnt er nicht als Heros so früh wie dieser Halbgott, aber er bleibt länger jung und wahrt sich vor dem Taumel des Sieges und den Dünsten des Rausches. Großer Feldherr zur rechten Zeit, abgehärtet, rasch, tätig, unerschöpflich in Plänen, läßt er sich nicht mitreißen im Kampf vom Erobererschwindel noch hemmen vom Zagen des Bürgers oder menschlichen Bedenken. Dann wieder mild und gütig, bezaubernd mit Freunden, versöhnlich mit Feinden, höflich gegen alle, bis zuletzt fruchtbar an ungeheuren und doch dem Reich heilsamen Entwürfen, die er ohne Zweifel ausgeführt hätte bis hinein in den Frost des Alters: dieser Caesar, ob man ihn schilt oder rühmt, hegt alle Blitze und Flammen, alle Reize und Gnaden, er ist wahrhaft der Sohn der Venus.

Anfang eines Artikels über die Geschichte Caesars. Aus dem Nachlaß, um 1861

GEORGE BERNARD SHAW

Ich hoffe, indem ich Caesar als eine weitaus vielfältigere Persönlichkeit darstelle als den Geschichtsschreiber, der den *Gallischen Krieg* verfaßt hat, mache ich mich nicht zu sehr der Täuschungen des Dramatikers schuldig, denen alle großen Männer ihren Ruhm teilweise, manche ganz und gar verdanken. Ich gebe zu, daß im Kriege erworbener Ruhm besonders fragwürdig ist... Caesars Siege waren nur Bekundungen einer Größe, die ohne diese Siege nie bekannt geworden wäre. Außerhalb des Schlachtfeldes ist Caesar größer als auf ihm... Ich kann hier nicht all das, was über Caesar erzählt und geschrieben worden ist und was mir Caesars echte Originalität zu beweisen scheint, wiederholen, aber ich möchte wenigstens darauf hinweisen, daß ich so vorsichtig gewesen bin, ihm außer Originalität nichts zuzuschreiben. Originalität verleiht einem Mann den Anschein, offen, freigebig und weitherzig zu sein, da sie ihn befähigt, den Wert der Wahrheit, des Geldes, des Erfolgs in jedem einzelnen Augenblick richtig und vollkommen unabhängig von Konventionen und moralistischen Verallgemeinerungen einzuschätzen... Er weiß, daß der Augenblick des Erfolges nicht der ist, den die Menge dafür hält, und so braucht er, um den Eindruck vollkommenen Desinteresses und der Großherzigkeit zu erwecken, nur mit uneingeschränkter Selbstsucht zu handeln, und das ist vielleicht der einzige Sinn, in dem man von einem Mann sagen kann, er sei v o n N a t u r groß.

In diesem Sinne habe ich Caesar als groß dargestellt. Da er die Kraft hat, bedarf er nicht der Güte. Er ist weder verzeihend noch offen oder großzügig, denn ein Mann, der zu groß ist, um irgend etwas übelzunehmen, hat nichts zu verzeihen.
Caesar und Cleopatra, Anmerkungen. 1898

GEORG VEITH

Wir dürfen sogar dem Schicksal dankbar sein, daß Caesar nicht, wie Alexander, unbesiegt geblieben ist; denn in den Niederlagen, die er erlitt, zeigt sich seine Meisterschaft in gleicher Höhe und doch naturgemäß von anderer Seite wie im Siege. Derselbe Feldherr, der mit jedem Sieg die feindliche Armee vernichtet hat, steht nach der Niederlage in kürzester Frist wieder schlagfertig da; wenige Wochen nach Gergovia folgt Alesia, nach Dyrrhachium Pharsalos: es wirkt geradezu als Phänomen, wie seine beiden größten und entscheidendsten Kriegstaten förmlich an der Niederlage emporwachsen. Die Operationen, die in beiden Fällen zwischen Niederlage und Sieg liegen, zählen denn auch zu dem Großartigsten, was die Kriegsgeschichte kennt. Hier ist freilich reinste Individualität im Spiele: das ist nicht mehr römische – das ist caesarische Strategie. Spezifisch caesarisch überhaupt alles das, was sich nicht in Regeln fassen läßt und dennoch oder eben darum das Höchste ist: die Schablonenfreiheit der Kriegführung, das eiserne Festhalten der Initiative in jeder Lage, die divinatorische Gabe des blitzschnellen Entschlusses, die Kunst, den Gegner jedesmal zu durchschauen und sich selbst niemals durchschauen zu lassen, stets das Einfachste und Zweckmäßigste zu tun und gerade damit den Feind immer und immer wieder zu überraschen. Und dennoch ist es wieder die römische Kriegskunst gewesen, die von dieser gewaltigen Individualität zu solchen Leistungen gesteigert wurde; Caesars Taten sind Taten Roms gewesen, und dank der Tatsache, daß es diesen Mann geboren, steht auch s e i n Name heute noch ohne Rivalen an höchster Stelle unter denen der kriegerischen Nationen aller Zeiten.
Heerwesen und Kriegführung der Griechen und Römer. 1929

FRIEDRICH GUNDOLF

Wie er Gebiete abgrenzt, Nachbarn bemißt, trennt und bindet, darin waltet noch der uralte Bauernsinn, und noch seine Kriegszucht stammt nicht aus schweifender Jägerei, sondern aus geduldigem Feldbau. Der Orbis Terrarum ist ihm so geläufig wie einem Grundherrn sein Meierhof, und gerade diese Nüchternheit, die vor solchen Weiten nicht staunt, gehört zu seiner Größe wie zu der Alexanders der Rausch vor dem Geheimnis der grenzenlosen Ferne. Dem Römer war die eroberte Erde ein Acker, dem Hellenen die zu erobernde ein Wunder.

Caesar. Geschichte seines Ruhms. 1934

John H. Collins

Etwa zwei Jahre vor Caesars Ermordung sagte Cicero, künftige Zeitalter würden große Debatten über seinen Charakter und seine Leistungen führen, und appellierte an den Diktator, so zu handeln, daß seine Taten die Billigung dieses künftigen Urteils der Geschichte finden würden, eines Urteils sine amore et sine cupiditate et rursus sine odio et sine invidia [ohne Zuneigung und ohne heischendes Interesse, andererseits ohne Abneigung und ohne Mißgunst]. Ob die Geschichtsforschung des 19. und 20. Jahrhunderts dieses Ideal der Objektivität ganz erreicht hat, mag strittig sein, aber man kann nicht bezweifeln, daß der erste Teil von Ciceros Voraussage in größtem Umfang sich erfüllt hat. Die Bibliographie der Caesar-Forschung in den letzten hundert Jahren erreicht fast tausend Nummern, darunter mehr als hundert größere Werke. Meister der Staatskunst oder Meister der Demagogie, Übermensch oder Überscharlatan – Caesar hat zwanzig Jahrhunderte des europäischen Geistes fasziniert. Ich machte einmal einem angesehen Caesar-Forscher gegenüber die Bemerkung, T. Rice Holms [bekannter englischer Caesar-Forscher] sei von Caesar bezaubert gewesen, und erhielt die Antwort: «Wen hätte er nicht bezaubert?»

Gnomon Bd. 26. 1954

BIBLIOGRAPHIE

Kalinka, E.: Caesar und die Fortsetzer seiner Werke (1898–1928). In: Jahresbericht über die Fortschritte der klassischen Altertumswissenschaft 224 (1929), S. 1–256; 1929–1936: 264 (1939), S. 169–256

Walter, G.: Caesar. [1955]. S. 624–636

Rambaud, M.: L'art de la déformation historique dans les commentaires de César. 2. Aufl. 1966. S. 376–395; 397–436

Collins, J. A. H.: A selectiv survey of Caesar scholarship since 1935. In: Classical Weekly 67 (1963), S. 45–51; 81–88

Oppermann, H.: Nachwort und bibliographische Nachträge. In: C. Iulii Caesaris commentarii de bello civili erkl. v. Kraner–Hofmann–Meusel. 13. Aufl. 1963. S. 374–429; in: C. Iulii Caesaris commentarii de bello Gallico erkl. v. Kraner–Dittenberger–Meusel I. 20. Aufl. 1964. S. 465 f. – II. 21. Aufl. 1967. S. 657 f

Oppermann, H.: Probleme und heutiger Stand der Caesarforschung. In: Cäsar. Hg. von D. Rasmussen. (Wege der Forschung. XLIII) 1967. S. 485–522

2. Ausgaben

C. Iulii Caesaris Commentarii rerum gestarum ed. Otto Seel. I. Bellum Gallicum. 1961

C. Iulii Caesaris Commentarii ed. A. Klotz. II. Bellum civile. Editio... correctior ed. alterius. 1957 – III. Bellum Alexandrinum. Bellum Africum. Bellum Hispaniense. Caesaris et Hirti fragmenta. 1927 – Neudruck 1966

César. Guerre de Gaules. Par L.-A. Constans. I. II. 5. Aufl. 1955

C. Iulii Caesaris commentarii de bello Gallico. Erkl. von Kraner–Dittenberger–Meusel. Nachwort... v. H. Oppermann. I. 20. Aufl. 1964 – II. 21. Aufl. 1967 – III. 20. Aufl. 1966

Caesar. Der Gallische Krieg. Übertr v. V. Stegemann. [1939]. (Sammlung Dietrich. 26)

Gaius Julius Caesar. Der Gallische Krieg. Mit Bemerkungen Napoleons I. Nach der Übersetzung v. Ph. L. Haus neugefaßt v. Walter Hess. 1965 (Rowohlts Klassiker der Literatur und der Wissenschaft. 175/176)

C. Iulius Caesar. De bello Gallico. II. III. que Libri. Par Rambaud. 1965

Haffter, H., und E. Römisch: Caesars Commentarii De Bello Gallico. Interpretationen – Didaktische Überlegungen (1971). (Heidelberger Texte – Didaktische Reihe. 4)

C. Iulii Caesaris commentarii de bello civili. Erkl. v. Kraner–Hofmann–Meusel. Nachwort... v. H. Oppermann. 13. Aufl. 1963

Gaius Julius Caesar. Die Bürgerkriege. Die Geschichte der Kriege gegen Pompeius, in Alexandria, in Africa, in Spanien. Übersetzt und mit Erläuterungen hg. von Gerhard Wirth. 1966 (Rowohlts Klassiker der Literatur und der Wissenschaft. 179/180)

C. Iulius Caesar. De bello civili. I. liber. Par M. Rambaud. 1962 – II. III. liber. 1965

3. Antike Biographien und Lebenszeugnisse

Sallustius. Catilinae coniuratio. Hg. v. Haas und Römisch. 1959
Sallust. Das Jahrhundert der Revolution. Deutsch v. H. Weinstock. 1939
Suetonius. Divus Iulius. In: C. Suetoni Tranquilli Opera I. ed. M. Ihm. 1908
Sueton. Gaius Iulius Caesar. In: Gaius Suetonius Tranquillus, Leben der Caesaren. Übers. v. A. Lambert. 1955 – Neuausg. 1960 (Rowohlts Klassiker der Literatur und der Wissenschaft. 76/77/78)
Plutarch. Gaius Julius Caesar. In: Plutarch, Römische Heldenleben. Übertr. v. W. Ax. [1953]. [Darin auch die Biographien Pompeius', Ciceros und Brutus' von Plutarch.]

4. Darstellungen und Biographien

MOMMSEN, TH.: Römische Geschichte III. 1856
DRUMANN, W.: Geschichte Roms in seinem Übergange von der republikanischen zur monarchischen Verfassung. 2. Aufl. v. P. Groebe. III. 1906
RICE HOLMES, T.: The Roman republic and the founder of the empire. I–III. 1923
BRANDES, G.: Cajus Julius Caesar. I. II. 1925
MEYER, E.: Caesars Monarchie und das Principat des Pompejus. 3. Aufl. 1922
GELZER, M.: Caesar. Der Politiker und Staatsmann. 1921 – 6. Aufl. 1960
ADCOCK, F. E. in: The Cambridge Ancient History IX: The Roman Republic. 1932 – 2. Aufl. 1951. S. 614–740
CARCOPINO, J.: César. (Histoire générale par G. Glotz. Hist. Romaine II, 2). 1935 – 4. Aufl. 1940
VOGT, J.: Römische Geschichte I. 2. Aufl. 1951. S. 293 f
WALTER, G.: César. 1947 – Dt.: Caesar. 1956
ALTHEIM, F.: Römische Geschichte II. 2. Aufl. 1956. S. 76 f
ADCOCK, F. E.: Pompeius und Caesar. In: Historia mundi IV (1956), S. 111–125
SYME, R.: The Roman revolution. 1939 – Dt.: Die römische Revolution. 1957
OPPERMANN, H.: Caesar. Wegbereiter Europas. 1958 – 2. Aufl. 1963
RAMBAUD, M.: César. 1963 («Que sais-je?». 1049). 2. Aufl. 1967
RAMBAUD, M.: Le caractère de Jules César. In: Hommages à Jean Bayet. (Collection Latomus. 70) 1964. S. 599–610
DAHLMANN, H.: Clementia Caesaris. Neue Jahrb. f. Wissensch. u. Jugendbildung 1934, S. 17–26 – Wiederholt in: Römertum. (Wege der Forschung. XXIII) 2. Aufl. 1967. S. 188–202 und in: Caesar (Wege der Forschung. XLIII) S. 32–47
WICKERT, L.: Zu Cäsars Reichspolitik. In: Klio 30 (1937), S. 232–253 – Wiederholt in: Das Staatsdenken der Römer. Hg. v. R. Klein. (Wege der Forschung. XLVI) 1966. S. 555–580
STRASBURGER, H.: Caesars Eintritt in die Geschichte. 1938. Nachdruck Darmstadt 1966

STRACK, P. L.: Der augusteische Staat. In: Probleme der augusteischen Erneuerung. 1938
GELZER, M.: Caesars weltgeschichtliche Leistung. In: Preuß. Akad. d. Wiss., Vorträge und Schriften H. 6/1941 – Wiederholt in M. Gelzer: Vom römischen Staat II. [1943]. S. 147–187
GELZER, M.: Caesar. In: Das neue Bild der Antike. 1942. II. S. 188 f – Wiederholt ebd. I. [1943]. S. 125–140
TREU, M.: Zur clementia Caesaris. In: Museum Helveticum 5 (1948), S. 197–217
ALFÖLDI, A.: Studien über Caesars Monarchie. In: Bull. de la société des lettres Lund 1952/53, S. 1 f – Caesars Tragödie im Spiegel der Münzprägung des Jahres 44 v. Chr. In: Schweizer numismatische Zeitschrift 1953, S. 1–11 – Die Geburt der kaiserlichen Bildsymbolik III. Parens Patriae. In: Museum Helveticum 10 (1953), S. 103–124
KRAFT, K.: Der goldene Kranz Caesars und der Kampf um die Entlarvung des Tyrannen. In: Jahrbuch f. Numismatik und Geldgeschichte 3/4 (1952/53), S. 7–97
COLLINS, J. H.: Caesar and the corruption of power. In: Historia 4 (1955), S. 445–465 – Dt. in: Caesar. (Wege der Forschung. XLIII) S. 379–412
VOLKMANN, H.: Caesars letzte Pläne im Spiegel der Münzen. In: Gymnasium 64 (1957), S. 299–309 – Wiederholt in: Vom Staatsdenken der Römer. (Wege der Forschung. XLVI) 1966. S. 581–596
STRASBURGER, H.: Caesar im Urteil seiner Zeitgenossen. In: Historische Zeitschrift 175 (1953), S. 225–264. 2. Aufl. m. Nachwort. Darmstadt 1968
ESSER, A.: Cäsar. In: Esser, Caesar und die Julisch-Claudischen Kaiser im biologisch-medizinischen Blickfeld. 1958. (Janus Suppl. 1) S. 5–36
KLINGNER, F.: C. Iulius Caesar. In: Klingner, Römische Geisteswelt. 4. Aufl. 1961. S. 90–109

NAPOLÉON I: Précis des guerres de Jules César. 1836 – Dt.: Napoleon I.: Darstellung der Kriege Caesars, Turennes, Friedrichs des Großen ... Hg. v. H. E. Friedrich. 1938
NAPOLÉON III: Histoire de Jules César. I–III. 1865–1887
VEITH, G.: Geschichte der Feldzüge C. Julius Caesars. I. II. 1906
KROMEYER, J., und G. VEITH: Heerwesen und Kriegführung der Griechen und Römer. 1928 (Handbuch der Altertumswissenschaft IV 3,2)
VOGT, J.: Caesar und seine Soldaten. Neue Jahrbb. für Antike und deutsche Bildung 1940. S. 120–135 – Wiederholt in: Der Altsprachliche Unterricht I/7 (1955), S. 53–73 und in Vogt, Orbis. 1960. S. 89 f
ADCOCK, F. E.: The Roman art of war under the republic (Mertin Classical Lectures VIII). 1948
FULLER, J. F. C.: Julius Caesar. Man, soldier and tyrant. [1966]
Lectures VIII). 1948
FULLER, J. F. C.: Julius Caesar. Man, soldier and tyrant. [1965]

WYSS, E.: Stilistische Untersuchungen zur Darstellung von Ereignissen in Caesars Bellum Gallicum. 1930

FRÄNKEL, H.: Über philologische Interpretation am Beispiel von Caesars Gallischem Krieg. In: Neue Jahrbb. f. Wiss. u. Jugendb. S. 26 f – Wiederholt in: Fränkel, Wege und Formen frühgriechischen Denkens. 2. Aufl. 1960. S. 294 f und in: Caesar. (Wege der Forschung. XLIII) S. 165–188

OPPERMANN, H.: Caesar. Der Schriftsteller und sein Werk. 1933

BARWICK, K.: Caesars commentarii und das corpus Caesarianum. 1938 (Philologus Suppl. 31,2)

HOWALD, E.: Vom Geist antiker Geschichtsschreibung. 1944. S. 113–139

DEICHGRÄBER, K.: Elegantia Caesaris. In: Gymnasium 57 (1950), S. 112–133 – Wiederholt in: Caesar. (Wege der Forschung. XLIII) S. 208–223

BARWICK, K.: Caesars Bellum Civile. Tendenz, Abfassungszeit, Stil. 1951 (Ber. Verh. Akad. Leipzig – phil.-hist. Kl. 99,1)

KNOCHE, U.: Caesars commentarii, ihr Gegenstand und ihre Absicht. In: Gymnasium 58 (1951), S. 139–160 – Wiederholt in: Caesar. (Wege der Forschung. XLIII) S. 224–254

STEVENS, C. E.: The Bellum Gallicum as a work of propaganda. In: Latomus 11 (1952), S. 3–18; 165–179

RAMBAUD, M.: L'art de la déformation historique dans les commentaires de César. 1953 – 2. Aufl. 1966

ADCOCK, F. E.: Caesar as a man of letters. 1956 – Dt.: Caesar als Schriftsteller. [1958]

LUCK, G.: Caesar als Schriftsteller. In: Die Sammlung 12 (1957), S. 236–242

EDEN, P. T.: Caesar's style: inheritance versus intelligence. In: Glotta 40 (1962), S. 74–117

RASMUSSEN, D.: Caesars commentarii. Stil und Stilwandel am Beispiel der direkten Rede. [1963]

RICE HOLMES, T.: Ancient Britain and the invasions of Jules Caesar. 1911

JULLIAN, C.: Histoire de la Gaule. III. 1909

RICE HOLMES, T.: Caesar's conquest of Gaul. 1899 – 2. Aufl. 1911 – Dt.: Caesars Feldzüge in Gallien. Übers. . . . v. Schott und Rosenberg. 1913

JULLIAN, C.: Vercingétorix. 1911 – Neuausg. 1965

NORDEN, E.: Die germanische Urgeschichte in Tacitus' Germania. 1920. S. 84 f, 360 f, 484 f

TÄUBLER, E.: Bellum Helveticum. 1924

BECKMANN, F.: Geographie u. Ethnographie in Caesars Bell. Gall. 1930

HIGNETT, C.: The conquest of Gaul. In: The Cambridge Ancient History IX/1932 – 2. Aufl. 1951. S. 537–573

OPPERMANN, H.: Zu den geographischen Exkursen in Caesars Bellum Gallicum. In: Hermes 68 (1933), S. 182–195

KLOTZ, A.: Geographie und Ethnographie in Caesars Bellum Gallicum. In: Rheinisches Museum 83 (1934), S. 66–96

SAATMANN, J., E. JUENGST und P. THIELSCHER: Caesars Rheinbrücke. In: Bonner Jahrbücher 153/54 (1938/39), S. 83–208 [Auch gesondert erschienen: Berlin 1939]

STOESSL: Caesars Politik und Diplomatie im Helvetierkrieg. In: Schweizer Beiträge zur allgem. Geschichte 8 (1950), S. 5–36

HOFFMANN, W.: Zur Vorgeschichte von Caesars Eingreifen in Gallien. In: Der altsprachliche Unterricht I/4 (1952), S. 5–22
SCHMITTLEIN, R.: La première campagne de César contre les Germains 58 av. J.-Chr. [1955] (Travaux et mémoires des instituts Français en Allemagne. 6)
WALSER, G.: Caesar und die Germanen. Studien zur politischen Tendenz römischer Feldzugsberichte. 1956 (Historia Einzelschr. 1)
CARCOPINO, J.: Alésia et les ruses de César. [1958]
RAMBAUD, M.: L'ordre de bataille de l'armée des Gaules d'après les commentaires de César. Rev. des études anciennes 60 (1958), S. 87–130
SEEL, O.: Ambiorix. Beobachtungen zu Text und Stil in Caesars Bellum Gallicum. In: Jahrbuch für fränkische Landesforschung 20 (1960), S, 49–89 – Wiederholt in: Caesar. (Wege der Forschung. XLIII) S. 279–338
OPPERMANN, H.: Neuere Forschungen zur Glaubwürdigkeit Caesars. In: Gymnasium 68 (1961), S. 258–269
HERING, W.: Caesar und Orgetorix. In: Wiss. Ztschr. d. Univ. Rostock 12 (1963), Gesellschafts- u. Sprachwiss. Reihe, S. 221–227
TIMPE, D.: Caesars Gallischer Krieg und das Problem des römischen Imperialismus. In: Historia 14 (1965), S. 385–403
HERING, W.: Zur Tendenz des Bellum Gallicum. Acta Classica Universitatis Scientiarum Debreceniensis III. 1967. S. 55–62
GRENIER, A.: La Gaule au moment de la conquête Romaine. In: An Economic Survey of Ancient Rome ed. by Tenney Franck. III. 1937. S. 411–464
GRENIER, A.: Les Gaulois. 1945
THÉVENOT, E.: Histoire des Gaulois. 1946
LOT, F.: La Gaule. Les fondements ethniques, sociaux et politiques de la nation française. 1947
LANTIER, R.: La religion celtique. In: Histoire générale des religions sous la dir. de M. Gorce et R. Monier. I. 1948. S. 493–512 [S. 535: Bibliographie]
MOREAU, J.: Die Welt der Kelten. [1958] (Große Kulturen der Frühzeit. NF.)
Kelten–Römer. Hg. v. Pobé und J. Roubier. [1958]
COLBERT DE BEAULIEU: Les monnaies gauloises au noms des chefs mentionnés dans les commentaires de César. In: Hommages à A. Grenier. 1962 (Coll. Latomus. 50)
HATT, J. J.: Conquête de la Gaule par César. Essai d'un protectorat. In: Hatt, Histoire de la Gaule Romaine. Colonisation ou colonialisme. 1966. S. 49–76
VEITH, G.: Corfinium. Eine kriegsgeschichtliche Studie. In: Klio 13 (1913), S. 1–26
VEITH, G.: Der Feldzug von Dyrrhachium zwischen Caesar und Pompeius. 1920
OPPERMANN, H.: Drei Briefe Caesars. In: Gymnasium 44 (1933), S. 129–142
GELZER, M.: Cato Uticensis. In: Antike 10 (1934), S. 59 f – Wiederholt in: Gelzer, Vom römischen Staat. II. S. 99–146
KLASS, J.: Cicero und Caesar, ein Beitrag zur Aufhellung ihrer gegenseitigen Beziehungen. 1939
WILLRICH, H.: Cicero und Caesar. 1944

GELZER, M.: Pompeius. [1949]
SEEL, O.: Cicero. Wort, Staat, Welt. 1953
SMIRIN, W. M.: Zur Frage der Darstellung der Ereignisse, die der Verschwörung gegen Caesar vorangegangen sind, in der antiken Geschichtsschreibung. 1957 [russ.] – Deutscher Auszug in: Bibliotheca classica orientalis 5 (1960), S. 9–18
STAUFFER, E.: Jerusalem und Rom im Zeitalter Christi. 1957. S. 135 f
BALSDON, J. P. V. D.: Die Iden des März. In: Das Staatsdenken der Römer. 1966. S. 597–622 [Übers. d. engl. Aufsatzes Historia 7 (1958), S. 80–94]
DOBESCH, G.: Caesars Apotheose zu Lebzeiten und sein Ringen um den Königstitel. Untersuchungen über Caesars Alleinherrschaft. 1966 (Österr. Archäol. Institut.)
GESCHE, H.: Die Vergottung Caesars. 1968. (Frankfurter Althistorische Studien. 1)
Hier sind auch die einschlägigen Artikel in Pauly's Realencyclopädie der classischen Altertumswissenschaft heranzuziehen, besonders Cn. Pompeius Magnus (Miltner), M. Tullius Cicero (Gelzer u. a.), Vercingetorix (Gelzer).

5. Untersuchungen

KLOTZ, A.: Caesarstudien. 1910
ROHDE, G.: Ein Darstellungsmittel Caesars [verf. 1931]. In: Rohde, Studien und Interpretationen zur antiken Literatur, Religion und Geschichte. 1963. S. 143–148
KOCH, C.: Gottheit und Mensch im Wandel der römischen Staatsform. In: Das neue Bild der Antike II/1942. S. 134–155 – Wiederholt in: Koch, Religio. Studien zu Kult und Glauben der Römer. 1960. S. 94–113 [bes. 103 f]
RUDOLPH, H.: Stadt und Staat im römischen Italien. 1935
ERICSON, H.: Caesar und sein Glück. In: Eranos 42 (1944), S. 57–69 – Wiederholt in: Caesar. (Wege der Forschung. XLIII) S. 48–60
ERKELL, H.: Augustus, felicitas, fortuna. Lateinische Wortkunde. 1952
VITTINGHOFF, F.: Römische Kolonisation und Bürgerrechtspolitik unter Caesar und Augustus. [1952]
FRIEDRICH, W. H.: Caesar und sein Glück. In: Festschrift Ida Kapp. 1954. S. 1–24
SIMON, E.: Neue Literatur zum Caesarporträt. In: Gymnasium 64 (1957), S. 295–299 – Wiederholt in: Caesar. (Wege der Forschung. XLIII) S. 61–68
BRUTSCHER, C.: Caesar und sein Glück. In: Museum Helveticum 15 (1958), S. 74–83
BICKEL, E.: Das Glück der Großen. Cäsars Königsplan und sein Glück. In: Horizonte der Humanitas. Freundesgabe f. W. Wili. 1960. S. 65–75
HERBIG, R.: Neue Studien zur Ikonographie des C. Julius Caesar. In: Kölner Jahrbuch für Vor- und Frühgeschichte 4 (1959), S. 7 f – Wiederholt in: Gymnasium 72 (1965), S. 161 f und in: Caesar. (Wege der Forschung. XLIII) S. 69–89
HERING, W.: Die Recensio der Caesarhandschriften. 1963
KOCH, C.: Untersuchungen zur Geschichte der römischen Venus-Verehrung.

In: Hermes 83 (1955), S. 1–51 – Wiederholt in: Koch, Religio. 1960. S. 39–93 [bes. S. 86–93]
BÖMER, F.: Caesar und sein Glück. In: Gymnasium 73 (1966), S. 63 f – Gekürzt in: Caesar. (Wege der Forschung. XLIII) S. 89–115

6. Zur Wirkungsgeschichte

GUNDELFINGER, F.: Caesar in der deutschen Literatur. 1922
GUNDOLF, F.: Caesar. Geschichte seines Ruhms. 1925
GUNDOLF, F.: Caesar im 19. Jahrhundert. 1926
KYTZLER, B.: William Shakespeare: Julius Caesar. 1963 (Dichtung und Wirklichkeit. 3)
BRUNEAU, J.: La figure de Jules César de Dante à Shakespeare. In: Études Anglaises 1965, S. 591–604
OPPERMANN, H.: Shakespeares Caesar – Dichterische Gestalt und geschichtliche Wirklichkeit. In: Der Horizont 10. Festgabe für Hans Schomerus. 1967. S. 58–69

Nachtrag zur Bibliographie

1. Wissenschaftliche Hilfsmittel

SIHLER, ERNST GOTTLIEB: A complete lexicon of the Latinity of Caesar's Gallic war, Amsterdam 1968
LECROMPE, RENÉ: César, De Bello Gallico, index verborum. Documents pour servir à L'enseignement de la langue latine. Hildesheim 1968 (Alpha-Omega. 11)
JULIUS CAESAR. A concordance to the text of the first folio. Oxford 1971
SCHÜMANN, BERND F.: Caesars Wortschatz. Vollst. Lexikon zu den Schriften Bellum Gallicum, Bellum civile, Bellum Africanum, Bellum Alexandrinum, Bellum Hispaniense sowie den Fragmenten. Hamburg 1976
BIRCH, CORDELIA MARGARET: Concordia et index Caesaris = Concordance and Index to Caesar. Hildesheim, Zürich, New York 1989. Vol. 1 u. 2. (Alpha bis omega: A, 100.)

2. Darstellungen und Biographien

GELZER, MATTHIAS: Cicero und Caesar, Wiesbaden 1968 (Sitzungsberichte der Wissenschaftlichen Gesellschaft an der Johann Wolfgang Goethe Universität Frankfurt/Main. Bd. 7, Nr. 1
GRANT, MICHAEL: Caesar, Genie, Diktator, Gentleman. Mit Illustr. Hamburg 1970

Szidat, Joachim: Caesars diplomatische Tätigkeit im Gallischen Krieg. Wiesbaden 1970 (Historia. Einzelschriften. H. 14) (Zugl. Phil. Diss. Berlin)

Sabben-Clare, James (Comp.): Caesar and Roman politics 60–50 B. C. London 1971

Stearns, Monroe: Julius Caesar, master of men. New York 1971

Weinstock, Stephan: Divus Julius. Mit Illustr. Oxford 1971

Bachofen, Arnim: Caesars und Lucans Bellum civile. Ein Inhaltsvergleich. Zürich 1972

Bengtson, Hermann: Caesar, sein Leben und seine Herrschaft. In: Bengtson, Kleine Schriften zur Alten Geschichte. München 1974. S 421–469

Christ, K.: Caesar und Ariovist. In: Chiron 4 (1974), S. 251–292

Buzzi, Giancarlo (Bearb.): Caesar und seine Zeit. 3. Aufl. München 1975

Gesche, Helga: Caesar. Darmstadt 1976 (Wege der Forschung. 51)

Rasmussen, Detlef (Hg.): Caesar. 2. verb. Aufl. Darmstadt 1976 (Wege der Forschung. 43)

Richter, Will: Caesar als Darsteller seiner Taten. Eine Einführung. Heidelberg 1977 (Bibliothek der klassischen Altertumswissenschaften. N. F. 2. Reihe, Bd. 61)

Bruhns, Hinnerk: Caesar und die römische Oberschicht in den Jahren 49–44 v. Chr. Untersuchungen zur Herrschaftsetablierung im Bürgerkrieg. Göttingen 1978 (Hypomnemata. 53) (Zugl. Phil. Diss. Köln 1976)

Hankel, Wilhelm: Caesar. Goldene Zeiten führt' ich ein. Das Wirtschaftsimperium des römischen Weltreiches. München 1978

Horst, Eberhard: Julius Caesar: eine Biographie. Düsseldorf 1980

Klein, Richard (Hg.): Das Staatsdenken der Römer. 2. unveränd. Aufl. Darmstadt 1973 (Wege der Forschung. 46)

Raditsa, L.: Julius Caesar and his writings. In: Aufstieg und Niedergang der Römischen Welt. Berlin Bd. 1, 3 (1973). S. 417–456

Schmitthenner, Walter: Oktavian und das Testament Ceasars. Eine Untersuchung zu den politischen Anfängen des Augustus. 2. erw. Aufl. München 1973 (Zetemata. H. 4)

Alföldi, Andreas: Caesar in 44 v. Chr. Bd. 1.2: Das Zeugnis der Münzen. Bonn 1974–1985 (Antiquitas. Reihe 3) (Abhandlungen zur Vor- und Frühgeschichte, zur klassischen und provinzial-römischen Archäologie und zur Geschichte des Altertums. Bd. 16 u. 17.)

Raaflaub, Kurt: Dignitatis contentio, Studien zur Motivation und politischen Taktik im Bürgerkrieg zwischen Caesar und Pompeius. München 1974 (Vestigia. Bd. 20)

Wimmel, Walter: Die technische Seite von Caesars Unternehmen gegen Avaricum. Mainz 1974 (Abhandlungen der Akademie der Wissenschaft und der Literatur. Geistes- und Sozialwissenschaftliche Klasse. Jg. 1973, Nr. 9)

Gaertner, Hans A.: Beobachtungen zu Bauelementen in der antiken Historiographie besonders bei Livius und Caesar. Wiesbaden 1975 (Historia. Zeitschrift für alte Geschichte: Einzelschriften. H. 25) (Mit Bibliographie)

Labisch, Alfons: Frumentum commeatusque, die Nahrungsmittelversorgung der Heere Caesars. Meisenheim 1975 (Beiträge zur klassischen Philologie. H. 69) (Zugl. Phil. Diss. TH Aachen 1974 u. d. T.: Die Nahrungsmittelversorgung der Heere Caesars)

MUTSCHLER, FRITZ-HEINER: Erzählstil und Propaganda in Caesars Kommentarien. Heidelberg 1975 (Heidelberger Forschungen. H. 15)

RAAFLAUB, K.: Caesar und die Friedensverhandlungen zu Beginn des Bürgerkrieges von 49 v. Chr. In: Chiron 5 (1975), S. 247–300

BEER, JEANETTE: A medieval Caesar. Genève 1976 (Études de philologie et d'histoire. 30)

DAHLHEIM, WERNER: Gewalt und Herrschaft. Das provinzialische Herrschaftssystem der römischen Republik. Berlin–New York 1977

MAIER, ULRICH: Caesars Feldzüge in Gallien (58–51 v. Chr.) in ihrem Zusammenhang mit der stadtrömischen Politik. Bonn 1978 (Saarbrücker Beiträge zur Altertumskunde. 29) (Zugl. überarb. Diss. Freiburg i. B. 1977)

OTTMAR, HANS MARTIN: Die Rubikon-Legende. Untersuchungen zu Caesars und Pompeius' Strategie vor und nach dem Ausbruch des Bürgerkrieges. Boppard/Rhein 1979 (Wehrwissenschaftliche Forschungen. Abt. militärgeschichtliche Studien. 26) (Zugl. Phil. Diss. Freiburg i. B. 1977)

YAVETZ, ZVI: Caesar in der öffentlichen Meinung. Düsseldorf 1979 (Schriftenreihe des Instituts für Deutsche Geschichte. Universität Tel Aviv. 3)

ELLIS, PETER B.: Caesar's invasion of Britain. London 1978

BATTENBERG, CHRISTOPH: Pompeius und Caesar: Persönlichkeit und Programm in ihrer Münzpropaganda. Diss., Marburg 1980

MEIER, CHRISTIAN: Die Ohnmacht des allmächtigen Dictators Caesar. Frankfurt a. M. 1980

MEIER, CHRISTIAN: Caesar. Berlin 1982

LEWIN, WALTRAUD: Gaius Julius Caesar: Aufstieg und Fall eines römischen Politikers, Biographie. Berlin 1983

BRADFORD, ERNLE D. S.: Julius Caesar: the pursuit of power. London 1984

DAHLHEIM, WERNER: Julius Caesar: d. Ehre des Kriegers u. d. Untergang d. Römischen Republik. München, Zürich 1987. (Serie Piper 5218.)

KAHN, ARTHUR DAVID: The education of Julius Caesar: a biography, a reconstruction. New York 1986

VANDENBERG, PHILIPP: Caesar und Kleopatra. München 1986

3. Untersuchungen

KIANG, DAWSON: Studies on the iconography of Julius Caesar. New York 1968

RAMBAUD, M.: La cavalérie de César. In: Hommage à M. Renard. Éd. J. Bibauw. Vol. 2. Brüssel 1969. S. 650–663

SCHULTE-HOLTEY, GABRIELE: Untersuchungen zum gallischen Widerstand gegen Caesar. (Phil. Diss.) Münster 1969

MEIER, CHRISTIAN: Entstehung des Begriffs Demokratie. Vier Prolegomena zu einer historischen Theorie. Frankfurt a. M. 1970 (edition suhrkamp. 387)

HUBER, GUSTAV: Untersuchungen zu Caesars Oberpontifikat. Tübingen 1971 (Bibliographie: S. 110–115)

YAVETZ, ZVI: Caesar, Caesarism and the Historians. In: Journal of Contemporary History 6 (1971), S. 183 f

BROWN, VIRGINIA: The Textual Transmission of Caesar's Civil War. Lugduni Batavorum 1972 (Mnemosyne. Suppl. 23)

ERDMANN, ELISABETH H.: Die Rolle des Heeres in der Zeit von Marius bis Caesar. Militärische und politische Probleme einer Berufsarmee. Neustadt/Aisch 1972 (Zugl. Phil. Diss. Konstanz 1971)

KOUTROUBAS, DEMETRIOS E.: Die Darstellung der Gegner in Caesars Bellum Gallicum. (Phil. Diss.) Heidelberg 1972

LANDGRAF, GUSTAV: Untersuchungen zu Caesar und seinen Fortsetzern. Insbesondere über Autorenschaft und Komposition des Bellum Alexandrinum und Africanum. Nachdr. Hildesheim 1972 (1. Ausg. Erlangen 1888)

TIMPE, D.: Rechtsformen der römischen Außenpolitik bei Caesar. In: Chiron 2 (1972), S. 277–295

ETIENNE, ROBERT: Les ides de mars; l'assassinat de César ou de la dictature? Paris 1973 (Collection Archives. 51)

MENSCHING, ECKART: Caesar und die Germanen im 20. Jahrhundert: Bemerkungen zum Nachleben des Bellum Gallicum in deutschsprachigen Texten. Göttingen 1980

TSCHIEDEL, HANS J.: Caesars «Anticato». Eine Untersuchung der Testimonien und Fragmente. Darmstadt 1981

WIMMEL, WALTER: Caesar und die Helvetier. In: Rheinisches Museum für Philologie N. F. 125 (1982), S. 5966

MALITZ, JÜRGEN: Caesars Partherkrieg. In: Historia 33 (1984), S. 21–59

ALFÖLDI, ANDREAS: Studien zu Ceasars Monarchie und ihren Wurzeln. Bonn 1985

LEEKER, JOACHIM: Die Darstellung Caesars in der romanischen Literatur des Mittelalters. Frankfurt a. M. 1986. (Analecta Romanica. 50.)

JEHNE, MARTIN: Der Staat des Diktators Caesar. Köln, Wien 1987. (Passauer historische Forschungen. 3.)

Uta Rösler-Isringhaus

NAMENREGISTER

Die kursiv gesetzten Zahlen bezeichnen die Abbildungen

Acco 76
Achillas 121, 122
Aemilius Paullus, Lucius 89
Aeneas 7, *11*
Afranius, Lucius 110, 111
Alexander III. der Große 13, 30, 151, *157*
Ambiorix 76
Ancus Marcius, König von Rom 34
Antiochus von Komagene 114
Antipater 122, 123
Antonius, Gaius 27
Antonius, Marcus 96, 99, 110, 115, 124, 144, 145, 148, 151, 153, 155, 157, 158 f, *156*
Antonius Gnipho, Marcus 9
Antonius Hybrida 40
Ariobarzanes von Kappadokien 113
Ariovist 47, 50 f, 56 f, 60, 67, 70
Arsinoe 120, 122, 130
Attius Varius, Publius 128, 129
Augustus (Gaius Octavius) 146, 148, 150, 151 f
Aurelia 9, 136 f
Aurelius Cotta, Lucius 27, 28

Balbus s. u. Cornelius Balbus, Lucius
Bibulus, Marcus 31, 35, 44 f, 114 f
Bismarck, Otto, Fürst von 77
Bocchus, König von Numidien 128
Bogud, König von Mauretanien 128, 141
Brutus, Decimus 69, 111, 155
Brutus, Lucius 131
Brutus, Marcus 125, 141, 155, *152*

Caecilius Metellus, Lucius 109 f
Caecilius Metellus, Scipio Publius (Quintus) 32, 94, 113, 123, 126
Caelius Rufus, Marcus 124
Calpurnia 45, 137, 140 f, 155
Calvinus s. u. Domitius Calvinus, Gnaeus

Casca, Servilii 156
Cassius, Gaius 155
Cassius, Lucius 120
Casticus 53
Catilina, Lucius Sergius 39 f, 112
Cato, Marcus Porcius 21, 41, 44, 46, 48, 70, 123, 126 f, 132, 133, 141, 147, *127*
Catulus s. u. Lutatius Catulus Capitolinus, Quintus
Catuvolcus 76
Celer, Metellus 36
Cicero, Marcus Tullius 38 f, 44, 46, 48, 75, 91, 92, 95, 96, 105 f, 114, 124, 125, 126 f, 133, 136, 139, 145, 146, 147, 151, *38*, *108*
Cicero, Quintus Tullius 75, 91
Cinna, Lucius Cornelius 19 f, 23, 34, 139, 146
Cinna, Lucius 30
Claudius Nero Germanicus, Tiberius 75
Cleopatra, Königin von Ägypten 120, 122 f, 130, 141 f, 148, *121*, *140*
Clodius Pulcher, Publius 42, 48, 91, 93, 137
Commius 80
Cornelia (Gattin Caesars) 20, 23, 34, 139
Cornelia (Gattin von Pompeius) 94, 119
Cornelius Balbus, Lucius 32, 91, 105, 111
Cornelius Dolabella, Gnaeus 27
Cornelius Dolabella, Publius 110, 124
Cornelius Lentulus Crus, Lucius 96, 99, 105, 106, 113
Cornelius Phagita 23
Cossutia 20
Crassus, Marcus Licinius 29 f, 32, 36 f, 44, 47, 91 f, 141, 154
Crassus, Publius Licinius 67, 69, 70

183

Crastinus, Gaius 118, 119, 134
Cromwell, Oliver 29
Curio, Gaius Scribonius 95 f, 110, 113, 123

Deiotarus, Tetrarch 113, 123, 124
Diviciacus 51
Dolabella, Publius s. u. Cornelius Dolabella, Publius
Domitius Ahenobarbus, Lucius 100, 103
Domitius Calvinus, Gnaeus 123
Domnilaus, Tetrarch 113
Dumnorix 53, 75, 147, 56

Eratosthenes 78
Eunoe 141
Euripides 40

Fabius Maximus, Quintus 58, 111
Friedrich II. der Große, König in Preußen 29, 120
Furnius 105 f

Gabinius, Aulus 33, 45, 48, 113, 141
Galba s. u. Sulpicius Galba, Servius
Ganymedes 122
Goethe, Johann Wolfgang von 139
Gracchus, Gaius Sempronius 16 f, 29, 95
Gracchus, Tiberius Sempronius 11, 16
Gregor XIII., Papst 150

Herodes der Große, König von Judäa 122
Hirtius, Aulus 91
Homer 9
Hortensius, Quintus 27, 110

Iulus 7

Juba, König von Numidien 113, 123, 126, 128, 130, 134, 147
Julia (Gattin des Marius) 7, 20, 34, 139
Julia (Tochter Caesars) 21, 45, 93, 95, 130, 136, 139, 140, 159

Justinian I. der Große, Kaiser von Byzanz 151

Kotus 113

Labienus, Titus 34, 36, 55, 64, 67, 76, 80, 83, 87, 89, 99, 117, 128, 129
Lentulus Crus s. u. Cornelius Lentulus Crus, Lucius
Lepidus Aemilius, Marcus 110, 112, 125, 128, 155, 157, 154
Ligarius, Quintus 147
Livius Andronicus, Lucius 9
Lollia 141
Lucullus, Lucius 29, 33, 46
Lutatius Catulus Capitolinus, Quintus 31, 34

Magius, Numerius 105
Manilius 33
Marcellus, Gaius 94, 96, 147
Marcia 7
Marius, Gaius 7, 17, 19 f, 23, 29, 34, 35, 43, 56, 96, 113, 139, 146, 9
Metellus s. u. Caecilius Metellus, Scipio Publius
Metellus (Volkstribun) s. u. Caecilius Metellus, Lucius
Metellus Nepos, Quintus Caecilius 34
Milo 93
Minucius Thermus, Marcus 23, 25
Mithridates von Pergamon 122, 124
Mithridates VI. Eupator, König von Pontus 19, 21, 23, 28, 29, 33, 34, 123, 124, 18
Moltke, Helmuth Graf von 84
Mommsen, Theodor 136
Mucia 141

Napoleon I., Kaiser der Franzosen 29, 69, 73
Napoleon III., Kaiser der Franzosen 84
Nikomedes IV. Philopator, König von Bithynien 23 f, 28, 29, 38, 48, 24

Octavia 141
Octavius (Octavian), Gaius s. u. Augustus
Oppius, Gaius 91, 105, 145
Orgetorix 53

Pacuvius, Marcus 159
Perikles 29
Petronius, Marcus 110, 111
Pharnakes, König von Pontus 123 f
Piso, Gnaeus 39
Piso, Lucius Calpurnius 45, 48, 140
Plautius, Tribun 30
Plutarch 144
Pompeia 34, 42, 137, 140
Pompeius Magnus, Gnaeus 29 f, 32, 33 f, 36, 39, 44 f, 75, 89, 91 f, 99 f, 109, 110 f, 123, 124, 125, 128, 139, 140 f, 146, 151, 104
Pompeius, Gnaeus 113, 128, 129
Pompeius, Sextus 128 f
Postumia 141
Pothinus 119, 120 f
Ptolemaios XIII. Auletes, König von Ägypten 38, 47, 49, 113, 120
Ptolemaios XIV. Dionysos, 119, 120, 122
Ptolemaios XV. 120, 122
Ptolemaios Caesar 145

Rabirius, Gaius 36
Rhaskypolis 113
Romulus 131
Rubrius, Tribun 112
Rullus, Volkstribun 38 f, 45

Sadalas 113
Saturninus, Lucius 36
Scipio, Publius s. u. Caecilius Metellus, Scipio Publius
Sedullus 87
Semiramis, Königin von Assyrien 48
Sertorius, Quintus 29, 30, 32
Servilia 141
Servilius Isauricus, Publius 112
Servilius Vatia, Publius 25
Sextius Baculus, Publius 63
Shaw, George Bernard 136
Sosigenes 149
Spartakus 29
Sulla, Publius Cornelius 19 f, 25, 27, 29, 30, 35, 36, 39, 40, 43, 95, 96, 104, 112, 113, 124, 137, 139, 146, 148, 20
Sulpicius Galba, Servius 67, 69
Sulpicius Rufus, Servius 141

Tacitus, Publius Cornelius 136
Tarcondarius Castor 113
Tertullia 141
Tillius Cimber 155
Trebonius, Gaius 111

Varius s. u. Attius Varius, Publius
Varro, Marcus Terentius 45
Vercassivellaunus 87
Vercingetorix 80 f, 130, 147, 81
Vettius, Publius 46
Vibullius Rufus, Lucius 114, 119

ÜBER DEN AUTOR

Hans Oppermann, geboren 1895 in Braunschweig. Seit 1923 Professor der klassischen Philologie in Greifswald, Heidelberg, Freiburg i. Br., Straßburg und Hamburg. Emeritierung in Hamburg. 1954–1961 Rektor der Gelehrtenschule des Johanneums, Hamburg. Forschungsschwerpunkte: Caesar, Horaz, Vergil, das Nachleben der Antike in der modernen Literatur. Hans Oppermann starb 1982 in Tübingen.

QUELLENNACHWEIS DER ABBILDUNGEN

Archiv für Kunst und Geschichte, Berlin: Umschlagvorderseite / Ullstein Bilderdienst, Berlin: 6, 71 / Cabinet des Médailles, Paris: 8 oben, 24, 86, 154 / Edward A. Sydenham: «The Coinage of the Roman Republic». Spink & Son, London 1952: 8 Mitte, 8 unten, 146 / Vatikan, Rom: 9, 72, 107, 121, 127 / Curtius-Nawrath: «Das antike Rom». 4. Auflage. Hg. von Ernest Nash. Verlag Anton Schroll u. Co., Wien–München 1964: 10, 37, 137, 149, 158 / «Gymnasium. Zeitschrift für Kultur der Antike und humanistische Bildung» Bd. 72, H. 3, Mai 1965. Carl Winter Universitätsverlag, Heidelberg: 12, 142, 143 / «Historia Mundi. Römisches Weltreich und Christentum». Leo Lehnen Verlag, München 1956: 14/15 / Aus Kurt Lange: «Herrscherköpfe des Altertums im Münzbild ihrer Zeit». Atlantis-Verlag, Berlin–Zürich 1938: 18 / Museo Archeologico, Venedig: 20 / Michael Grant: «Rom». Kindler Verlag, Zürich 1960: 22 / Provinzialmuseum, Bonn: 26 oben / Aus «Coins of the Roman Empire in the British Museum. Vol. I. Augustus to Vitellini». By Harold Mattingly, London 1923: 26 unten / «Collection Génies et Réalités: Jules César». Librairie Hachette, Paris 1961: 31, 65, 68 unten, 100/101 / Kapitolinisches Museum, Rom: 38 / «Florenz». Merian 9. Jg. H. 10. Hoffmann und Campe Verlag, Hamburg 1956: 42/43 / Aus «Cäsar, Der gallische Krieg». Carl Schünemann Verlag, Bremen 1939: 51 / Musée de Saint-Germain, Paris: 52, 54 oben / «Kelten–Römer. Tausend Jahre Kunst und Kultur in Gallien». Hg. von Marcel Pobé und Jean Roubier. Walter-Verlag, Olten und Freiburg i. B. 1958: 54 unten, 55 oben, 57, 60, 61, 88 / Museum, Aix: 55 unten / Altertumsmuseum, Mainz: 59 / «Der altsprachliche Unterricht» Reihe VIII, H. 4, November 1965. Ernst Klett Verlag, Stuttgart: 56, 81 / J. F. C. Fuller: «Julius Caesar. Man, Soldier and Tyrant». Rutgers University Press, New Brunswick–New Jersey 1965: 62, 66 oben, 66 unten / Aus Johannes Krohmayer und Georg Veith: «Heerwesen und Kriegführung der Griechen und Römern». C. H. Beck'sche Verlagsbuchhandlung, München 1928: 67, 68 unten, 85 / Aus «Bonner Jahrbücher» H. 143/144, 1. Teil, S. 83: Caesars Rheinbrücke. Von Karl Saatmann, Emil Jüngst und Paul Tielscher (Darmstadt 1938/39): 74 oben, 74 unten / Joël Le Gall: «Alésia. Archéologie et Histoire» (Résurrection du Passé). Librairie Arthème Fayard, Paris 1963: 82 / Fototeca Unione, Rom: 102 / C. Iulii Caesaris Commentarii de Bello Civili. Weidmannsche Verlagsbuchhandlung, Berlin 1959: 102/103 / Ny Carlsberg Glyptothek, Kopenhagen: 104 / Uffizien, Florenz: 108 / Aus Friedrich Koepp: «Die Römer in

Deutschland». Verlag Velhagen und Klasing, Bielefeld und Leipzig 1912: 135 / Aus Georg Veith: «Der Feldzug von Dyrrhachium zwischen Caesar und Pompeius». Verlag von L. W. Seidel und Sohn, Wien 1920: 117 / «Geschichte der Kunst. Altertum. II. Die Kunst der Römer». Von Werner Technau. Rembrandt-Verlag, Berlin 1940: 138 oben, 138 unten / Hans Volkmann: «Kleopatra». Verlag von R. Oldenbourg, München 1953: 140, 156 / Galleria Borghese, Rom: 145 / Kurt Lange: «Charakterköpfe der Weltgeschichte». R. Piper & Co. Verlag, München 1949: 150, 152 oben / Aus Karl Hönn: «Augustus». Verlag L. W. Seidel und Sohn, Wien 1938: 152 unten / Museo Torlonia, Rom: 159 / Rowohlt Archiv, Reinbek: Umschlagrückseite

Geschichte / Politik

rowohlts monographien
Begründet von Kurt Kusenberg, herausgegeben von Wolfgang Müller.

Eine Auswahl:

Konrad Adenauer
dargestellt von Gösta von Uexküll
(234)

Günther Anders
dargestellt von Elke Schubert
(431)

Otto von Bismarck
dargestellt von Wilhelm Mommsen
(122)

Willy Brandt
dargestellt von Carola Stern
(232)

Che Guevara
dargestellt von Elmar May
(207)

Heinrich VIII.
dargestellt von Uwe Baumann
(446)

Adolf Hitler
dargestellt von Harald Steffahn
(316)

Iwan IV. der Schreckliche
dargestellt von Reinhold Neumann-Hoditz
(435)

Karl der Große
dargestellt von Wolfgang Braunfels
(187)

Kemal Atatürk
dargestellt von Bernd Rill
(346)

John F. Kennedy
dargestellt von Alan Posener
(393)

Mao Tse-tung
dargestellt von Tilemann Grimm
(141)

Josef W. Stalin
dargestellt von Maximilien Rubel
(224)

Claus Schenk Graf von Stauffenberg
dargestellt von Harald Steffahn
(520)

Die Weiße Rose
dargestellt von Harald Steffahn
(498)

Ein Gesamtverzeichnis der Reihe *rowohlts monographien* finden Sie in der *Rowohlt Revue*. Jedes Vierteljahr neu. Kostenlos. In Ihrer Buchhandlung.

Philosophie

rowohlts monographien
Begründet von Kurt Kusenberg, herausgegeben von Wolfgang Müller.

Eine Auswahl:

Theodor W. Adorno
dagestellt von Hartmut Scheible
(400)

Hannah Arendt
dargestellt von Wolfgang Heuer
(379)

Aristoteles
dargestellt von J.-M. Zemb
(063)

Ludwig Feuerbach
dargestellt von Hans-Martin Sass
(269)

Johann Gottlieb Fichte
dargestellt von Wilhelm G. Jacobs
(336)

Immanuel Kant
dargestellt von Uwe Schultz
(101)

Konfuzius
dargestellt von Pierre Do-Dinh
(042)

Karl Marx
dargestellt von Werner Blumenberg
(076)

Platon
dargestellt von Gottfried Martin
(150)

Karl Popper
dargestellt von Manfred Geier. Erhältlich ab September '94
(468)

Jean-Paul Sartre
dargestellt von Walter Biemel
(087)

Max Scheler
dargestellt von Wilhelm Mader
(290)

Rudolf Steiner
dargestellt von Christoph Lindenberg
(500)

Max Weber
dargestellt von Hans Norbert Fügen
(216)

Der Wiener Kreis
dargestellt von Manfred Geier
(508)

Ein Gesamtverzeichnis der Reihe *rowohlts monographien* finden Sie in der *Rowohlt Revue*. Jedes Vierteljahr neu. Kostenlos. In Ihrer Buchhandlung.

rowohlts monographien

Religion

rowohlts monographien
Begründet von Kurt Kusenberg, herausgegeben von Wolfgang Müller.

Eine Auswahl:

Augustinus
dargestellt von Henri Marrou
(008)

Martin Buber
dargestellt von Gerhard Wehr
(147)

Buddha
dargestellt von Volker Zotz
(477)

Franz von Assisi
dargestellt von Veit-Jakobus Dieterich. Erhältlich ab Februar '95
(016)

Ulrich von Hutten
dargestellt von
Eckhard Bernstein
(394)

Jesus
dargestellt von David Flusser
(140)

Johannes der Evangelist
dargestellt von Johannes Hemleben
(194)

Johannes XXIII.
dargestellt von
Helmuth Nürnberger
(340)

Martin Luther King
dargestellt von Gerd Presler
(333)

Meister Eckhart
dargestellt von Gerhard Wehr
(376)

Mohammed
dargestellt von
Émile Dermenghem
(047)

Moses
dargestellt von André Neher
(094)

Paulus
dargestellt von
Claude Tresmontant
(023)

Albert Schweitzer
dargestellt von
Harald Steffahn
(263)

Paul Tillich
dargestellt von Gerhard Wehr
(274)

Simone Weil
dargestellt von
Angelika Krogmann
(166)

rowohlts monographien

Ein Gesamtverzeichnis der Reihe *rowohlts monographien* finden Sie in der *Rowohlt Revue*. Jedes Vierteljahr neu. Kostenlos. In Ihrer Buchhandlung.

4500/3

Literatur

rowohlts monographien
Begründet von Kurt Kusenberg, herausgegeben von Wolfgang Müller.

Eine Auswahl:

Alfred Andersch
dargestellt von Bernhard Jendricke
(395)

Lou Andreas-Salomé
dargestellt von Linde Salber
(463)

Simone de Beauvoir
dargestellt von Christiane Zehl Romero
(260)

Wolfgang Borchert
dargestellt von Peter Rühmkorf
(058)

Lord Byron
dargestellt von Hartmut Müller
(297)

Raymond Chandler
dargestellt von Thomas Degering
(377)

Charles Dickens
dargestellt von Johann N. Schmidt
(262)

Lion Feuchtwanger
dargestellt von Reinhold Jaretzky
(334)

Theodor Fontane
dargestellt von Helmuth Nürnberger
(145)

Maxim Gorki
dargestellt von Nina Gourfinkel
(009)

Brüder Grimm
dargestellt von Hermann Gerstner
(201)

Friedrich Hölderlin
dargestellt von Ulrich Häussermann
(053)

Homer
dargestellt von Herbert Bannert
(272)

Henrik Ibsen
dargestellt von Gerd E. Rieger
(295)

James Joyce
dargestellt von Jean Paris
(040)

Ein Gesamtverzeichnis der Reihe *rowohlts monographien* finden Sie in der *Rowohlt Revue*. Jedes Vierteljahr neu. Kostenlos. In Ihrer Buchhandlung.

rowohlts monographien